我们一起解决问题

中小企业会计全盘账

——从企业设立、经营期间到
期末账务处理全流程指南

张雪莲 编著

人民邮电出版社
北京

图书在版编目（CIP）数据

中小企业会计全盘账：从企业设立、经营期间到期末账务处理全流程指南 / 张雪莲编著. -- 北京：人民邮电出版社，2021.9
 ISBN 978-7-115-57090-1

Ⅰ. ①中… Ⅱ. ①张… Ⅲ. ①中小企业—会计 Ⅳ. ①F276.3

中国版本图书馆CIP数据核字(2021)第159371号

内 容 提 要

本书立足于《小企业会计准则》，根据税法及相关财经政策的规定，并充分考虑到中小企业经济业务的特点，从中小企业设立、日常生产经营、期末会计实务操作与报税等阶段编写，详解资产、负债、所有者权益、收入、费用、利润涉及科目的设置与账务处理方法。对于中小企业涉及的主要税种，如增值税、消费税、所得税、附加税及印花税等，书中也有详细介绍。全书内容简洁实用，并附有大量案例，可以帮助中小企业会计人员快速掌握全盘账务处理流程。

这是一本全面、深入、系统地讲解中小企业会计实务的专业图书，可以帮助中小企业会计人员进行账务处理和合法纳税，也适合中小企业创办者及相关部门管理人员、高等院校财会专业师生阅读与使用。

◆ 编　著　张雪莲
　 责任编辑　付微微
　 责任印制　胡　南

◆ 人民邮电出版社出版发行　北京市丰台区成寿寺路11号
　 邮编 100164　电子邮件 315@ptpress.com.cn
　 网址 https://www.ptpress.com.cn
　 大厂回族自治县聚鑫印刷有限责任公司印刷

◆ 开本：787×1092　1/16
　 印张：18.5　　　　　　　　　　2021年9月第1版
　 字数：335千字　　　　　　　　　2021年9月河北第1次印刷

定　价：79.00元

读者服务热线：（010）81055656　印装质量热线：（010）81055316
反盗版热线：（010）81055315
广告经营许可证：京东市监广登字20170147号

前言

我国中小企业近年来发展迅速,已成为国民经济的重要支柱,尤其在解决就业问题、促进技术创新、实现产业平衡、为社会提供多元化的产品和服务等方面的作用突出,是社会经济生活中不可或缺的重要组成部分。

《中小企业会计全盘账——从企业设立、经营期间到期末账务处理全流程指南》是一本全面、深入、系统地讲解中小企业会计实务的专业图书,本书立足于《小企业会计准则》,根据税法及相关财经政策的规定,并充分考虑到中小企业经济业务的特点,从中小企业设立、日常生产经营、期末会计实务操作与报税等阶段编写,详解资产、负债、所有者权益、收入、费用、利润涉及科目的设置与账务处理方法。对于中小企业涉及的主要税种,如增值税、消费税、所得税、附加税及印花税等,书中也有详细介绍。

全书共分为八章,分别从中小企业基础知识、中小企业设立时的账务处理、经营期间资产类科目的账务处理、经营期间负债类科目的账务处理、经营期间所有者权益类科目的账务处理、经营期间成本类科目的账务处理、经营期间损益类科目的账务处理及期末账务处理八个方面,对中小企业经营过程中的财务和涉税实务进行了详细、准确、精炼的讲解。书中内容简洁实用,并附有大量案例,可以帮助中小企业会计人员快速掌握全盘账务处理流程。

本书从中小企业会计人员的视角编写,素材来自作者及大量同行的实务工作,每一章都从中小企业实际生产经营出发,遵循国家法律法规、规章及解释等,对会计实务中较基础、较常见、易产生问题的知识点进行了"一针见血"的讲解和精炼的分析。在本书的编写过程中,我们还充分考虑到会计初学者和刚刚步入会计行业的从业人员及部分非专业人士的实际情况,从会计基础知识开始讲述,全面介绍了中小企业经济业务的核算方法。

这是一本可以帮助中小企业进行会计实务处理和合法纳税的辅助用书，适用的群体包括中小企业会计人员、企业创办者及相关部门管理人员，也可作为高等院校财会专业师生的辅导用书。

由于会计法规、制度更新变化较快，书中难免有错漏之处，恳请读者批评指正。

目录

第 1 章　中小企业基础知识

1.1 中小企业概述 / 1
 1.1.1 中小企业的划分标准 / 1
 1.1.2 中小企业的组织形式 / 3
 1.1.3 中小企业组织形式的抉择 / 5
1.2 浅析《小企业会计准则》/ 6
 1.2.1 《小企业会计准则》概述 / 7
 1.2.2 《小企业会计准则》的会计科目 / 7
 1.2.3 《小企业会计准则》与《企业会计准则》的差异 / 11

 1.2.4 执行《小企业会计准则》的特殊规定 / 14
1.3 一般纳税人与小规模纳税人的区别及抉择 / 14
 1.3.1 一般纳税人概述 / 14
 1.3.2 小规模纳税人概述 / 15
 1.3.3 一般纳税人与小规模纳税人的区别 / 15
 1.3.4 一般纳税人与小规模纳税人的抉择 / 16

第 2 章　中小企业设立时的账务处理

2.1 有限责任公司的设立 / 18
 2.1.1 有限责任公司的设立条件与财务工作 / 18
 2.1.2 有限责任公司设立时的账务处理 / 19
2.2 股份有限公司的设立 / 23
 2.2.1 股份有限公司的设立条件与财务工作 / 23

 2.2.2 股份有限公司设立时的账务处理 / 24
2.3 企业筹建期间发生费用的账务处理 / 27
 2.3.1 有限责任公司筹建期间发生的费用 / 27
 2.3.2 股份有限公司筹建期间发生的费用 / 29

第 3 章　经营期间资产类科目的账务处理

3.1 资产概述 / 31
 3.1.1 什么是资产 / 31
 3.1.2 资产的计量 / 32
3.2 1001 库存现金 / 32
 3.2.1 库存现金概述 / 32

 3.2.2 库存现金的管理 / 33
 3.2.3 库存现金收入的账务处理 / 34
 3.2.4 库存现金支出的账务处理 / 37
3.3 1002 银行存款 / 38
 3.3.1 银行存款概述 / 38

3.3.2 银行存款的管理 / 39
3.3.3 银行存款收入的账务处理 / 40
3.3.4 银行存款支出的账务处理 / 41
3.3.5 支票 / 43

3.4 1012 其他货币资金 / 44
3.4.1 外埠存款 / 44
3.4.2 银行汇票存款 / 45
3.4.3 银行本票存款 / 46
3.4.4 信用卡存款 / 47
3.4.5 信用证保证金存款 / 48

3.5 1101 短期投资 / 49
3.5.1 短期投资概述 / 49
3.5.2 短期投资取得时的账务处理 / 49
3.5.3 短期投资持有期间取得现金股利或利息时的账务处理 / 50
3.5.4 短期投资出售时的账务处理 / 51

3.6 1121 应收票据 / 52
3.6.1 应收票据概述 / 52
3.6.2 应收票据取得时的账务处理 / 53
3.6.3 应收票据贴现时的账务处理 / 54
3.6.4 应收票据背书转让以取得物资时的账务处理 / 56

3.7 1122 应收账款 / 57
3.7.1 应收账款概述 / 58
3.7.2 应收账款发生时的账务处理 / 58
3.7.3 应收账款收回时的账务处理 / 59
3.7.4 应收账款发生坏账时的账务处理 / 60

3.8 1123 预付账款 / 60
3.8.1 预付账款概述 / 60
3.8.2 预付账款发生时的账务处理 / 61
3.8.3 预付账款发生坏账时的账务处理 / 63

3.9 1131 应收股利 / 63
3.9.1 应收股利概述 / 63
3.9.2 应收股利发生时的账务处理 / 63

3.10 1132 应收利息 / 64
3.10.1 应收利息概述 / 64

3.10.2 应收利息发生时的账务处理 / 65

3.11 1221 其他应收款 / 65
3.11.1 其他应收款概述 / 65
3.11.2 其他应收款发生时的账务处理 / 66

3.12 1401 材料采购 / 67
3.12.1 材料采购概述 / 67
3.12.2 材料采购发生时的账务处理 / 67

3.13 1402 在途物资 / 69
3.13.1 在途物资概述 / 69
3.13.2 在途物资发生时的账务处理 / 69

3.14 1403 原材料 / 70
3.14.1 原材料概述 / 70
3.14.2 实际成本核算下原材料采购及入库的账务处理 / 71
3.14.3 实际成本核算下原材料发出的账务处理 / 75
3.14.4 计划成本核算下原材料采购及入库的账务处理 / 75
3.14.5 计划成本核算下原材料发出的账务处理 / 78
3.14.6 自制、委托加工、投资者投入原材料收进的账务处理 / 79
3.14.7 原材料清查及其结果的账务处理 / 80

3.15 1404 材料成本差异 / 81
3.15.1 材料成本差异概述 / 81
3.15.2 材料成本差异的账务处理 / 82

3.16 1405 库存商品 / 83
3.16.1 库存商品概述 / 83
3.16.2 工业企业库存商品的账务处理 / 84
3.16.3 商品流通企业库存商品的账务处理 / 84

3.17 1407 商品进销差价 / 86
3.17.1 商品进销差价概述 / 86
3.17.2 商品进销差价的账务处理 / 86

3.18 1408 委托加工物资 / 88
3.18.1 委托加工物资概述 / 88
3.18.2 委托加工物资的账务处理 / 89

3.19 1411 周转材料 / 91
3.19.1 周转材料概述 / 91
3.19.2 周转材料——包装物的账务处理 / 92
3.19.3 周转材料——低值易耗品的账务处理 / 95

3.20 1421 消耗性生物资产 / 96
3.20.1 生物资产概述 / 96
3.20.2 消耗性生物资产概述 / 97
3.20.3 消耗性生物资产外购时的账务处理 / 98
3.20.4 自行栽培、营造、繁殖的消耗性生物资产的账务处理 / 99
3.20.5 消耗性生物资产的后续计量 / 101
3.20.6 消耗性生物资产收获与出售的账务处理 / 101

3.21 1501 长期债券投资 / 105
3.21.1 长期债券投资概述 / 105
3.21.2 长期债券投资取得时的账务处理 / 105
3.21.3 长期债券投资取得利息收入时的账务处理 / 106
3.21.4 长期债券投资处置或到期收回时的账务处理 / 107

3.22 1511 长期股权投资 / 109
3.22.1 长期股权投资概述 / 109
3.22.2 长期股权投资取得时的账务处理 / 109
3.22.3 长期股权投资取得现金股利和利润时的账务处理 / 110
3.22.4 长期股权投资处置时的账务处理 / 111
3.22.5 长期股权投资发生损失时的账务处理 / 111

3.23 1601 固定资产 / 112
3.23.1 固定资产概述 / 112
3.23.2 外购固定资产的账务处理 / 114
3.23.3 自行建造固定资产的账务处理 / 115
3.23.4 投资者投入固定资产的账务处理 / 118
3.23.5 固定资产后续支出的账务处理 / 118

3.24 1602 累计折旧 / 119
3.24.1 累计折旧概述 / 119
3.24.2 累计折旧的计提方法 / 120
3.24.3 固定资产折旧的账务处理 / 124

3.25 1604 在建工程 / 124
3.25.1 在建工程概述 / 124
3.25.2 在建工程的账务处理 / 125

3.26 1605 工程物资 / 127
3.26.1 工程物资概述 / 127
3.26.2 工程物资的账务处理 / 128

3.27 1606 固定资产清理 / 129
3.27.1 固定资产清理概述 / 129
3.27.2 固定资产清理的账务处理 / 130

3.28 1621 生产性生物资产 / 131
3.28.1 生产性生物资产概述 / 131
3.28.2 生产性生物资产外购取得时的账务处理 / 132
3.28.3 自行营造或者繁殖的生产性生物资产的账务处理 / 132
3.28.4 生产性生物资产折旧的账务处理 / 133
3.28.5 生产性生物资产后续支出的账务处理 / 134
3.28.6 生产性生物资产处置的账务处理 / 135

3.29 1622 生产性生物资产累计折旧 / 135
3.29.1 生产性生物资产累计折旧概述 / 135
3.29.2 生产性生物资产累计折旧的账务处理 / 136

3.30 1701 无形资产 / 136
3.30.1 无形资产概述 / 136
3.30.2 无形资产取得时的账务处理 / 138
3.30.3 无形资产摊销的账务处理 / 140
3.30.4 无形资产处置的账务处理 / 141

3.31 1702 累计摊销 / 141
3.31.1 累计摊销概述 / 141
3.31.2 累计摊销的账务处理 / 142

3.32 1801 长期待摊费用 / 143
3.32.1 长期待摊费用概述 / 143
3.32.2 长期待摊费用的账务处理 / 144

3.33 1901 待处理财产损溢 / 145

3.33.1 待处理财产损溢概述 / 145

3.33.2 待处理财产损溢的账务处理 / 146

第 4 章 经营期间负债类科目的账务处理

4.1 负债概述 / 149

4.1.1 什么是负债 / 149

4.1.2 流动负债 / 150

4.1.3 非流动负债 / 150

4.2 2001 短期借款 / 151

4.2.1 短期借款概述 / 151

4.2.2 短期借款的账务处理 / 151

4.3 2201 应付票据 / 152

4.3.1 应付票据概述 / 152

4.3.2 应付票据的账务处理 / 153

4.4 2202 应付账款 / 154

4.4.1 应付账款概述 / 154

4.4.2 应付账款的账务处理 / 155

4.5 2203 预收账款 / 158

4.5.1 预收账款概述 / 158

4.5.2 预收账款的账务处理 / 158

4.6 2211 应付职工薪酬 / 159

4.6.1 应付职工薪酬概述 / 159

4.6.2 应付职工薪酬的账务处理 / 160

4.7 2221 应交税费 / 163

4.7.1 应交增值税概述 / 163

4.7.2 增值税征收率 / 165

4.7.3 一般纳税人增值税的科目设置 / 166

4.7.4 一般纳税人增值税的账务处理 / 168

4.7.5 小规模纳税人增值税的账务处理 / 172

4.7.6 应交消费税概述 / 173

4.7.7 应交消费税的账务处理 / 175

4.7.8 应交附加税概述 / 178

4.7.9 应交附加税的账务处理 / 179

4.7.10 应交资源税概述 / 179

4.7.11 应交资源税的账务处理 / 180

4.7.12 应交土地增值税概述 / 181

4.7.13 应交土地增值税的账务处理 / 182

4.7.14 应交企业所得税概述 / 184

4.7.15 应交企业所得税的账务处理 / 185

4.7.16 应交印花税概述 / 185

4.7.17 应交个人所得税概述 / 187

4.7.18 应交个人所得税的账务处理 / 188

4.8 2231 应付利息 / 188

4.8.1 应付利息概述 / 188

4.8.2 应付利息的账务处理 / 189

4.9 2232 应付利润 / 190

4.9.1 应付利润概述 / 190

4.9.2 应付利润的账务处理 / 190

4.10 2241 其他应付款 / 190

4.10.1 其他应付款概述 / 190

4.10.2 其他应付款的账务处理 / 191

4.11 2401 递延收益 / 192

4.11.1 递延收益概述 / 192

4.11.2 递延收益的账务处理 / 192

4.12 2501 长期借款 / 195

4.12.1 长期借款概述 / 195

4.12.2 长期借款的账务处理 / 195

4.13 2701 长期应付款 / 197

4.13.1 长期应付款概述 / 197

4.13.2 长期应付款的账务处理 / 197

第 5 章 经营期间所有者权益类科目的账务处理

5.1 所有者权益概述 / 199

    5.1.1 所有者权益的定义和分类 / 199

    5.1.2 所有者权益与负债的区别 / 200

5.2 3001 实收资本 / 200

    5.2.1 实收资本概述 / 200

    5.2.2 实收资本的账务处理 / 201

5.3 3002 资本公积 / 204

    5.3.1 资本公积概述 / 204

    5.3.2 资本公积的账务处理 / 204

5.4 3101 盈余公积 / 205

    5.4.1 盈余公积概述 / 205

    5.4.2 盈余公积的账务处理 / 206

5.5 3103 本年利润 / 207

    5.5.1 本年利润概述 / 207

    5.5.2 本年利润的账务处理 / 207

5.6 3104 利润分配 / 209

    5.6.1 利润分配概述 / 209

    5.6.2 利润分配的账务处理 / 210

第 6 章 经营期间成本类科目的账务处理

6.1 成本类科目概述 / 212

6.2 4001 生产成本 / 212

    6.2.1 生产成本概述 / 212

    6.2.2 生产成本的账务处理 / 213

6.3 4101 制造费用 / 215

    6.3.1 制造费用概述 / 215

    6.3.2 制造费用的账务处理 / 216

6.4 4301 研发支出 / 217

    6.4.1 研发支出概述 / 217

    6.4.2 研发支出的账务处理 / 219

6.5 4401 工程施工 / 220

    6.5.1 工程施工概述 / 221

    6.5.2 工程施工的账务处理 / 221

6.6 4403 机械作业 / 223

    6.6.1 机械作业概述 / 223

    6.6.2 机械作业的账务处理 / 224

第 7 章 经营期间损益类科目的账务处理

7.1 损益类科目概述 / 225

7.2 5001 主营业务收入 / 226

    7.2.1 主营业务收入概述 / 226

    7.2.2 销售商品收入的账务处理 / 226

    7.2.3 提供劳务收入的账务处理 / 234

7.3 5051 其他业务收入 / 237

    7.3.1 其他业务收入概述 / 237

    7.3.2 其他业务收入的账务处理 / 237

7.4 5111 投资收益 / 238

    7.4.1 投资收益概述 / 238

    7.4.2 投资收益的账务处理 / 239

7.5 5301 营业外收入 / 240

    7.5.1 营业外收入概述 / 240

    7.5.2 营业外收入的账务处理 / 240

7.6 5401 主营业务成本 / 242

    7.6.1 主营业务成本概述 / 242

7.6.2 主营业务成本的账务处理 / 242

7.7 5402 其他业务成本 / 243
7.7.1 其他业务成本概述 / 243

7.7.2 其他业务成本的账务处理 / 244

7.8 5403 税金及附加 / 244
7.8.1 税金及附加概述 / 244

7.8.2 税金及附加的账务处理 / 245

7.9 5601 销售费用 / 246
7.9.1 销售费用概述 / 246

7.9.2 销售费用的账务处理 / 247

7.10 5602 管理费用 / 247
7.10.1 管理费用概述 / 247

7.10.2 管理费用的账务处理 / 248

7.11 5603 财务费用 / 249
7.11.1 财务费用概述 / 249

7.11.2 财务费用的账务处理 / 249

7.12 5711 营业外支出 / 250
7.12.1 营业外支出概述 / 250

7.12.2 营业外支出的账务处理 / 251

7.13 5801 所得税费用 / 252
7.13.1 所得税费用概述 / 252

7.13.2 所得税费用的账务处理 / 252

第 8 章 期末账务处理

8.1 月末清查 / 254
8.1.1 库存现金清查 / 254

8.1.2 银行存款对账 / 256

8.1.3 有价票据盘点 / 257

8.1.4 存货盘点 / 257

8.2 月末账务处理 / 260
8.2.1 固定资产计提折旧 / 260

8.2.2 无形资产计提摊销 / 260

8.2.3 长期待摊费用摊销 / 260

8.2.4 计提工资 / 261

8.2.5 结转收入、支出、费用 / 262

8.3 增值税的处理 / 265
8.3.1 一般纳税人增值税的处理 / 265

8.3.2 小规模纳税人增值税的处理 / 266

8.4 企业所得税的处理 / 266
8.4.1 企业所得税纳税调整 / 266

8.4.2 企业所得税纳税调整增加额 / 267

8.4.3 企业所得税纳税调整减少额 / 269

8.4.4 应纳税所得额 / 271

8.4.5 所得税费用的核算程序 / 272

8.5 财务报表的处理 / 273
8.5.1 资产负债表的填报 / 273

8.5.2 利润表的填报 / 280

8.5.3 现金流量表的填报 / 282

8.5.4 附注的填报 / 285

第1章　中小企业基础知识

2021年，为适应国民经济和促进中小企业发展需要，工业和信息化部与国家统计局会同有关部门开展了对《中小企业划型标准规定》的研究修订工作，并已形成修订征求意见稿。该规定适用于《国民经济行业分类》国家标准中的以下行业：农、林、牧、渔业，采矿业，制造业，电力、热力、燃气及水生产和供应业，建筑业，批发和零售业，交通运输、仓储和邮政业，住宿和餐饮业，信息传输、软件和信息技术服务业，房地产业，租赁和商务服务业，科学研究和技术服务业，水利、环境和公共设施管理业，居民服务、修理和其他服务业，教育，卫生和社会工作，文化、体育和娱乐业。

1.1 中小企业概述

中小企业是指在中华人民共和国境内依法设立的，人员规模、经营规模相对较小的企业，包括中型企业、小型企业和微型企业。

1.1.1 中小企业的划分标准

1. 各行业中小企业划型定量标准

根据《中小企业划型标准规定（修订征求意见稿）》，各行业中小企业划型定量标准如表1-1所示。

表1-1　各行业中小企业划型定量标准

序号	行业	划型定量标准
1	农、林、牧、渔业	营业收入2亿元以下的为中小微型企业。其中： （1）营业收入300万元以下的为微型企业 （2）营业收入3 000万元以下的为小型企业 （3）营业收入2亿元以下的为中型企业

（续表）

序号	行业	划型定量标准
2	工业（采矿业，制造业，电力、热力、燃气及水生产和供应业），交通运输、仓储和邮政业	从业人员1 000人以下且营业收入20亿元以下的为中小微型企业。其中： (1) 从业人员20人以下且营业收入2 000万元以下的为微型企业 (2) 从业人员300人以下且营业收入2亿元以下的为小型企业 (3) 从业人员1 000人以下且营业收入20亿元以下的为中型企业
3	建筑业，组织管理服务	营业收入8亿元以下且资产总额10亿元以下的为中小微型企业。其中： (1) 营业收入800万元以下且资产总额1 000万元以下的为微型企业 (2) 营业收入8 000万元以下且资产总额1亿元以下的为小型企业 (3) 营业收入8亿元以下且资产总额10亿元以下的为中型企业
4	批发业	从业人员200人以下且营业收入20亿元以下的为中小微型企业。其中： (1) 从业人员5人以下且营业收入2 000万元以下的为微型企业 (2) 从业人员20人以下且营业收入2亿元以下的为小型企业 (3) 从业人员200人以下且营业收入20亿元以下的为中型企业
5	零售业	从业人员300人以下且营业收入5亿元以下的为中小微型企业。其中： (1) 从业人员10人以下且营业收入500万元以下的为微型企业 (2) 从业人员50人以下且营业收入5 000万元以下的为小型企业 (3) 从业人员300人以下且营业收入5亿元以下的为中型企业
6	住宿和餐饮业	从业人员300人以下且营业收入4亿元以下的为中小微型企业。其中： (1) 从业人员10人以下且营业收入200万元以下的为微型企业 (2) 从业人员100人以下且营业收入4 000万元以下的为小型企业 (3) 从业人员300人以下且营业收入4亿元以下的为中型企业
7	信息传输、软件和信息技术服务业	从业人员500人以下且营业收入10亿元以下的为中小微型企业。其中： (1) 从业人员10人以下且营业收入1 000万元以下的为微型企业 (2) 从业人员100人以下且营业收入1亿元以下的为小型企业 (3) 从业人员500人以下且营业收入10亿元以下的为中型企业
8	房地产开发经营	营业收入10亿元以下且资产总额50亿元以下的为中小微型企业。其中： (1) 营业收入1 000万元以下且资产总额5 000万元以下的为微型企业 (2) 营业收入1亿元以下且资产总额5亿元以下的为小型企业 (3) 营业收入10亿元以下且资产总额50亿元以下的为中型企业
9	房地产业（不含房地产开发经营），租赁和商务服务业（不含组织管理服务），科学研究和技术服务业，水利、环境和公共设施管理业，居民服务、修理和其他服务业，教育，卫生和社会工作，文化、体育和娱乐业	从业人员300人以下且营业收入5亿元以下的为中小微型企业。其中： (1) 从业人员10人以下且营业收入500万元以下的为微型企业 (2) 从业人员100人以下且营业收入5 000万元以下的为小型企业 (3) 从业人员300人以下且营业收入5亿元以下的为中型企业

2. 企业规模类型划分

企业规模类型划分以企业有关指标上年度数据为定量依据。

没有上年度完整数据的企业规模类型划分，从业人员、资产总额以划型时的数据为定量依据，营业收入按照以下公式计算：

$$营业收入（年）= 企业实际存续期间营业收入 \div 企业实际存续月数 \times 12$$

3. 视同大型企业的情形

符合中小企业划型定量标准，但有下列情形之一的，视同大型企业：

（1）单个大型企业或大型企业全资子公司直接控股超过50%的企业；

（2）两个以上大型企业或大型企业全资子公司直接控股超过50%的企业；

（3）与大型企业或大型企业全资子公司的法定代表人为同一人的企业。

4. 个体工商户

个体工商户参照本规定进行划型。

1.1.2 中小企业的组织形式

企业组织形式是指企业存在的形态和类型，它表明一个企业的财产构成、内部分工协作与外部社会经济联系的方式。

企业主要分为两类：公司制企业和非公司制企业。

公司制企业是指按照《中华人民共和国公司法》（以下简称《公司法》）等法律关系组织设立的经济组织，常见的有有限责任公司、股份有限公司，通常承担以公司资产总额为上限的有限责任。非公司制企业是指按照公司组织程序设立之外的经济组织，常见的有个人独资企业、合伙企业和个体工商户，承担无限责任，通常没有法人主体资格。

1. 有限责任公司

有限责任公司是指不通过发行股票，而由为数不多的股东集资组建的公司（一般由2人以上50人以下股东共同出资设立），其资本无需划分为等额股份，股东在出让股权时受到一定的限制。

（1）有限责任公司的特点。

①在有限责任公司中，所有权和管理权的分离程度不如股份有限公司高。

②有限责任公司无最低注册资本的要求，若法律、行政法规及国务院决定对某行业、领域的有限责任公司注册资本实缴、注册资本最低限额另有规定，则从其规定。

③有限责任公司的财务状况不必向社会披露，公司的设立和解散程序比较简单，管理机构也比较简单，比较适合中小型企业。

（2）设立方式：发起设立。

（3）有限责任公司的股权转让：限制性转让。即除另有约定外，股东之间可以相互转让其全部或者部分股权，向股东以外的人转让股权，应当经其他股东过半数同意。

2. 股份有限公司

股份有限公司的全部注册资本由等额股份构成并通过发行股票（或股权证）筹集资本，公司以其全部资产对公司债务承担有限责任。

（1）股份有限公司的特点。

①股份有限公司应当有2人以上200以下的发起人，其中须有半数以上的发起人在中国境内有住所。注册资本的最低限额为人民币500万元。

②股份有限公司的资本总额平分为金额相等的股份；股东以其所认购股份对公司承担有限责任，公司以其全部资产对公司债务承担责任；每一股有一表决权，股东以其持有的股份享受权利，承担义务。

（2）设立方式：发起设立、募集设立。

（3）股份有限公司的股权转让：公开转让。

3. 个人独资企业

个人独资企业简称独资企业，是指在中国境内设立，由一个自然人投资，全部资产为投资人所有的营利性经济组织。其典型特征是个人出资、个人经营，个人自负盈亏和自担风险。

（1）个人独资企业的特点

个人独资企业主要涉及零售业、手工业、农业、林业、渔业、服务业和家庭作坊等，如部分养殖场、家庭农场、药店、餐馆等。

（2）个人独资企业的设立条件

①投资人为一个自然人，且只能是中国公民。

②有合法的企业名称。个人独资企业的名称中不得使用"有限""有限责任"或者"公司"字样。

③有投资人申报的出资。设立个人独资企业可以用货币、实物、土地使用权、知识产权或者其他财产权利出资。以家庭共有财产作为个人出资的，投资人应当在设立（变更）登记申请书上予以注明。

④有固定的生产经营场所和必要的生产经营条件及从业人员。

4. 合伙企业

合伙企业是指自然人、法人和其他组织依照《中华人民共和国合伙企业法》(以下简称《合伙企业法》)在中国境内设立的,由两个或两个以上的自然人通过订立合伙协议,共同出资经营、共负盈亏、共担风险的企业组织形式。

(1) 合伙企业的特别规定

国有独资公司、国有企业、上市公司及公益性事业单位、社会团体不得成为普通合伙人。

(2) 合伙企业的特点

①合伙企业一般无法人资格,不缴纳企业所得税,须缴纳个人所得税。

②《合伙企业法》规定每个合伙人对企业债务须承担无限、连带责任。

③合伙人转让其所有权时,需要取得其他合伙人的同意,有时甚至需要修改合伙协议,因此其所有权的转让比较困难。

④外部筹资比较困难。

5. 个体工商户

个体工商户是指公民在法律允许的范围内,依法经核准登记,从事工商业经营的家庭或户。个体工商户还可以起字号,并以其字号进行活动。

(1) 个体工商户的特点

①个体工商户是从事工商业经营的自然人或家庭。

②自然人从事个体工商业经营必须依法核准登记,个体工商户转业、合并、变更登记事项或歇业,也应办理登记手续。

(2) 关于个体工商户的民事责任

个人经营的个人承担责任,家庭经营的家庭承担责任。夫妻中的一方进行个体工商登记,以家庭财产进行个体经营,个体经营期间的收益作为家庭共有财产的,其债务应由家庭共有财产来清偿,即风险共担、利益共享。

1.1.3 中小企业组织形式的抉择

除了遵循中小企业划分标准外,创业者还应根据资金来源、拟投资的行业、税收规定、利润和风险承担方式来对企业的组织形式做出合适的抉择。

1. 资金来源

资金来源是决定企业组织形式的最根本因素。

2. 拟投资的行业

对于法律有强制性规定的行业，必须按照法律的要求确定组织形式；对于法律没有强制性要求的，则需要根据实务中通常的做法及创业者的特殊要求来确定组织形式。

对于一些特殊的行业，法律规定只能采用特殊的组织形式，例如，律师事务所只能采用合伙形式，而不能采用公司制企业形式。

3. 税收规定

我国对公司制企业和合伙企业实行不同的纳税规定。国家对公司制企业的营业利润征收企业所得税，税后利润作为股息分配给投资者，个人投资者还需要缴纳个人所得税；而对合伙企业的营业利润不征收企业所得税，只征收合伙人分得收益的个人所得税。因此，投资合伙企业的税赋明显低于投资公司制企业。

4. 利润和风险承担方式

独资企业的创业者无需和他人分享利润，同理，企业的亏损也要一人承担。

在合伙协议没有特别规定的情况下，合伙企业的利润和亏损由每个合伙人按相等的份额分享和承担。

有限责任公司和股份有限公司，股东按持有的股份比例和股份种类分享公司利润，并且股东个人不承担投资额以外的亏损责任。

1.2 浅析《小企业会计准则》

目前，我国企业适用的会计准则为《企业会计准则》和《小企业会计准则》，企业只能执行两者之一，不能混合使用。《小企业会计准则》于2011年10月18日由中华人民共和国财政部以财会〔2011〕17号印发，该准则分总则、资产、负债、所有者权益、收入、费用、利润及利润分配、外币业务、财务报表、附则共10章90条，自2013年1月1日起施行。

1.2.1 《小企业会计准则》概述

《小企业会计准则》适用于在中华人民共和国境内依法设立的、符合《中小企业划型标准规定》的相关企业。在税收规范上,采取了和税法更为趋同的计量规则,大大简化了会计准则,与税法相协调。在利税影响因素方面,相对于《企业会计准则》也有了具体的改进。

1.2.2 《小企业会计准则》的会计科目

《小企业会计准则》的会计科目如表1-2所示。

表1-2 《小企业会计准则》的会计科目

序号	科目编号	一级科目	二级科目	具体项目
一、资产类				
1	1001	库存现金		
2	1002	银行存款	按照开户银行和其他金融机构、存款种类等设置	
3	1012	其他货币资金	银行汇票、银行本票、信用卡、信用证保证金、外埠存款	
4	1101	短期投资	股票、债券、基金	
5	1121	应收票据	按照开出、承兑商业汇票的单位设置	
6	1122	应收账款	按照对方单位(或个人)设置	
7	1123	预付账款	按照对方单位(或个人)设置	
8	1131	应收股利	按照被投资单位设置	
9	1132	应收利息	按照被投资单位设置	
10	1221	其他应收款	按照对方单位(或个人)设置	
11	1401	材料采购	按照供应单位和材料品种设置	
12	1402	在途物资	按照供应单位和物资品种设置	
13	1403	原材料	按照材料的保管地点(仓库)、类别、品种和规格等设置	包括原料及主要材料、辅助材料、外购半成品(外购件)、修理用备件(备品备件)、包装材料、燃料等
14	1404	材料成本差异	原材料、周转材料	
15	1405	库存商品	按照库存商品的种类、品种和规格设置	
16	1407	商品进销差价	按照库存商品的种类、品种和规格设置	

(续表)

序号	科目编号	一级科目	二级科目	具体项目
17	1408	委托加工物资	按照加工合同、受托加工单位及加工物资的品种设置	指企业委托外单位加工的各种材料、商品等物资
18	1411	周转材料	按照周转材料的种类设置，如在库、在用、摊销	包括包装物，低值易耗品，企业（建筑业）的钢模板、木模板、脚手架等
19	1421	消耗性生物资产	按照消耗性生物资产的种类、群别设置	指企业（农、林、牧、渔业）生长中的大田作物、蔬菜、用材林及存栏待售的牲畜等
20	1501	长期债券投资	按照债券种类和被投资单位设置，如面值、溢折价、应计利息	指企业准备长期（在1年以上，下同）持有的债券投资
21	1511	长期股权投资	按照被投资单位设置	指企业准备长期持有的权益性投资
22	1601	固定资产	按照固定资产类别和项目设置	包括房屋、建筑物、机器、机械、运输工具、设备、器具、工具等
23	1602	累计折旧	也可以进行明细核算	
24	1604	在建工程	按照在建工程项目设置	
25	1605	工程物资	专用材料、专用设备、工器具等	
26	1606	固定资产清理	按照被清理的固定资产项目设置	
27	1621	生产性生物资产	分为未成熟生产性生物资产及成熟生产性生物资产，分别按照生物资产的种类、群别设置	包括经济林、薪炭林、产畜和役畜等
28	1622	生产性生物资产累计折旧	按照生产性生物资产的种类、群别设置	
29	1701	无形资产	按照无形资产项目设置	包括土地使用权、专利权、商标权、著作权、非专利技术等
30	1702	累计摊销	按照无形资产项目设置	
31	1801	长期待摊费用	按照支出项目设置	包括已提足折旧的固定资产的改建支出、经营租入固定资产的改建支出、固定资产的大修理支出和其他长期待摊费用等
32	1901	待处理财产损溢	待处理流动资产损溢、待处理非流动资产损溢	
			二、负债类	
33	2001	短期借款	按照借款种类、贷款人和币种设置	
34	2201	应付票据	按照债权人设置	
35	2202	应付账款	按照对方单位（或个人）设置	
36	2203	预收账款	按照对方单位（或个人）设置	

（续表）

序号	科目编号	一级科目	二级科目	具体项目
37	2211	应付职工薪酬	职工工资，奖金、津贴和补贴，职工福利费，社会保险费，住房公积金，工会经费，职工教育经费，非货币性福利，辞退福利	社会保险费包括医疗保险费、养老保险费、失业保险费、工伤保险费和生育保险费等；辞退福利包括企业因与职工解除劳动关系而给予的补偿；其他与获得职工提供的服务相关的支出也在本科目核算
38	2221	应交税费	增值税（增值税——"进项税额""销项税额""出口退税""进项税额转出""已交税金"）、消费税、城市维护建设税、企业所得税、资源税、土地增值税、城镇土地使用税、房产税、车船税、教育费附加、矿产资源补偿费、排污费、个人所得税	
39	2231	应付利息	按照贷款人设置	
40	2232	应付利润	按照投资者设置	
41	2241	其他应付款	按照其他应付款的项目和对方单位（或个人）设置	
42	2401	递延收益	按照相关项目设置	
43	2501	长期借款	按照借款种类、贷款人和币种设置	
44	2701	长期应付款	按照长期应付款的种类和债权人设置	
			三、所有者权益类	
45	3001	实收资本	按照投资者设置	
46	3002	资本公积		
47	3101	盈余公积	法定盈余公积、任意盈余公积	
48	3103	本年利润		
49	3104	利润分配	应付利润、未分配利润	
			四、成本类	
50	4001	生产成本	基本生产成本、辅助生产成本	包括达到预定生产经营目的前发生的饲料费、人工费和应分摊的间接费用等必要支出
51	4101	制造费用	机物料消耗、修理费、职工薪酬、折旧费、办公费、水电费、停工损失	
52	4301	研发支出	费用化支出、资本化支出	

(续表)

序号	科目编号	一级科目	二级科目	具体项目
53	4401	工程施工	合同成本,包括人工费、材料费、机械使用费、二次搬运费、工具用具使用费、检验试验费、临时设施折旧费及其他	与劳务提供直接相关的人工费、材料费和应分摊的间接费用
			间接费用,包括职工薪酬、财产保险费、工程保修费、固定资产折旧费及其他	
54	4403	机械作业	按照施工机械或运输设备的种类	
五、损益类				
55	5001	主营业务收入	按照主营业务的种类设置	包括销售商品收入和提供劳务收入。销售商品收入是指企业销售商品(或产成品、材料,下同)取得的收入。提供劳务收入是指企业从事建筑安装、修理修配、交通运输、仓储租赁、邮电通信、咨询经纪、文化体育、科学研究、技术服务、教育培训、餐饮住宿、中介代理、卫生保健、社区服务、旅游、娱乐、加工及其他劳务服务活动取得的收入
56	5051	其他业务收入	按照其他业务种类设置,包括销售材料、出租固定资产、出租无形资产	
57	5111	投资收益	按照投资项目设置	
58	5301	营业外收入	非流动资产处置净收益,政府补助,捐赠收益,盘盈收益,汇兑收益,出租包装物、商品的租金收入,逾期未退包装物押金收益,确实无法偿还的应付款项,已作坏账损失处理后又收回的应收款项,违约金收益	
59	5401	主营业务成本	按照主营业务的种类设置	
60	5402	其他业务成本	按照其他业务种类设置,包括销售材料成本、出租固定资产折旧费、出租无形资产摊销费	
61	5403	税金及附加	消费税、城市维护建设税、资源税、土地增值税、城镇土地使用税、房产税、车船税、印花税、教育费附加、矿产资源补偿费、排污费	

（续表）

序号	科目编号	一级科目	二级科目	具体项目
62	5601	销售费用	销售人员的职工薪酬、商品维修费、运输费、装卸费、包装费、保险费、广告宣传费、展览费	批发业、零售业的销售费用还包括运输途中的合理损耗和入库前的挑选整理费等
63	5602	管理费用	开办费、折旧费、修理费、办公费、水电费、差旅费、职工薪酬、业务招待费、研究费用、技术转让费、长期待摊费用摊销、财产保险费、聘请中介机构费、咨询费、诉讼费、堤围费、无形资产摊销	包括企业在筹建期间内发生的开办费、行政管理部门发生的费用（如固定资产折旧费、修理费、办公费、水电费、差旅费、管理人员的职工薪酬等）、业务招待费、研究费用、技术转让费、相关长期待摊费用摊销、财产保险费、聘请中介机构费、咨询费（含顾问费）、诉讼费等费用
64	5603	财务费用	利息费用、汇兑损失、手续费、现金折扣	包括利息费用（减利息收入）、汇兑损失、银行相关手续费、企业给予的现金折扣（减享受的现金折扣）等费用
65	5711	营业外支出	存货盘亏毁损报废损失，非流动资产处置损失，坏账损失，无法收回的长期债券投资损失，无法收回长期股权投资损失，自然灾害等不可抗力因素造成的损失，税收滞纳金、罚金、罚款，被没收财物损失，捐赠支出，赞助支出	
66	5801	所得税费用		

1.2.3 《小企业会计准则》与《企业会计准则》的差异

《小企业会计准则》与《企业会计准则》相比，减少了会计科目，简化了日常核算工作，尤其在税收规范上，采取了和税法更为趋同的计量规则。

1. 适用范围不同

下列三类小企业不适用《小企业会计准则》。

（1）股票或债券在市场上公开交易的小企业。

（2）金融机构或其他具有金融性质的小企业。

（3）企业集团内的母公司和子公司。《企业会计准则》适用于大中型企业或不适用《小企业会计准则》的小企业。

2. 会计要素的核算要求不同

执行《小企业会计准则》的企业，会计要素的核算要求如下。

（1）资产按照成本计量，不计提资产减值准备，没有资产减值准备等科目。

（2）应收及预付款项的坏账损失采用直接转销法，于实际发生时计入营业外支出。资产实际损失的确定参照《中华人民共和国企业所得税法》（以下简称《企业所得税法》）中的有关认定标准。

（3）短期投资不按公允价值核算，而是按成本核算。

（4）长期债券投资不按公允价值入账，而是按成本入账。

（5）长期债券投资的利息收入不在债务人应付利息日按照其摊余成本和实际利率计算，而在债务人应付利息日按照债券本金和票面利率计算。

（6）融资租入固定资产的入账价值不按照租赁开始日租赁资产公允价值与最低租赁付款额现值两者中的较低者确定，而是按照租赁合同约定的付款总额和在签订租赁合同过程中发生的相关税费等确定。

（7）负债不按照公允价值入账，而是按照实际发生额入账。

（8）借款利息不按照借款摊余成本和借款实际利率计算，而是按照借款本金和借款合同利率计算。

3. 债券的溢折价摊销方式不同

（1）《企业会计准则》规定，长期债券投资（或持有至到期投资）中债券的折价或者溢价，在债券存续期间于确认相关债券利息收入时采用实际利率法进行摊销。

（2）《小企业会计准则》规定，债券的折价或者溢价在债券存续期间于确认相关债券利息收入时采用直线法进行摊销。

4. 长期股权投资的核算方法不同

执行《小企业会计准则》的企业，长期股权投资统一采用成本法进行会计处理。

5. 固定资产折旧年限和无形资产摊销期限的确定

执行《小企业会计准则》的企业，应根据固定资产的性质和使用情况，并考虑税法的规定，合理确定固定资产的使用寿命和预计净残值。企业无形资产的摊销期应自其可供使用时开始至停止使用或出售时止；有关法律规定或合同约定了使用年限的，可以按照规定或约定的使用年限分期摊销；企业不能可靠估计无形资产使用寿命的，摊销期不得低于10年。

6. 长期待摊费用的核算内容和摊销期限

（1）《企业会计准则》中"长期待摊费用"科目的核算内容、摊销期限与《企业所得税法》及其实施条例存在较大的差异。

（2）《小企业会计准则》中长期待摊费用的核算内容、摊销期限均与《企业所得税法》及其实施条例的规定相一致。

7. 资本公积核算的内容不同

（1）《企业会计准则》中规定的资本公积包括资本溢价（或股本溢价）和其他资本公积。

（2）《小企业会计准则》中规定的资本公积仅包括资本溢价（或股本溢价），即企业收到的投资者出资额超过其在注册资本或股本中所占份额的部分。

8. 所得税的核算方法不同

（1）执行《企业会计准则》的企业，应采用资产负债表债务法核算所得税，在计算应交所得税和递延所得税的基础上，确认所得税费用。

（2）执行《小企业会计准则》的企业，应采用应付税款法核算所得税，将计算的应交所得税确认为所得税费用。

9. 外币财务报表折算差额的核算不同

执行《小企业会计准则》的企业，不会产生外币财务报表折算差额。

10. 财务报表的列报和披露不同

《小企业会计准则》对企业财务报表的列报和披露要求如下：

（1）财务报表至少应当包括资产负债表、利润表、现金流量表和附注四个组成部分，企业不必编制所有者权益（或股东权益）变动表；

（2）恰当简化了现金流量表，没有补充资料，报表附注的披露内容也大为减少。

11. 对会计政策变更和会计差错更正的会计处理方法不同

《小企业会计准则》要求企业对会计政策变更、会计估计变更和会计差错更正采用未来适用法进行会计处理。

12. 会计科目的设置不同

《企业会计准则》有 156 个会计科目，《小企业会计准则》只有 66 个会计科目。

1.2.4 执行《小企业会计准则》的特殊规定

执行《小企业会计准则》的特殊规定如下。

（1）执行本准则的企业，发生的交易或者事项本准则未作规范的，可以参照《企业会计准则》中的相关规定进行处理。

（2）执行《企业会计准则》的企业，不得在执行《企业会计准则》的同时，选择执行本准则的相关规定。

（3）执行本准则的企业公开发行股票或债券的，应当转为执行《企业会计准则》；因经营规模或企业性质变化导致不符合本准则第二条规定而成为大中型企业或金融企业的，应当从次年1月1日起转为执行《企业会计准则》。

（4）已执行《企业会计准则》的上市公司、大中型企业和小企业，不得转为执行本准则。

（5）执行本准则的企业转为执行《企业会计准则》时，应当按照《企业会计准则第38号——首次执行企业会计准则》等相关规定进行会计处理。

1.3 一般纳税人与小规模纳税人的区别及抉择

纳税人分为一般纳税人和小规模纳税人。

1.3.1 一般纳税人概述

一般纳税人是指年应税销售额超过财政部、国家税务总局规定的小规模纳税人标准的企业和企业性单位。年应税销售额是指纳税人在连续不超过12个月或四个季度的经营期内累计应征增值税销售额，包括纳税申报销售额、稽查查补销售额、纳税评估调整销售额。一般纳税人的特点是增值税进项税额可以抵扣销项税额。

1. 申请一般纳税人资格认定

一个标准：年应征增值税销售额＞500万元（应税销售额未超过标准的，满足以下"两个能够"条件的可申请为一般纳税人）。

两个能够：能够进行健全的会计核算，能够按规定报送有关税务资料。

2. 不办理一般纳税人资格认定的情况

下列纳税人不办理一般纳税人资格认定：

（1）个体工商户以外的其他个人；

（2）选择按照小规模纳税人纳税的非企业性单位；

（3）选择按照小规模纳税人纳税的不经常发生应税行为的企业；

（4）非企业性单位；

（5）销售免税货物的企业。

3. 一般纳税人增值税税率

一般纳税人增值税税率一共有四档：13%，9%，6%，0。

（1）销售交通运输服务、邮政服务、基础电信服务、建筑服务、不动产租赁服务，销售不动产，转让土地使用权以及销售或进口正列举的农产品等货物，税率为9%。

（2）加工修理修配劳务、有形动产租赁服务和进口的税率为13%。

（3）销售无形资产（除土地使用权税率为9%）的税率为6%，出口货物的税率为0。

（4）除（2）、（3）项外，货物税率是13%，服务税率是6%。

1.3.2 小规模纳税人概述

小规模纳税人是指年应税销售额在规定标准以下，并且会计核算不健全，不能按规定报送有关税务资料的增值税纳税人。

1. 小规模纳税人资格认定

一个标准：年应征增值税销售额≤500万元。

两个不能：不能正确核算销项、进项和应纳税额，不能按规定报送有关税务资料。

2. 小规模纳税人增值税征收率

小规模纳税人以及采用简易计税的一般纳税人计算税款时使用征收率，目前增值税征收率一共有四档，0.5%、1%、3%和5%，一般适用3%，财政部和国家税务总局另有规定的除外。

1.3.3 一般纳税人与小规模纳税人的区别

为了更清晰地区分一般纳税人和小规模纳税人，笔者做了一张对比表，如表1-3所示。

表1-3 一般纳税人与小规模纳税人的区别

项目	一般纳税人	小规模纳税人
标准	年应税销售额＞500万元 能够进行健全的会计核算 能够按规定报送有关税务资料	年应税销售额≤500万元 不能正确核算销项、进项、应纳税额 不能按规定报送有关税务资料
计税方式	一般计税，一些情况下简易计税	简易计税
税率	适用13%、9%、6%、0四档税率，一些情况下适用5%、3%征收率	适用5%、3%征收率
发票使用	销售货物、提供应税劳务或服务等，可以自行开具增值税普通发票和增值税专用发票，一般按基本税率开具，简易计税方法下按征收率开具	销售货物、提供应税劳务或服务等，一般只能自行开具增值税普通发票，特定行业或情形可以自行开具增值税专用发票（销售其取得的不动产除外）；不符合特定行业或情形，需要去税务机关代开专用发票的，只能按征收率开具
发票取得	购进货物、应税劳务、服务等可以抵扣进项税，符合条件的，可以适用加计抵减政策	购进货物、应税劳务或服务等即使取得了增值税专用发票，也不能抵扣进项税，不可以适用加计抵减政策
账务处理	进项税可以抵扣	进项税不能抵扣，金额全部计入成本
应交税费的计算	销项税额－进项税额	应税销售额×征收率
申报期	月度申报	按季申报

1.3.4 一般纳税人与小规模纳税人的抉择

1. 看规模

如果企业投资规模大，年销售收入预计会在短期内超过500万元，建议直接认定为一般纳税人。如果估计企业月销售额在10万元以下，建议选择小规模纳税人，可以享受增值税免征政策。

2. 看买方

如果企业的客户预计未来主要是大客户，很可能不接受3%征收率的增值税专用发票，那么建议认定为一般纳税人，否则选择小规模纳税人。

3. 看抵扣

如果企业的成本费用构成取得增值税专用发票的占比高，进项税额抵扣充分，通过测算估计增值税税负低于3%，那么建议认定为一般纳税人，否则选择小规模纳税人。

4. 看行业

如果是适用13%税率的行业，并且为轻资产行业（这类行业一般增值税税负较高），那么建议认定为小规模纳税人，否则选择一般纳税人。

5. 看优惠

看企业所在行业能否享受增值税优惠政策。例如，软件企业若能享受增值税超税负返还等增值税优惠政策，建议认定为一般纳税人，否则选择小规模纳税人。

第 2 章　中小企业设立时的账务处理

2.1 有限责任公司的设立

企业拿到营业执照后（可到银行办理公司基本账户，也可以最后办理），要到税务局填表登记选择的会计准则等内容。企业应根据自身的经营行业、规模及内部财务核算特点，选择适用《企业会计准则》或《小企业会计准则》。

2.1.1 有限责任公司的设立条件与财务工作

1. 设立有限责任公司应当具备的条件

根据我国《公司法》的规定，设立有限责任公司，应当具备以下条件。

（1）股东符合法定人数。有限责任公司的股东为50人以下，其中，一人有限责任公司和国有独资公司的股东只有1人。

（2）有符合公司章程规定的全体股东认缴的出资额。现在注册有限责任公司为认缴制，公司在提交注册材料时，公司章程里要注明公司的注册资本和股东的认缴出资额、出资方式（实物出资或货币出资）、出资时间（如两个股东，注册资本50万元，其中一个股东认缴出资总额20万元，占注册资本的40%，出资方式为货币，出资时间为2021年1月1日一次性缴足。出资时间股东可协商）。法律、行政法规以及国务院决定对有限责任公司注册资本实缴、注册资本最低限额另有规定的，从其规定。

（3）股东共同制定公司章程。

（4）有公司名称，建立符合有限责任公司要求的组织机构。有限责任公司，必须在公司名称中标明有限责任公司或者有限公司字样。公司只能使用一个名称，经公司登记机关核准登记的公司名称受法律保护。

（5）有公司住所。

2.有限责任公司成立时的财务工作

有限责任公司在成立时应做好如下财务工作。

首先，要建立健全各项财务规章制度。企业应建立健全各项财务规章制度，为日后的财务核算、会计管理等相关事项提供必要的准则和依据。

其次，要核定增值税纳税人类型。我国企业分为一般纳税人和小规模纳税人，对一般纳税人记账报税的规范性要求较高，对小规模纳税人记账报税的要求则相对低些，小规模纳税人的账务处理工作也会比较简单。另外，二者在记账报税过程中所适用的税率会存在不同，一般纳税人适用的税率为0~13%，而小规模纳税人适用的征收率则通常为3%。

最后，根据纳税人类型确定账簿设置。新成立的企业要按照相关政策要求设置会计账簿，包括日记账、总分类账、明细分类账等，并且要掌握建账方法、记账规则和填制要求。

2.1.2 有限责任公司设立时的账务处理

我国《公司法》规定，股东可以用货币出资，也可以用实物、知识产权、土地使用权等非货币财产作价出资，但这些非货币财产必须可以用货币估价，并且可以依法转让。作为出资的非货币财产应当评估作价，不得高估或者低估作价。法律、行政法规对评估作价有规定的，从其规定。

注册资本实行认缴制，仅就实缴额，贷记"实收资本"科目，未缴足的部分不在"实收资本"科目反映，也不在"其他应收款"等科目反映。

1.接受货币投资

执行《小企业会计准则》的有限责任公司，收到投资者的现金出资时，应借记"银行存款"科目；按投资者应享有企业注册资本的份额计算的金额，贷记"实收资本"科目，按照其差额，贷记"资本公积"科目。

【实例2-1】A有限责任公司（此处，由于不涉及增值税，因此一般纳税人与小规模纳税人的账务处理是一致的）执行《小企业会计准则》，于2019年6月登记成立，注册资本为100万元，由甲和乙二人发起，公司章程规定甲出资60万元并于2020年5月1日投入公司，甲到期实际投资70万元；乙出资40万元并于2021年1月1日投入公司。A有限责任公司的账务处理如下。

（1）2019年6月登记成立，不需要做任何账务处理，实收资本为0。

（2）2020年5月1日，甲股东实际投资70万元：

借：银行存款 700 000

　　贷：实收资本——甲股东 600 000

　　　　资本公积——资本溢价 100 000

（3）2020年5月31日，计提印花税。

（4）2020年6月1日，在电子税务局中缴纳印花税。

（5）2021年1月1日，乙股东出资40万元：

借：银行存款 400 000

　　贷：实收资本——乙股东 400 000

（6）2021年1月31日，计提印花税。

（7）2021年2月1日，在电子税务局中缴纳印花税。

提示

（1）根据《国家税务总局关于资金账簿印花税问题的通知》（国税发〔1994〕25号）的规定，生产经营单位"记载资金的账簿"的印花税计税依据为"实收资本"与"资本公积"两项的合计金额。注册资本实行认缴制后，认缴但未实际收到投入的资本时，无需缴纳印花税，待实际收到投入资本时，再缴纳印花税。

（2）自2018年5月1日起，对按万分之五税率贴花的资金账簿减半征收印花税，对按件贴花五元的其他账簿免征印花税。具体情况参见本省市电子税务局的通知。

2. 接受原材料或库存商品等投资

执行《小企业会计准则》的有限责任公司，接受投资者作价投入的原材料或库存商品等物资，应对所投入的原材料或库存商品等物资进行评估，按评估确认的价值进行相应的账务处理。

企业为增值税一般纳税人的，借记"原材料（按评估确认的价值）""库存商品（按评估确认的价值）""应交税费——应交增值税（进项税额）（按专用发票上注明的增值税额）"等科目；按投资者应享有企业注册资本的份额计算的金额，贷记"实收资本"科目，按其差额，贷记"资本公积"科目。

【实例2-2】A有限责任公司（执行《小企业会计准则》）为增值税一般纳税人，2021年1月10日设立时收到B公司作为资本投入的原材料一批，该批原材料评估确认的价值

（不含可抵扣的增值税进项税额部分）为 100 000 元，增值税进项税额为 13 000 元。B 公司已开具增值税专用发票。不考虑其他因素，原材料按实际成本进行日常核算。A 有限责任公司的账务处理如下。

（1）收到原材料时：

借：原材料   100 000

　　应交税费——应交增值税（进项税额）   13 000

　　贷：实收资本——B 公司   113 000

（2）2021 年 1 月 31 日，计提印花税。

（3）2021 年 2 月 1 日，在电子税务局中缴纳印花税。

3. 接受固定资产投资

执行《小企业会计准则》的有限责任公司，接受投资者作价投入的房屋、建筑物、机器设备等固定资产，应对投入的固定资产进行评估，按评估确认的价值进行相应的账务处理。

企业为增值税一般纳税人的，收到投资者以机器设备方式投入的资本时，其进项税应作为投资组成的一部分，并且可以抵扣。账务处理为借记"固定资产（按评估确认的固定资产原值）"科目，贷记"实收资本（按评估确认的净值）""累计折旧（按上述差额）"科目，其中所确认的实收资本数额以不超过其在注册资本中应拥有的份额为限，超过部分贷记"资本公积"科目。

【实例 2-3】 A 有限责任公司（执行《小企业会计准则》）的注册资本为 100 万元。2021 年 1 月 15 日，投资者甲以固定资产投资，享有其 30% 的股份。该固定资产账面价值为 35 万元，已计提折旧 3 万元，双方协商确认价值为 31.5 万元。A 有限责任公司的账务处理如下。

（1）收到固定资产时：

借：固定资产   315 000

　　贷：实收资本——甲   300 000

　　　　资本公积   15 000

（2）2021 年 1 月 31 日，计提印花税。

（3）2021 年 2 月 1 日，在电子税务局中缴纳印花税。

4. 接受无形资产投资

执行《小企业会计准则》的有限责任公司，收到以无形资产方式投入的资本，应按评估确认的价值入账，借记"无形资产"科目，贷记"实收资本"科目。如果评估确认的价值大于其在注册资本中应拥有的份额，应将其差额记入"资本公积"科目。

【实例2-4】A有限责任公司为增值税一般纳税人，执行《小企业会计准则》，注册资本为300万元，由甲、乙、丙三个股东共同投资，其股份比例为5∶3∶2。2021年4月7日，A有限责任公司收到甲投资者投入的现金150万元，已存入银行；收到乙投资者投入的银行存款80万元和专利技术一项，专利技术的评估价值为20万元；收到丙投资者投入的价值70万元的材料一批，取得的增值税专用发票上注明的进项税额为9.1万元。A有限责任公司的账务处理如下。

（1）收到投资时：

借：银行存款	2 300 000
无形资产	200 000
原材料	700 000
应交税费——应交增值税（进项税额）	91 000
贷：实收资本——甲	1 500 000
——乙	900 000
——丙	600 000
资本公积——资本溢价	291 000

（2）2021年4月30日，计提印花税。

（3）2021年5月1日，在电子税务局中缴纳印花税。

5. 接受外币投资

执行《小企业会计准则》的有限责任公司，收到投资者以外币投入的资本，应当采用交易发生日即期汇率折算，不得采用合同约定汇率和交易当期平均汇率折算。

【实例2-5】南珠有限责任公司（执行《小企业会计准则》）是经批准成立的一家外商投资企业，属于一般纳税人，公司注册资本为240万元人民币，投资双方全部以现金投入，投资各占50%，公司记账本位币为人民币。2020年4月1日，中方、外方出资，汇率为1美元=7.077 1元人民币。

（1）计算确定各方实际应交付的出资额。

中方应缴付1 200 000元人民币

外方应缴付 169 561 美元，在汇率 1 美元 =7.077 1 元人民币的情况下，1 200 000 元人民币与 169 561 美元等价。

（2）中外双方的出资全部存入银行，该企业的账务处理如下。

① 资金存入银行时：

借：银行存款——人民币户   1 200 000
  贷：实收资本——中方投资   1 200 000
借：银行存款——美元户（$169 561）   1 200 000
  贷：实收资本——外方投资（$169 561）   1 200 000

② 2020 年 4 月 30 日，计提印花税。

③ 2020 年 5 月 1 日，在电子税务局中缴纳印花税。

2.2 股份有限公司的设立

股份有限公司的设立方式主要有发起设立和募集设立。

（1）发起设立，是指由发起人认购公司应发行的全部股份而设立公司。

（2）募集设立，是指由发起人认购公司应发行股份的一部分，其余股份向社会公开募集或者向特定对象募集而设立公司。

2.2.1 股份有限公司的设立条件与财务工作

1. 设立股份有限公司的条件

根据我国《公司法》的规定，设立股份有限公司，应当具备以下六个条件。

（1）发起人符合法定人数。设立股份有限公司必须要有发起人，发起人既可以是自然人，也可以是法人。发起人应当在 2 人以上 200 人以下，其中须有过半数的发起人在中国境内有住所。

（2）有符合公司章程规定的全体发起人认购的股本总额或者募集的实收股本总额。股东可以用货币出资，也可以用实物、知识产权、土地使用权等可以用货币估价并可以依法转让的非货币财产作价出资；但是，法律、行政法规规定不得作为出资的财产除外。

对作为出资的非货币财产应当评估作价，核实财产，不得高估或者低估作价。法律、行政法规对评估作价有规定的，从其规定。

（3）股份发行、筹办事项符合法律规定。

（4）发起人制订公司章程，采用募集方式设立的经创立大会通过。

（5）有公司名称，建立符合股份有限公司要求的组织机构。

（6）有公司住所。

2. 股份有限公司成立时的财务工作

首先，要建立健全各项财务规章制度。股份有限公司要建立健全各项财务规章制度，为企业日后的财务核算、会计管理等相关事项提供必要的准则和依据。

其次，要核定增值税纳税人类型。我国对一般纳税人的记账报税规范性要求较高，对小规模纳税人记账报税的要求则相对低些，一般纳税人适用的税率为0~13%，而小规模纳税人适用的征收率通常为3%。

再次，根据纳税人类型设置账簿。

新成立的企业必须遵照《中华人民共和国会计法》（以下简称《会计法》）及统一的国家会计制度规定依法设置会计账簿，包括总账、明细账、日记账、备查账等。总账用于分类登记企业全部经济业务；明细账用于登记某一类经济业务，较为细致。日记账包括银行日记账和现金日记账。备查账是辅助性质的账簿，企业可根据需要选择性设立，不做强制规定。同时，企业还需要掌握建账方法、记账规则和填制要求，以使得企业记账报税相关工作专业、规范进行。

股份有限公司建账的大致流程如下：

（1）根据企业性质，选择企业适用的会计准则；

（2）依据企业的业务量及账务处理程序，准备账簿；

（3）合理选择会计科目，主要看行业和企业自身管理的需要；

（4）财务软件系统信息初始化，建立账套。

2.2.2 股份有限公司设立时的账务处理

1. 接受货币投资

执行《小企业会计准则》的股份有限公司，收到投资者现金方式的出资，借记"银行存款"科目，按投资者应享有小企业注册资本的份额计算的金额，贷记"股本"科目，按照其差额，贷记"资本公积"科目。此处，由于不涉及增值税，因此一般纳税人与小规模纳税人的账务处理是一致的。

【实例2-6】B股份有限公司于2019年6月登记成立，注册股本为200万元，由甲和乙两个人发起，执行《小企业会计准则》，公司章程规定甲出资60万元并于2020年5月1日投入公司，甲到期实际投资70万元；乙出资40万元并于2021年1月1日投入公司。B股份有限公司的账务处理如下。

（1）2019年6月登记成立，不需要做任何账务处理，股本为0。

（2）2020年5月1日，甲股东实际投资70万元：

借：银行存款　　　　　　　　　　　　　　　　　　　　　　700 000
　　贷：股本——甲股东　　　　　　　　　　　　　　　　　600 000
　　　　资本公积——股本溢价　　　　　　　　　　　　　　100 000

（3）2020年5月31日，计提印花税。

（4）2020年6月1日，在电子税务局中缴纳印花税。

（5）2021年1月1日，乙出资40万元：

借：银行存款　　　　　　　　　　　　　　　　　　　　　　400 000
　　贷：股本——乙股东　　　　　　　　　　　　　　　　　400 000

（6）2021年1月31日，计提印花税。

（7）2021年2月1日，在电子税务局中缴纳印花税。

2. 接受原材料或库存商品等投资

执行《小企业会计准则》的股份有限公司，接受投资者作价投入的原材料或库存商品等物资，应对所投入的原材料或库存商品等物资进行评估，按评估确认的价值进行相应的账务处理。

增值税一般纳税人，在收到投资者作价投入的原材料或库存商品等物资时，借记"原材料（按评估确认的价值）""库存商品（按评估确认的价值）""应交税费——应交增值税（进项税额）（按专用发票上注明的增值税额）"等科目；按投资者应享有企业注册资本的份额计算的金额，贷记"股本"科目，按其差额，贷记"资本公积"科目。

【**实例2-7**】某股份有限公司为增值税一般纳税人，于设立时收到B公司作为资本投入的原材料一批，该批原材料评估确认的价值（不含可抵扣的增值税进项税额部分）为100 000元，增值税进项税额为13 000元。B公司已开具增值税专用发票。不考虑其他因素，原材料按实际成本进行日常核算。该股份有限公司的账务处理如下：

借：原材料　　　　　　　　　　　　　　　　　　　　　　　100 000
　　应交税费——应交增值税（进项税额）　　　　　　　　　 13 000
　　贷：股本——B公司　　　　　　　　　　　　　　　　　 113 000

业务发生当月的月底，计提印花税；下月初，在电子税务局中缴纳印花税。

3. 接受固定资产投资

执行《小企业会计准则》的股份有限公司，接受投资者作价投入的房屋、建筑物、机器设备等固定资产，应对投入的固定资产进行评估，按评估确认的价值进行相应的账务处理。

增值税一般纳税人收到投资者以机器设备方式投入的资本，其进项税应作为投资组成的一部分，并作为进项税可以抵扣。账务处理为借记"固定资产（按评估确认的固定资产原值）"科目；贷记"实收资本（按评估确认的净值）""累计折旧"科目，其中所确认的实收资本数额以不超过其在注册股本中应拥有的份额为限，超过部分贷记"资本公积"科目。

【实例2-8】A股份有限公司执行《小企业会计准则》，注册股本为100万元。投资者甲以固定资产投资，享有其30%的股份。该固定资产账面价值为35万元，已计提折旧3万元，双方协商确认价值为31.5万元。A股份有限公司的账务处理如下：

借：固定资产 315 000
　　贷：股本——甲 300 000
　　　　资本公积——股本溢价 15 000

业务发生当月的月底，计提印花税；下月初，在电子税务局中缴纳印花税。

4. 接受无形资产投资

执行《小企业会计准则》的股份有限公司，收到以无形资产方式投入的资本，应按评估确认的价值入账，借记"无形资产"科目，贷记"实收资本"科目。如果评估确认的价值大于按其在注册资本中应拥有的份额，应将其差额记入"资本公积"科目。

【实例2-9】A股份有限公司为增值税一般纳税人，执行《小企业会计准则》，注册股本为300万元，由甲、乙、丙三个股东共同投资，其股份比例为5∶3∶2。2021年4月7日，A公司收到甲投资者投入的现金150万元，已存入银行；收到乙投资者投入的银行存款80万元和专利技术一项，专利技术的评估价值为20万元；收到丙投资者投入的价值70万的材料一批，取得的增值税专用发票注明的进项税额为9.1万元。则A股份有限公司的账务处理如下：

借：银行存款 2 300 000
　　无形资产 200 000

原材料	700 000
应交税费——应交增值税（进项税额）	91 000
贷：股本——甲	1 500 000
——乙	900 000
——丙	600 000
资本公积——股本溢价	291 000

业务发生当月的月底，计提印花税；下月初，在电子税务局中缴纳印花税。

5. 接受外币投资

执行《小企业会计准则》的股份有限公司，收到投资者以外币投入的资本，应当采用交易发生日即期汇率折算，不得采用合同约定汇率和交易当期平均汇率折算。账务处理参照有限责任公司收到投资者以外币投入资本时的会计处理方法。

2.3 企业筹建期间发生费用的账务处理

筹建期是指从企业被批准筹建之日起至开始生产、经营（包括试生产、试营业）之日的期间。筹建期间发生的费用支出通常称为开办费。

根据《企业会计准则——应用指南》的规定，企业在筹建期间发生的开办费，包括人员工资、办公费、培训费、差旅费、印刷费、注册登记费以及不计入固定资产成本的借款费用等，在实际发生时，借记"管理费用——开办费"，贷记"银行存款"等科目，月末转入本年利润。

2.3.1 有限责任公司筹建期间发生的费用

1. 账务处理

下面用案例来说明有限责任公司筹建期间发生费用的账务处理。

【实例2-10】某有限责任公司（执行《小企业会计准则》）成立于2019年7月1日，到2019年12月31日尚未筹建结束，无任何收入。2019年度共发生筹建费用50万元，其中业务招待费1万元。2020年1—6月仍然在筹建期，发生筹建费用50万元，其中业务招待费1万元、业务宣传费9万元。该公司2020年7月1日进入试生产阶段，2020年度取得销售收入100万元，发生业务招待费2万元、业务宣传费18万元。不考虑增值税等其他税费,该企业的账务处理如下。

(1) 2019年发生的筹建费用:

借:管理费用——开办费　　　　　　　　　　　　　　　500 000
　　贷:银行存款　　　　　　　　　　　　　　　　　　　500 000

(2) 2020年发生的筹建费用:

借:管理费用——开办费　　　　　　　　　　　　　　　500 000
　　贷:银行存款　　　　　　　　　　　　　　　　　　　500 000

(3) 2020年发生的销售收入:

借:银行存款　　　　　　　　　　　　　　　　　　　1 000 000
　　贷:主营业务收入　　　　　　　　　　　　　　　　1 000 000

(4) 2020年进入试生产后发生的业务招待费、业务宣传费:

借:管理费用——业务招待费　　　　　　　　　　　　　 20 000
　　销售费用——业务宣传费　　　　　　　　　　　　　180 000
　　贷:银行存款　　　　　　　　　　　　　　　　　　　200 000

2. 税务处理

根据规定,企业由筹建期转入生产经营期,可以选择在开始经营之日的当年一次性扣除开办费,也可以选择按照企业所得税法有关长期待摊费用的处理规定处理,但一经选定,不得变更。

如果企业在5年内能够实现盈利,建议选择一次性扣除;如果企业在5年内不能实现盈利(累计),为了避免亏损不能在税前弥补,建议选择按照长期待摊费用进行分期摊销,且摊销期限不低于3年。选择按照长期待摊费用进行分期摊销与会计账务处理是否记入"长期待摊费用"无关。

需要注意的是,广告费和业务宣传费、业务招待费扣除限额的计算基数为销售收入。销售收入包括销售货物收入、提供劳务收入等主营业务收入,还包括其他业务收入、视同销售收入,但是不包括营业外收入。销售收入的计算公式为:

销售收入 = 主营业务收入 + 其他业务收入 + 视同销售收入

【实例2-11】沿用【实例2-10】,该有限责任公司相关费用的税前扣除额如下。

(1) 2020年1—6月,筹建期间发生业务招待费1万元,可税前扣除额=1×60%=0.6(万元)(与当年收入无关)。

（2）2020年7—12月，经营期间取得销售收入100万元，发生业务招待费2万元，业务招待费税前扣除限额=100×5‰=0.5（万元）。

注：根据《中华人民共和国企业所得税法实施条例》（以下简称《企业所得税法实施条例》）第四十三条的规定，企业发生的与生产经营活动有关的业务招待费支出，按照发生额的60%扣除，但最高不得超过当年销售（营业）收入的5‰。

（3）2020年1—6月，筹建期间发生业务宣传费9万元，可税前扣除额为9万元（与当年收入无关）。

（4）2020年7—12月，经营期间取得销售收入100万元，发生业务宣传费18万元，业务宣传费税前扣除限额=100×15%=15（万元）。

注：根据《企业所得税法实施条例》第四十四条的规定，企业发生的符合条件的广告费和业务宣传费支出，除国务院财政、税务主管部门另有规定外，不超过当年销售（营业）收入15%的部分，准予扣除；超过部分，准予在以后纳税年度结转扣除。

2.3.2 股份有限公司筹建期间发生的费用

执行《小企业会计准则》的股份有限公司发起人在达成设立公司协议后，便可共同委托一名发起人办理公司设立的各项筹备工作。

1. 筹建期间发生的各项筹建费用的账务处理

在股份有限公司筹建期间发生的各项筹建费用，如企业登记手续费、筹备人员工资、验资费、印刷费、办公费、差旅费等，在公司尚未成立之前应由发起人垫付。

【实例2-12】正在筹备中的甲股份有限公司（执行《小企业会计准则》）于2021年3月1日收到发起人交来的筹备款800 000元，已存入银行。该公司的账务处理如下：

借：银行存款　　　　　　　　　　　　　　　　　　　　　　　　800 000
　　贷：其他应付款——××垫付筹备款　　　　　　　　　　　　800 000

【实例2-13】沿用【实例2-12】，2021年3月31日，甲股份有限公司在筹建过程中支付筹建人员工资、办公费、验资费等各种筹建费用共计720 000元。该公司的账务处理如下：

借：管理费用——开办费　　　　　　　　　　　　　　　　　　720 000
　　贷：银行存款　　　　　　　　　　　　　　　　　　　　　　720 000

2. 创立成功的账务处理

【实例2-14】沿用【实例2-12】，2021年4月1日，甲股份有限公司创立成功后，由公司返还发起人垫付的筹备款。该公司的账务处理如下：

  借：其他应付款——××垫付筹备款   800 000

   贷：银行存款   800 000

3. 创立失败的账务处理

如果股份有限公司创立失败，则已发生的筹建费用应由发起人承担。同时发起人还应当承担因公司创立失败，返还已缴股款时应支付的股款利息。

【实例2-15】沿用【实例2-12】，若甲股份有限公司创立失败，除返还认股人已交股款800 000元外，还应支付股款利息2 400元。原已发生的筹建费用720 000元，按规定应全部由发起人负担。该公司的账务处理如下：

  借：其他应付款——××垫付筹备款   722 400

   贷：长期待摊费用   720 000

     银行存款   2 400

最后将发起人垫付筹备款的余额77 600（800 000−722 400）元退还给发起人，相关账务处理如下：

  借：其他应付款——××垫付筹备款   77 600

   贷：银行存款   77 600

第 3 章 经营期间资产类科目的账务处理

3.1 资产概述

3.1.1 什么是资产

资产是指企业过去的交易或者事项形成的、由企业拥有或者控制的、预期会给企业带来经济利益的资源。

1. 企业资产的特征

（1）资产是企业由过去的交易或者事项所形成的资源。

（2）资产是企业拥有或者控制的资源。

（3）资产是预期会给企业带来经济利益的资源。

2. 企业资产的确认条件

（1）与该资源有关的经济利益很可能流入企业。

（2）该资源的成本或者价值能够可靠地计量。

3. 企业资产的分类

企业资产按照流动性分为流动资产和非流动资产。

（1）流动资产是指预计在 1 年内（含 1 年，下同）或超过 1 年的一个正常营业周期内变现、出售或耗用的资产。

《小企业会计准则》中的流动资产包括 1001 库存现金、1002 银行存款、1012 其他货币资金、1101 短期投资、1121 应收票据、1122 应收账款、1123 预付账款、1131 应收股利、1132 应收利息、1221 其他应收款、1401 材料采购、1402 在途物资、1403 原材料、

1404 材料成本差异、1405 库存商品、1407 商品进销差价、1408 委托加工物资、1411 周转材料、1421 消耗性生物资产。

（2）企业的非流动资产是指预计不能在 1 年或超过 1 年的一个正常营业周期中变现、出售或耗用，或者持有资产的主要目的不是为了交易的资产。

《小企业会计准则》中的非流动资产包括 1501 长期债券投资、1511 长期股权投资、1601 固定资产、1602 累计折旧、1604 在建工程、1605 工程物资、1606 固定资产清理、1621 生产性生物资产、1622 生产性生物资产累计折旧、1701 无形资产、1702 累计摊销、1801 长期待摊费用、1901 待处理财产损溢。

3.1.2 资产的计量

执行《小企业会计准则》的企业，资产的计量模式、计税基础与资产减值准备的规定如下。

1. 计量模式

企业的资产应当按照成本计量，采用单一历史成本计量模式。

2. 计税基础

企业的各项资产，包括固定资产、生物资产、无形资产、长期待摊费用、投资资产、存货等，以历史成本为计税基础。

3. 资产减值准备的规定

《小企业会计准则》规定企业不计提资产减值准备，这既与企业所得税法相一致，尽可能避免了由于资产计价不同带来的纳税调整，同时也符合基本准则以历史成本为主要计量属性的规定。

3.2 1001 库存现金

企业的货币资金按其形态和用途的不同分为库存现金、银行存款和其他货币资金。

3.2.1 库存现金概述

库存现金是指企业持有的、可随时用于支付的、存放在企业财会部门、由出纳人员管理的现金，包括人民币现金和外币现金。企业除了在规定限额内存留少量现金外，其余的货币资金必须存入银行。

1. 库存现金的科目设置

企业应设置"库存现金"科目进行库存现金总分类核算。本科目借方反映企业库存现金的增加数,贷方反映企业库存现金的减少数,期末借方余额,反映企业实际持有的库存现金。

企业有内部周转使用备用金的,可以单独设置"1004 备用金"科目。

2. 可用库存现金支付的款项

企业可用库存现金支付的款项如表 3-1 所示。

表 3-1 企业可用库存现金支付的款项

款项分类		具体说明
对个人	私用类	(1) 职工工资,津贴
		(2) 个人劳务报酬
		(3) 根据国家制度条例的规定,颁发给个人的科学技术、文化艺术、体育等方面的各种奖金
		(4) 各种劳保、福利费用以及国家规定的对个人的其他支出
	公用类	(5) 向个人收购农副产品和其他物资的价款
		(6) 出差人员必须随身携带的差旅费
其他		(7) 结算起点(1 000 元)以下的零星支出
		(8) 中国人民银行确定需要库存现金支付的其他支出
注意		上面除"对个人公用类"都适用 1 000 元的结算起点,即超出的部分不能使用库存现金

企业与其他在银行开户单位的经济往来,除了上述规定的范围,其余全部应通过开户银行进行转账结算。

3. 库存现金支出的原则

库存现金支出的原则为合法、完备、不得套现。

3.2.2 库存现金的管理

1. 库存现金的日常收支管理

(1) 企业的库存现金收入应当于当日送存开户银行。当日送存确有困难的,由开户银行确定送存时间。

(2) 企业支付库存现金,可以从库存现金限额中支付或者从开户银行提取,不得从库存现金收入中直接支付（即坐支）。因特殊情况需要坐支库存现金的，应当事先报经开户银行审查批准，由开户银行核定坐支范围和限额。

（3）企业从开户银行提取库存现金，应当写明用途，由财会部门负责人签字盖章，经开户银行审核通过后，予以支付库存现金。

（4）企业因采购地点不固定，交通不便利，生产经营或者市场急需，抢险救灾等特殊情况必须使用库存现金的，应当向开户银行提出申请，由财会部门负责人签字盖章，经开户银行审核通过后，予以支付库存现金。

2.库存现金的适用限额

核定企业库存现金限额的原则为既要保证日常零星库存现金支付的合理需要，又要尽量减少库存现金的使用。

根据我国的现行规定，企业日常零星开支所需要的库存现金数额由开户银行根据企业的实际情况来核定。一般不超过企业3~5天日常零星开支的需要量，而离银行较远、交通不便的企业，最多不得超过企业15天的日常零星开支所需现金量。

3.库存现金的内部控制

（1）钱账分管制度

企业库存现金的收付及保管应由被授权的出纳人员负责。出纳人员不得负责总分类账的登记和保管，以及非库存现金账户的记账工作。出纳人员应与库存现金清查盘点人员和银行对账人员岗位分离。

（2）库存现金开支审批制度

企业应明确库存现金的开支范围与各种报销凭证，规定库存现金支付业务的报销手续和方法；明确库存现金支付业务的审批权限等。

（3）库存现金日清月结制度

企业应当设置"库存现金日记账"，由出纳人员根据收付款凭证，按照业务发生顺序逐笔登记。每日终了，应当计算当日的现金收入合计额、现金支出合计额和结余额，将结余额与实际库存额相核对，做到账款相符，即日清。有外币现金的企业，还应当分别按照人民币和外币进行明细核算。月结，是指出纳人员必须对库存现金日记账按月核对。

3.2.3 库存现金收入的账务处理

库存现金收入核算的原始凭证依据包括发票、非经营性收据、内部收据等。

1. 提取库存现金

执行《小企业会计准则》的企业（一般纳税人、小规模纳税人都适用），从开户银行提取库存现金时，按照支票存根记载的提取金额，借记"库存现金"科目，贷记"银行存款"科目。

【实例3-1】2021年4月5日，某企业（执行《小企业会计准则》）从银行提取库存现金5 000元，相关账务处理如下：

借：库存现金　　　　　　　　　　　　　　　　　　　　　　　5 000
　　贷：银行存款　　　　　　　　　　　　　　　　　　　　　　5 000

2. 收到以库存现金支付的应收账款

执行《小企业会计准则》的企业（一般纳税人、小规模纳税人都适用），收到以库存现金支付的应收账款时，借记"库存现金"科目，贷记"应收账款"科目。

【实例3-2】2021年4月5日，某企业（执行《小企业会计准则》）收到甲公司所欠零星货款，取得库存现金800元，相关账务处理如下：

借：库存现金　　　　　　　　　　　　　　　　　　　　　　　　800
　　贷：应收账款——甲公司　　　　　　　　　　　　　　　　　　800

3. 差旅费剩余款的库存现金收回处理

执行《小企业会计准则》的企业（一般纳税人、小规模纳税人都适用），差旅费剩余款的库存现金收回处理，借记"库存现金"科目，贷记"其他应收款"科目。

【实例3-3】2021年4月6日，某企业（执行《小企业会计准则》）职工小张到北京出差。临行前，小张向财务部门借差旅费2 000元，回来后报销相应费用1 800元，将剩余200元交回财务部门。该企业的账务处理如下。

（1）借到差旅费时：

借：其他应收款——小张　　　　　　　　　　　　　　　　　　2 000
　　贷：库存现金　　　　　　　　　　　　　　　　　　　　　　2 000

（2）报销费用，交回余款时：

借：管理费用——差旅费　　　　　　　　　　　　　　　　　　1 800
　　库存现金　　　　　　　　　　　　　　　　　　　　　　　　200
　　贷：其他应收款——小张　　　　　　　　　　　　　　　　　2 000

4. 出售垃圾废品

执行《小企业会计准则》的企业（一般纳税人、小规模纳税人都适用），出售垃圾废品时，借记"库存现金"科目，贷记"其他业务收入"科目。

【实例3-4】 2021年4月6日，某企业（执行《小企业会计准则》）将报纸、废旧纸箱等进行处理，取得库存现金收入60元，经手人签字，企业领导批示后入账。该企业的账务处理如下：

借：库存现金　　　　　　　　　　　　　　　　　　　　　　　　　　60
　　贷：其他业务收入　　　　　　　　　　　　　　　　　　　　　　60

5. 因提供服务、出售商品及原材料等收到的库存现金

执行《小企业会计准则》的企业，因提供服务、出售商品及原材料等收到的库存现金，按照实际收到的金额，借记"库存现金"科目，贷记"主营业务收入""其他业务收入""应交税费——应交增值税"科目，同时结转相关成本。

【实例3-5】 某企业（执行《小企业会计准则》）为一般纳税人，属于商贸类企业，增值税税率为13%，2021年5月28日，销售库存商品一批，库存现金收入2 260元。该批库存商品成本为1 800元，相关账务处理如下：

借：库存现金　　　　　　　　　　　　　　　　　　　　　　　　2 260
　　贷：主营业务收入　　　　　　　　　　　　　　　　　　　　2 000
　　　　应交税费——应交增值税（销项税额）　　　　　　　　　 260

同时，结转商品成本：

借：主营业务成本　　　　　　　　　　　　　　　　　　　　　　1 800
　　贷：库存商品　　　　　　　　　　　　　　　　　　　　　　1 800

【实例3-6】 某企业（执行《小企业会计准则》）为小规模纳税人，属于制造类企业，增值税征收率为3%，2021年5月28日，销售原材料一批，库存现金收入3 090元。该批原材料成本为2 800元，相关账务处理如下：

借：库存现金　　　　　　　　　　　　　　　　　　　　　　　　3 090
　　贷：其他业务收入　　　　　　　　　　　　　　　　　　　　3 000
　　　　应交税费——应交增值税　　　　　　　　　　　　　　　　90

同时，结转原材料成本：

借：其他业务成本　　　　　　　　　　　　　　　　　　　　　　2 800
　　贷：原材料　　　　　　　　　　　　　　　　　　　　　　　2 800

3.2.4 库存现金支出的账务处理

1. 缴存库存现金

执行《小企业会计准则》的企业（一般纳税人、小规模纳税人都适用），在缴存库存现金时，借记"银行存款"科目，贷记"库存现金"科目。

【实例 3-7】 2021 年 5 月 3 日，某企业（执行《小企业会计准则》）出纳将库存现金 4 500 元存入银行，相关账务处理如下：

借：银行存款　　　　　　　　　　　　　　　　　　　　　　　　　4 500
　　贷：库存现金　　　　　　　　　　　　　　　　　　　　　　　　4 500

2. 借出库存现金

执行《小企业会计准则》的企业（一般纳税人、小规模纳税人都适用），因内部职工出差等原因借出库存现金时，按照实际预借金额，借记"其他应收款"科目，贷记"库存现金"科目。

【实例 3-8】 2021 年 5 月 10 日，某企业（执行《小企业会计准则》）管理部门职工张帅出差预借库存现金 3 000 元，相关账务处理如下：

借：其他应收款——张帅　　　　　　　　　　　　　　　　　　　　3 000
　　贷：库存现金　　　　　　　　　　　　　　　　　　　　　　　　3 000

3. 职工出差报销

执行《小企业会计准则》的企业（一般纳税人、小规模纳税人都适用），出差人员报销差旅费时，按照支出凭证所记载的金额，借记"管理费用""销售费用"等科目；按照实际借出的库存现金金额，贷记"其他应收款"科目；按照其差额，借记或贷记"库存现金"科目。

【实例 3-9】 沿用【实例 3-8】，2021 年 5 月 15 日，管理部门职工张帅出差回来，报销差旅费 4 500 元。已预借库存现金 3 000 元，相关账务处理如下：

借：管理费用　　　　　　　　　　　　　　　　　　　　　　　　　4 500
　　贷：其他应收款——张帅　　　　　　　　　　　　　　　　　　　3 000
　　　　库存现金　　　　　　　　　　　　　　　　　　　　　　　　1 500

4. 对外捐赠

执行《小企业会计准则》的企业（一般纳税人、小规模纳税人都适用），以库存现金对外捐赠，按照实际捐出的金额，借记"营业外支出"科目，贷记"库存现金"科目。

【**实例 3-10**】2021 年 4 月 28 日，某企业（执行《小企业会计准则》）通过民政局向贫困学生捐赠库存现金 2 000 元。该企业的账务处理如下：

借：营业外支出——捐赠支出　　　　　　　　　　　　　　　2 000

　　贷：库存现金　　　　　　　　　　　　　　　　　　　　2 000

3.3　1002 银行存款

执行《小企业会计准则》的企业，一切货币收支都必须通过银行办理转账结算，在规定范围内使用库存现金结算的除外。凡实行独立核算的企业，都必须在银行开设账户，办理生产经营活动的资金收支业务。

3.3.1　银行存款概述

银行存款是指企业存放在银行和其他金融机构的货币资金。

1. 银行存款的科目设置

企业应设置"银行存款"科目进行银行存款的总分类核算。本科目借方登记银行存款的增加数，贷方登记银行存款的减少数，期末借方余额，反映企业存在银行或其他金融机构的各种款项。

2. 结算户存款

按照国家现金管理和结算制度的规定，每个企业都要在银行开立账户，用来办理存款、取款和转账结算。

3. 银行存款账户分类

银行存款账户分为基本存款账户、一般存款账户、临时存款账户和专用存款账户。

（1）基本存款账户：是指企业办理日常转账结算和库存现金收付的账户。一个企业只能选择一家银行的一个营业机构开设一个基本存款账户。企业的工资、奖金等现金的支取，只能通过该账户办理。

（2）一般存款账户：是指企业在基本存款账户以外的银行借款转存、与设立基本存款账户的企业不在同一地点的附属非独立核算单位开立的账户，本账户可以办理转账结算和现金缴存，但不能提取现金。

（3）临时存款账户：是指企业因临时生产经营活动的需要而开立的账户，如异地产品展销、临时性采购资金等。

（4）专用存款账户：是指企业因特定用途需要而开立的账户，如基本建设项目专项资金、农副产品资金等，企业的销售款不得转入专用存款账户。

3.3.2 银行存款的管理

银行存款管理是指企业对银行存款及相关内容进行的监督和管理。根据其管理对象不同，银行存款管理可分为银行存款账户管理、银行存款结算管理、银行存款核算管理。

1. 银行存款账户管理

银行存款账户管理主要是对有关银行存款账户的开立、变更、合并、迁移、撤销和使用等内容的管理。

2. 银行存款结算管理

银行存款结算管理是银行存款管理的核心内容，主要是对经济活动引起的银行存款收付业务的管理。银行存款结算管理主要包括以下四个方面：

（1）银行存款结算的原则性管理；

（2）银行存款结算的业务性管理；

（3）银行存款结算的纪律及责任规定；

（4）银行结算票据和凭证的管理。

3. 银行存款核算管理

银行存款核算管理是指根据《会计法》及会计准则的规定，对银行存款业务进行确认、计量、核算和报告的管理。

企业应当按照开户银行和其他金融机构、存款种类等设置"银行存款日记账"，由出纳人员根据收付款凭证，按照业务的发生顺序逐笔登记，每日终了结出余额。

"银行存款日记账"应定期与"银行对账单"相核对，至少每月核对一次。企业银行存款账面余额与银行对账单余额之间如有差额，应编制"银行存款余额调节表"调节相符。有外币银行存款的企业，还应当分别按照人民币和外币进行明细核算。

未达账项通常有以下四种情况：

（1）企业已收款记账，银行尚未收款记账；

（2）企业已付款记账，银行尚未付款记账；

（3）银行已收款记账，企业尚未收款记账；

（4）银行已付款记账，企业尚未付款记账。

"银行存款余额调节表"有两种编制方法：一是编制简单调节表，即就某月银行对账单余额与企业账面余额的差异作简单的加减调节；二是编制四栏式调节表，即将该表分四栏调节企业账面存款与银行账面存款的期初余额、本期收入、本期支出和期末余额。

3.3.3 银行存款收入的账务处理

1. 将库存现金存入基本存款账户

执行《小企业会计准则》的企业（一般纳税人、小规模纳税人都适用），将库存现金存入基本存款账户，借记"银行存款"科目，贷记"库存现金"科目。

【实例3-11】2021年4月5日，某企业（执行《小企业会计准则》）将库存现金5 000元存入开户银行，相关账务处理如下：

借：银行存款　　　　　　　　　　　　　　　　　　　　　　　　　5 000

　　贷：库存现金　　　　　　　　　　　　　　　　　　　　　　　　5 000

2. 银行账户收到的应收账款

执行《小企业会计准则》的企业（一般纳税人、小规模纳税人都适用），银行账户收到的应收账款，借记"银行存款"科目，贷记"应收账款"科目。

【实例3-12】2021年4月5日，某企业（执行《小企业会计准则》）的银行账户收到甲公司所欠货款80 000元，相关账务处理如下：

借：银行存款　　　　　　　　　　　　　　　　　　　　　　　　　80 000

　　贷：应收账款——甲公司　　　　　　　　　　　　　　　　　　　80 000

3. 因提供服务、出售库存商品及原材料等收到的银行存款

执行《小企业会计准则》的企业，因提供服务、出售库存商品及原材料等收到银行存款时，应按照实际收到的金额，借记"银行存款"科目，贷记"主营业务收入""其他业务收入""应交税费——应交增值税"科目，同时结转相关成本。

【实例3-13】某商贸企业（执行《小企业会计准则》）为一般纳税人，增值税税率为13%，2021年5月28日，销售库存商品一批，银行账户收入113 000元。该批商品的成本为85 000元，相关账务处理如下：

借：银行存款 113 000
　　贷：主营业务收入 100 000
　　　　应交税费——应交增值税（销项税额） 13 000

同时，结转商品成本：

借：主营业务成本 85 000
　　贷：库存商品 85 000

【实例3-14】某制造企业（执行《小企业会计准则》）为小规模纳税人，增值税征收率为3%，2021年5月28日，销售原材料一批，银行账户收入10 300元。该批原材料的成本为9 000元，相关账务处理如下：

借：银行存款 10 300
　　贷：其他业务收入 10 000
　　　　应交税费——应交增值税 300

同时，结转原材料成本：

借：其他业务成本 9 000
　　贷：原材料 9 000

3.3.4 银行存款支出的账务处理

1. 从银行账户提取库存现金

执行《小企业会计准则》的企业（一般纳税人、小规模纳税人都适用），从银行账户提取库存现金，借记"库存现金"科目，贷记"银行存款"科目。

【实例3-15】2021年4月5日，某企业（执行《小企业会计准则》）从开户银行账户提取库存现金20 000元，相关账务处理如下：

借：库存现金 20 000
　　贷：银行存款 20 000

2. 通过银行账户支付应付账款

执行《小企业会计准则》的企业（一般纳税人、小规模纳税人都适用），通过银行账户支付应付账款，借记"应付账款"科目，贷记"银行存款"科目。

【实例3-16】2021年4月5日，某企业（执行《小企业会计准则》）通过银行账户转账给甲公司货款60 000元，相关账务处理如下：

借：应付账款——甲公司 60 000

贷：银行存款　　　　　　　　　　　　　　　　　　　　　　　　　　　60 000

3. 因购买服务、库存商品、原材料等支付的银行存款

执行《小企业会计准则》的企业，因购买服务、库存商品、原材料等支付银行存款时，按照实际支付的金额，借记"库存商品""原材料""应交税费——应交增值税（进项税额）"等科目，贷记"银行存款"科目。

【实例3-17】某商贸企业（执行《小企业会计准则》）为一般纳税人，增值税税率为13%，2021年5月28日，购入库存商品一批，银行账户支出226 000元。该企业的账务处理如下：

　　借：库存商品　　　　　　　　　　　　　　　　　　　　　　　　　　200 000
　　　　应交税费——应交增值税（进项税额）　　　　　　　　　　　　　　 26 000
　　贷：银行存款　　　　　　　　　　　　　　　　　　　　　　　　　　226 000

【实例3-18】某制造企业（执行《小企业会计准则》）为小规模纳税人，增值税征收率为3%，2021年5月28日，购买原材料一批，银行账户支出10 300元。该企业的账务处理如下：

　　借：库存商品　　　　　　　　　　　　　　　　　　　　　　　　　　 10 300
　　贷：银行存款　　　　　　　　　　　　　　　　　　　　　　　　　　 10 300

4. 月底，银企对账（一般纳税人、小规模纳税人都适用）

【实例3-19】2021年5月31日，某企业（执行《小企业会计准则》）银行存款日记账的账面余额为312 460元，银行对账单余额为314 400元，经查对发现有以下未达账项：

（1）5月27日企业送存银行的转账支票17 200元，银行尚未入账；

（2）5月31日银行代付电费1 500元，企业尚未收到付款通知；

（3）5月31日企业委托银行收款13 800元，银行已收到入账，企业尚未收到收款通知；

（4）5月31日企业开出转账支票6 840元，持票单位尚未到银行办理结算手续。

根据以上未达账项，该企业编制银行存款余额调节表，具体如下所示。

银行存款余额调节表

单位：元

项目	金额	项目	金额
银行对账单余额	314 400	企业存款日记账余额	312 460

（续表）

项目	金额	项目	金额
加：企业已收，银行未收到的款项		加：银行已收，企业未收到的款项	
27日银行未入账的转账支票	17 200	31日银行收到的款项	13 800
减：企业已付，银行未付的款项		减：银行已付，企业未付的款项	
31日银行未入账的转账支票	6 840	31日银行代付的电费	1 500
调节后的余额	324 760	调节后的余额	324 760

银行存款余额调节表可以用来核对项目，但不能作为账务处理的依据，应与对账单装订在一起进行保存，以备日后查阅。

3.3.5 支票

支票是指出票人签发的，委托银行或者其他金融机构在见票时无条件支付一定金额给收款人或者持票人的票据。

1. 支票的基本当事人

支票的基本当事人有出票人、付款人和收款人。

2. 支票的种类

（1）现金支票。支票正面印有"现金"字样的为现金支票、现金支票只能用于支取现金。

（2）转账支票。支票正面印有"转账"字样的为转账支票，转账支票只能用于转账，不得支取现金。

（3）普通支票。支票上未印有"现金"或"转账"字样的为普通支票，普通支票可以用于支取现金，也可用于转账。普通支票用于转账时，应当在支票正面注明，即在普通支票左上角划两条平行线；有该划线标志的支票，也称为划线支票，划线支票只能用于转账，不得支取现金。

3. 支票背书转让

支票背书转让是指以转让票据权利为目的的背书行为。票据法规定，持票人将票据权利转让给他人，应当背书并交付票据。所以，当持票人为了转让票据权利，而在票据背面或者粘单上记载有关事项并签章，就是在进行背书转让。背书转让一经成立，即发生法律效力，产生票据权利移转的效力、票据权利的证明效力和票据责任的担保效力等背书效力。

3.4 1012 其他货币资金

其他货币资金是指企业除了库存现金和银行存款之外的货币资金,包括外埠存款、银行汇票存款、银行本票存款、信用卡存款、信用证保证金存款等。

"其他货币资金"科目属于资产类账户,本科目借方反映其他货币资金的增加数,贷方反映其他货币资金的减少数;期末借方余额,反映企业持有的其他货币资金的各种款项。

"其他货币资金"科目可以设置"外埠存款""银行汇票存款""银行本票存款""信用卡存款""信用证保证金存款"等二级科目,并按外埠存款的开户行、银行汇票或本票、信用证的收款单位等设置明细账。

3.4.1 外埠存款

外埠存款是指企业到外地进行临时零星采购时,汇往采购地银行开立采购专户的款项。

执行《小企业会计准则》的企业将款项委托当地银行汇往采购地开立专户时,借记"其他货币资金——外埠存款"科目,贷记"银行存款"等科目;收到采购人员交来的购货发票等报销凭证时,借记"材料采购"等科目,贷记"其他货币资金——外埠存款"科目;将多余款项转回时,借记"银行存款"科目,贷记"其他货币资金——外埠存款"科目。

【实例3-20】2021年4月5日,某企业(执行《小企业会计准则》)为一般纳税人,将30 000元汇往采购地上海海路银行,以便采购员采购材料,汇款手续已办妥。20日,收到采购员寄回的采购材料发票和运输凭证,增值税专用发票上注明的价款为20 000元,增值税额为2 600元,材料已验收入库。该企业的账务处理如下。

(1)开立专户时:

借:其他货币资金——外埠存款　　　　　　　　　　　　　　30 000
　　贷:银行存款　　　　　　　　　　　　　　　　　　　　30 000

(2)收到采购员交来的购货发票时:

借:原材料　　　　　　　　　　　　　　　　　　　　　　20 000
　　应交税费——应交增值税(进项税额)　　　　　　　　　2 600
　　贷:其他货币资金——外埠存款　　　　　　　　　　　22 600

（3）将多余的外埠存款转回当地银行时：

借：银行存款 7 400

　　贷：其他货币资金——外埠存款 7 400

3.4.2 银行汇票存款

银行汇票存款是指企业为取得银行汇票，按照规定存入银行的款项。

1. 银行汇票与银行承兑汇票的区别

（1）出票人不同：银行汇票的出票人是银行，银行承兑汇票的出票人是商业主体。

（2）支付方式不同：银行汇票是付款人先把钱存入银行，付款人存入多少银行就支付多少；银行承兑汇票是即使付款人存入的钱不足以支付票面金额，银行也会先对收款人足额支付，再向付款人追偿。

（3）承兑期限不同：银行汇票是见面即付，银行承兑汇票则需要承兑。

2. 银行汇票存款的账务处理

执行《小企业会计准则》的企业为取得银行汇票，应按规定填制"银行汇票委托书"，并将其交至银行。取得银行汇票时，企业应根据银行盖章的委托书存根联，借记"其他货币资金——银行汇票存款"科目，贷记"银行存款"科目；企业使用银行汇票后，应根据发票账单及开户行转来的银行汇票申请书存根等凭证，借记"材料采购"等科目，贷记"其他货币资金——银行汇票存款"科目；如有多余款或因汇票超过付款期等发生退回时，借记"银行存款"科目，贷记"其他货币资金——银行汇票存款"科目。

【**实例3-21**】某企业为（执行《小企业会计准则》）一般纳税人，2021年4月7日，企业按规定将款项40 000元存入银行，并取得银行汇票一张。4月25日，购入原材料一批，增值税专用发票上注明的价款为30 000元，增值税进项税额为3 900元，用银行汇票支付。4月30日，收到开户行通知，将未用完的银行汇票余额转回银行结算户。该企业的账务处理如下。

（1）取得银行汇票时：

借：其他货币资金——银行汇票存款 40 000

　　贷：银行存款 40 000

（2）收到购货发票时：

借：材料采购 30 000

　　应交税费——应交增值税（进项税额） 3 900

贷：其他货币资金——银行汇票存款　　　　　　　　　　　　　　　　　　　　33 900

（3）转销银行汇票时：

　　借：银行存款　　　　　　　　　　　　　　　　　　　　　　　　　　　　　　6 100

　　贷：其他货币资金——银行汇票存款　　　　　　　　　　　　　　　　　　　　6 100

3.4.3 银行本票存款

银行本票存款是指企业为取得银行本票，按照规定存入银行的款项。

1. 本票、汇票、支票的区别

（1）汇票和支票有三个基本当事人，即出票人、付款人、收款人；而本票只有出票人（付款人和出票人为同一个人）和收款人两个基本当事人。

（2）支票的出票人与付款人之间必须先有资金关系，才能签发支票；汇票的出票人与付款人之间不必先有资金关系；本票的出票人与付款人为同一个人，不存在所谓的资金关系。

（3）支票和本票的主债务人是出票人，而汇票的主债务人，在承兑前是出票人，在承兑后是承兑人。

（4）远期汇票需要承兑，支票一般为即期无需承兑，本票也无需承兑。

（5）汇票的出票人担保承兑付款，若另有承兑人，由承兑人担保付款；支票出票人担保支票付款；本票的出票人自负付款责任。

（6）支票、本票持有人只对出票人有追索权，而汇票持有人在票据的有效期内，对出票人、背书人、承兑人都有追索权。

（7）汇票有复本，而本票、支票则没有。

（8）支票、本票没有拒绝承兑证书，而汇票则有。

2. 银行本票存款的账务处理

执行《小企业会计准则》的企业为取得银行本票，应按规定填制"银行本票申请书"并将款项交存银行。取得银行本票时，根据银行盖章的银行本票申请书存根联，借记"其他货币资金——银行本票存款"科目，贷记"银行存款"科目；企业使用银行本票后，应根据发票账单及开户行转来的银行本票申请书存根等凭证，借记"材料采购"等科目，贷记"其他货币资金——银行本票存款"科目；如有多余款或因本票超过付款期等原因发生退回时，借记"银行存款"科目，贷记"其他货币资金——银行本票存款"科目。

【实例 3-22】某企业（执行《小企业会计准则》）为一般纳税人，2021 年 4 月 13 日，按规定将款项 60 000 元存入银行，并取得银行本票一张。4 月 25 日，购入原材料一批，货款 56 500 元，取得增值税专用发票，用银行本票支付，原材料已验收入库。4 月 27 日，收到开户行通知，将未用完的银行本票余额转回银行结算户。该企业的账务处理如下。

（1）取得银行本票时：

借：其他货币资金——银行本票存款　　　　　　　　　　　　60 000
　　贷：银行存款　　　　　　　　　　　　　　　　　　　　60 000

（2）收到购货发票时：

借：原材料　　　　　　　　　　　　　　　　　　　　　　　50 000
　　应交税费——应交增值税（进项税额）　　　　　　　　　　6 500
　　贷：其他货币资金——银行本票存款　　　　　　　　　　56 500

（3）转销银行本票时：

借：银行存款　　　　　　　　　　　　　　　　　　　　　　3 500
　　贷：其他货币资金——银行本票存款　　　　　　　　　　3 500

3.4.4 信用卡存款

信用卡存款是指企业为取得信用卡，按照规定存入银行的款项。

1. 账户设置

涉及信用卡业务的企业应当在"信用卡"明细科目中按开出信用卡的银行和信用卡种类设置明细账。

2. 信用卡存款的账务处理

企业申领信用卡，应按规定填制申请表，并按银行要求交存备用金，银行审核通过后开立信用卡存款账户，发给信用卡。企业根据银行盖章退回的交存备用金的进账单，借记"其他货币资金——信用卡存款"科目，贷记"银行存款"科目；企业在收到开户银行转来的信用卡存款的付款凭证及所附发票账单，经核对无误后，借记"管理费用"等科目，贷记"其他货币资金——信用卡存款"科目；信用卡在使用过程中，需要向其账户续存资金时，借记"其他货币资金——信用卡存款"科目，贷记"银行存款"科目；收到信用卡存款利息时，借记"其他货币资金——信用卡存款"科目，贷记"财务费用——利息"科目；企业持卡人不需要继续使用信用卡时，应持信用卡主动到发卡银行办理销户，借记"银行存款"科目，贷记"其他货币资金——信用卡存款"科目。销户时，信用卡账户余额转入基本存款账户，不得提取现金。

【**实例 3-23**】执行《小企业会计准则》的某企业（一般纳税人、小规模纳税人都适用），在中国建设银行申请领用信用卡，于 4 月 23 日向银行交存备用金 5 万元。4 月 30 日使用信用卡支付 4 月的电话费 3 000 元。该企业的账务处理如下。

（1）交存备用金开立信用卡时：

借：其他货币资金——信用卡存款　　　　　　　　　　　　　　　　50 000
　　贷：银行存款　　　　　　　　　　　　　　　　　　　　　　　　50 000

（2）支付电话费时：

借：管理费用——办公费——电话费　　　　　　　　　　　　　　　　3 000
　　贷：其他货币资金——信用卡存款　　　　　　　　　　　　　　　　3 000

（3）办理信用卡销户时：

办理信用卡销户时，企业要将信用卡账户余额转入企业基本存款户，不得提取现金：

借：银行存款　　　　　　　　　　　　　　　　　　　　　　　　　　47 000
　　贷：其他货币存款——信用卡存款　　　　　　　　　　　　　　　　47 000

3.4.5 信用证保证金存款

信用证保证金存款是指采用信用证结算方式的企业，为开具信用证而存入银行信用证保证金专户的款项。信用证保证金存款常出现在国际贸易中，进口方需要通过进口国银行开立信用证给国外的出口方，进口方开立信用证需要在开证行有足够的授信额度，同时需要缴纳 10%~20% 的保证金，银行才会操作。当然，国内也有信用证，不过使用的比较少。

企业向银行申请开立信用证时，应按规定向银行提交开证申请书、信用证申请人承诺书和购销合同。

企业将信用证保证金交存银行时，应根据银行盖章退回的信用证申请书回单，借记"其他货币资金——信用证保证金"科目，贷记"银行存款"科目；根据供货单位信用证结算凭证及所附发票账单，借记"材料采购"等科目，贷记"其他货币资金——信用证保证金"科目；将未用完的信用证保证金存款转回开户银行时，借记"银行存款"科目，贷记"其他货币资金——信用证保证金"科目。

3.5　1101 短期投资

与执行《企业会计准则》不同的是，执行《小企业会计准则》的企业不设置"交易性金融资产"及"公允价值变动"等科目，而是设置"短期投资""应收股利""应收利息""投资收益"等科目进行会计处理。

3.5.1　短期投资概述

短期投资是指企业购入的能随时变现并且持有时间不准备超过 1 年（含 1 年）的投资。例如，企业以赚取差价为目的从二级市场购入的股票、债券、基金等。短期投资的特点是持有时间短且容易变现。

1. 短期投资的科目设置

企业应设置"短期投资""应收股利""应收利息"等科目核算短期投资。"短期投资"科目借方反映企业短期投资的增加数，贷方反映企业短期投资的减少数，期末借方余额，反映企业持有的短期投资成本。

2. 短期投资的特点

短期投资的特点为：

（1）投资目的明确，即为赚取差价；

（2）投资时间短，即短于 1 年；

（3）投资品种必须易变现。

在同时满足上述三个条件的情况下，企业可以将某一项投资产品界定为短期投资。

3.5.2　短期投资取得时的账务处理

企业取得的短期投资，投资的取得按照历史成本进行计量，并将交易费用一起并入投资成本。

实际支付价款中包含的已宣告但尚未发放的现金股利或已到付息期但尚未领取的债券利息，应当单独确认为应收股利或应收利息，不计入短期投资的成本。执行《小企业会计准则》的企业（一般纳税人、小规模纳税人都适用），购入各种股票、债券、基金等作为短期投资的，应当按照实际支付的购买价款和相关税费，借记"短期投资"科目，贷记"银行存款"科目。

1. 实际支付的购买价款中包含已宣告但尚未发放的现金股利

执行《小企业会计准则》的企业（一般纳税人、小规模纳税人都适用）购入股票，如果实际支付的购买价款中包含已宣告但尚未发放的现金股利，应当按照实际支付的购买价款和相关税费扣除已宣告但尚未发放的现金股利后的金额，借记"短期投资"科目，按照应收的现金股利，借记"应收股利"科目；按照实际支付的购买价款和相关税费，贷记"银行存款"科目。

【实例3-24】2021年5月3日，执行《小企业会计准则》的某公司（一般纳税人、小规模纳税人都适用）以150 000元购入每股15元的普通股股票10 000股，作为短期投资进行管理，支付的款项中包括已宣告分派但尚未支付的现金股利3 000元，另外支付相关手续费等300元。该企业的账务处理如下：

借：短期投资　　　　　　　　　　　　　　　　　147 300
　　应收股利　　　　　　　　　　　　　　　　　　3 000
　贷：银行存款　　　　　　　　　　　　　　　　　150 300

2. 实际支付的购买价款中包含已到付息期但尚未领取的债券利息

执行《小企业会计准则》的企业（一般纳税人、小规模纳税人都适用）购入债券，如果实际支付的购买价款中包含已到付息期但尚未领取的债券利息，那么应当按照实际支付的购买价款和相关税费扣除已到付息期但尚未领取的债券利息后的金额，借记"短期投资"科目，按照应收的债券利息，借记"应收利息"科目，按照实际支付的购买价款和相关税费，贷记"银行存款"科目。

【实例3-25】2021年1月1日，执行《小企业会计准则》的万众公司（一般纳税人、小规模纳税人都适用）购入某上市公司债券60 000元，作为短期投资进行管理。该债券分期付息、一次性还本，票面利率为4%，发生相关手续费支出500元。该企业的账务处理如下：

借：短期投资　　　　　　　　　　　　　　　　　60 500
　贷：银行存款　　　　　　　　　　　　　　　　　60 500

3.5.3 短期投资持有期间取得现金股利或利息时的账务处理

在短期投资持有期间，被投资单位宣告分派的现金股利，或在债务人应付利息日按照分期付息、一次还本债券投资的票面利率计算的利息收入，应当计入投资收益。

短期投资持有期间，被投资单位宣告分派的现金股利，借记"应收股利"科目，贷记"投资收益"科目。在债务人应付利息日，按照分期付息、一次还本债券投资的票面利率计算的利息收入，借记"应收利息"科目，贷记"投资收益"科目。实际收到现金股利或利息时，借记"银行存款"科目，贷记"应收股利"或"应收利息"科目。

【实例3-26】2021年5月3日，执行《小企业会计准则》的飞海公司（一般纳税人、小规模纳税人都适用）以150 000元购入每股15元的普通股股票10 000股，作为短期投资进行管理，支付的款项中包括已宣告分派但尚未支付的现金股利3 000元。2021年6月1日，飞海公司收到宣告，发放现金股利3 000元。该企业的账务处理如下：

借：应收股利　　　　　　　　　　　　　　　　　　　　　　　3 000
　　贷：投资收益　　　　　　　　　　　　　　　　　　　　　　3 000

收到现金股利时：

借：银行存款　　　　　　　　　　　　　　　　　　　　　　　3 000
　　贷：应收股利　　　　　　　　　　　　　　　　　　　　　　3 000

【实例3-27】2021年1月1日，执行《小企业会计准则》的万众公司（一般纳税人、小规模纳税人都适用）购入某上市公司债券60 000元作为短期投资进行管理，该债券分期付息、一次性还本，票面利率为4%，发生相关手续费支出500元。债券半年付息一次。

2021年7月1日，该企业的账务处理如下：

借：应收利息　　　　　　　　　　　　　　　　　　　　　　　1 200
　　贷：投资收益　　　　　　　　　　　　　　　　　　　　　　1 200

2021年7月2日收到利息时：

借：银行存款　　　　　　　　　　　　　　　　　　　　　　　1 200
　　贷：应收利息　　　　　　　　　　　　　　　　　　　　　　1 200

3.5.4 短期投资出售时的账务处理

企业出售短期投资时，出售价款扣除其账面余额、相关税费后的净额，应当计入投资收益。

执行《小企业会计准则》的企业（一般纳税人、小规模纳税人都适用）出售短期投资，应当按照实际收到的出售价款，借记"银行存款"或"库存现金"科目；按照该项短期投资的账面余额，贷记"短期投资"科目；按照尚未收到的现金股利或债券利息，贷记"应收股利"或"应收利息"科目；按照其差额，借记或贷记"投资收益"科目。

【实例3-28】2020年4月3日，执行《小企业会计准则》的某公司（一般纳税人、小规模纳税人都适用）以150 000元购入每股10元的普通股股票15 000股，作为短期投资进行管理。2020年7月1日，出售该股票10 000股，实际价款120 000元。该企业的账务处理如下：

借：银行存款　　　　　　　　　　　　　　　　　　　　　　　　120 000
　　贷：短期投资　　　　　　　　　　　　　　　　　　　　　　　100 000
　　　　投资收益　　　　　　　　　　　　　　　　　　　　　　　 20 000

3.6　1121 应收票据

应收票据是企业未来收取货款的权利，这种权利和将来应收取的货款金额以书面文件形式进行约定，因此它受到法律的保护，具有法律上的约束力，是一种债权凭证。

3.6.1　应收票据概述

应收票据是指企业因销售商品（产成品或材料）、提供劳务等日常生产经营活动而收到的商业汇票（银行承兑汇票和商业承兑汇票）。

1. 应收票据的科目设置

企业设置"应收票据"科目，核算和监督应收票据的取得和回收情况。本科目借方反映应收票据的增加数，贷方反映应收票据的减少数。期末借方余额，反映企业持有的商业汇票的结存数额。

"应收票据"科目可以根据实际需要设置明细科目，若票据业务不多，可直接在"应收票据"科目下设置客户名称。应收票据业务多且种类比较多的，可以增加二级明细科目，如商业承兑汇票、银行承兑汇票、银行本票等。

2. 应收票据的分类

（1）按承兑人不同，商业汇票可分为商业承兑汇票和银行承兑汇票。

商业承兑汇票是指由付款人签发并承兑，或由收款人签发交由付款人承兑的汇票。

银行承兑汇票是指由在承兑银行开立存款账户的存款人（这里也是出票人）签发，由承兑银行承兑的票据。

（2）按是否带息，商业汇票可分为带息票据和不带息票据。

带息票据是指商业汇票到期时，承兑人除向收款人或被背书人支付票面全额外，还应按票面金额和票据规定的利息率支付自票据生效日起至票据到期日止的利息的票据。

不带息票据是指商业汇票到期时，承兑人只按票面金额向收款人或被背书人支付款项的票据。不带息票据的票面价值一般为本利和，即已将票据的利息计入面值，不另外标有票面利率。

3. 应收票据的特点

（1）商业汇票是出票人签发，委托付款人在指定日期无条件支付确定的金额给收款人或者持票人的票据。

（2）在银行开立存款账户的法人及其他组织之间必须具有真实的交易关系或者债权债务关系，才能使用商业汇票。商业汇票的期限不得超过 6 个月，是一种流动资产。

（3）符合条件的企业还可以持未到期的商业汇票背书转让或向银行申请贴现。

4. 应收票据的日常管理

存在开出、承兑商业汇票业务的企业应当设置"应收票据备查簿"，逐笔登记商业汇票的种类、号数和出票日，票面金额，交易合同号和付款人、承兑人、背书人的姓名或单位名称，到期日，背书转让日，贴现日，贴现率和贴现净额，收款日期和收回金额，退票情况等资料。商业汇票到期结清票款或退票后，应在备查簿中注销。

3.6.2 应收票据取得时的账务处理

执行《小企业会计准则》的企业因销售商品、提供劳务等而收到开出、承兑的商业汇票时，应按照商业汇票的票面金额，借记"应收票据"科目；按照确认的营业收入，贷记"主营业务收入"等科目。涉及增值税销项税额的，还应按照增值税专用发票上注明的增值税销项税额，贷记"应交税费——应交增值税（销项税额）"科目。同时，结转相关成本。

【实例 3-29】 执行《小企业会计准则》的某企业为一般纳税人，2021 年 4 月 2 日出售给 A 公司一批材料，价款为 100 000 元，增值税税额为 13 000 元，收到 A 公司开出的商业承兑汇票。该企业的账务处理如下：

借：应收票据——A 公司　　　　　　　　　　　　　　　　　　　113 000
　　贷：主营业务收入　　　　　　　　　　　　　　　　　　　　　100 000
　　　　应交税费——应交增值税（销项税额）　　　　　　　　　　 13 000

【实例 3-30】 执行《小企业会计准则》的某企业为小规模纳税人，2021 年 4 月 3 日，出售给 B 公司一批库存商品，价款为 50 000 元，增值税税额为 1 500 元，收到 B 公司开出的商业承兑汇票。该企业的账务处理如下：

  借：应收票据——B 公司   51 500
   贷：主营业务收入   50 000
     应交税费——应交增值税   1 500

3.6.3 应收票据贴现时的账务处理

企业持有商业汇票，如在票据到期前需要提前取得现金，可以持未到期的商业汇票向银行申请贴现。

1. 企业应收票据贴现的相关概念和公式

（1）贴现是指持票人将未到期的商业汇票背书后送交银行，银行受理后，从票据到期值中扣除按银行贴现率计算确定的贴现息，将余额付给贴现企业的业务活动。票据贴现实质上是一种融通资金的行为。

$$贴现期 = 票据期限 - 企业已持有票据期限$$

（2）贴现息是指在贴现业务中，企业付给银行的利息。

$$贴现息 = 票据到期值 \times 贴现率 \times 贴现期 \div 360$$

（3）贴现率是指银行计算贴现息所用的利率。

（4）贴现所得是指企业从银行获得的票据到期值扣除贴现息后的货币收入。

$$贴现所得 = 票据到期值 - 贴现息$$

2. 票据到期

根据票据到期债务人未能偿还时银行是否享有追索权，应收票据贴现的会计处理分为以下两种情况。

（1）不附追索权的情况

不带追索权贴现时，票据一经贴现，企业就将应收票据的风险（账款不可收回的可能性）和未来经济利益全部转让给银行。

企业与银行签订的协议中一般会规定，在贴现的商业汇票到期而债务人未能按期偿还时，申请贴现的企业不负有任何偿还责任，即银行无追索权的，应视同出售票据进行会计处理。

执行《小企业会计准则》的企业（一般纳税人、小规模纳税人都适用），持未到期的商业汇票向银行贴现，应根据银行盖章退回的贴现凭证的收账通知，按照实际收到的金额（即减去贴现息后的净额），借记"银行存款"科目；按照贴现息，借记"财务费用"科目；按照商业汇票的票面金额，贷记"应收票据"科目。

【实例3-31】执行《小企业会计准则》的某企业为一般纳税人，2021年4月2日，出售给A公司一批材料，价款为100 000元，增值税税额为13 000元，收到A公司开出的商业承兑汇票。该企业将收到的票据向银行贴现，贴现息为400元。银行无追索权。该企业的账务处理如下：

借：应收票据——A公司　　　　　　　　　　　　　　　　　　113 000
　　贷：主营业务收入　　　　　　　　　　　　　　　　　　　100 000
　　　　应交税费——应交增值税（销项税额）　　　　　　　　 13 000

贴现时：
借：银行存款　　　　　　　　　　　　　　　　　　　　　　112 600
　　财务费用　　　　　　　　　　　　　　　　　　　　　　　　400
　　贷：应收票据——A公司　　　　　　　　　　　　　　　　113 000

（2）附追索权的情况

所谓追索权，是指企业在转让应收款项的情况下，接受方在应收款项拒付或逾期支付时，向应收款项转让方索取应收金额的权利。带追索权贴现时，贴现企业因背书而在法律上负有连带偿债责任，这种责任可能发生，也可能不发生；可能是部分的，也可能是全部的。我国应收票据的贴现一般都带有追索权。

企业与银行签订的协议中一般会规定，在贴现的商业汇票到期而债务人未能按期偿还时，申请贴现的企业负有向银行还款的责任，即银行有追索权的，应视同以票据质押取得银行借款。因为这类协议从实质上看，与所贴现商业汇票有关的风险和报酬并未发生实质性转移，商业汇票可能产生的风险仍由申请贴现的企业承担。

执行《小企业会计准则》的企业（一般纳税人、小规模纳税人都适用），持未到期的商业汇票向银行贴现，应根据银行盖章退回的贴现凭证的收账通知，按照实际收到的金额（即减去贴现息后的净额），借记"银行存款"科目；按照贴现息，借记"财务费用"科目；按照商业汇票的票面金额，贷记"短期借款"科目。

【实例3-32】执行《小企业会计准则》的大华公司（一般纳税人、小规模纳税人都适用）于2021年5月20日持出票日期为3月20日、期限为6个月、面额为25万元的商业汇票向银行贴现，贴现率为6%，其他相关的手续费为150元。与银行签订的协议中规定，如果债务人未按期偿还，大华公司负有向银行还款的责任。大华公司的账务处理如下。

票据到期日为2021年9月20日。

贴现息 =250 000×6%÷12×4=5 000（元）

贴现所得 = 到期值 − 贴现息 − 应交相关手续费 =250 000−5 000−150=244 850（元）

借：银行存款　　　　　　　　　　　　　　　　　　　　　　244 850

　　财务费用　　　　　　　　　　　　　　　　　　　　　　　5 150

　　贷：短期借款　　　　　　　　　　　　　　　　　　　　250 000

（1）如果票据到期承兑方付款，则：

借：短期借款　　　　　　　　　　　　　　　　　　　　　　250 000

　　贷：应收票据　　　　　　　　　　　　　　　　　　　　250 000

（2）如果票据到期承兑方无钱支付，贴现银行将票款从企业账户中划回，则：

借：短期借款　　　　　　　　　　　　　　　　　　　　　　250 000

　　贷：银行存款　　　　　　　　　　　　　　　　　　　　250 000

借：应收账款　　　　　　　　　　　　　　　　　　　　　　250 000

　　贷：应收票据　　　　　　　　　　　　　　　　　　　　250 000

（3）如果票据到期承兑方无力支付，企业账户上也无款可划，则：

借：应收账款　　　　　　　　　　　　　　　　　　　　　　250 000

　　贷：应收票据　　　　　　　　　　　　　　　　　　　　250 000

3.6.4 应收票据背书转让以取得物资时的账务处理

执行《小企业会计准则》的企业可以将自己持有的商业汇票背书转让，将汇票权利转让给他人或者将一定的汇票权利授予他人行使。

1. 背书

背书是指持票人将票据转让他人时，在票据背面或者粘单上记载有关事项并签章的票据行为。

出票人在汇票上记载"不得转让"字样的，汇票不得转让。背书转让的，背书人应当承担票据责任。

背书人对票据的到期付款负连带责任。符合条件的持票人还可以持未到期的商业汇票向银行申请贴现。

2. 背书转让的账务处理

执行《小企业会计准则》的企业（一般纳税人）将持有的商业汇票背书转让以取得所需物资时，按照应计入取得物资成本的金额，借记"材料采购""原材料""库存商品"等科目，按照增值税专用发票上注明的可抵扣的增值税进项税额，借记"应交税费——应交增值税（进项税额）"科目；按照商业汇票的票面金额，贷记"应收票据"科目；如有差额，借记或贷记"银行存款"等科目。

【实例3-33】执行《小企业会计准则》的某企业为一般纳税人，2021年2月1日，该企业从B公司购入一批商品，实际价款为180 000元，增值税进项税额为23 400元，将收到的A公司面值20万元的商业票据背书转让给B公司。该企业的账务处理如下：

借：库存商品　　　　　　　　　　　　　　　　　　　　　180 000
　　应交税费——应交增值税（进项税额）　　　　　　　　 23 400
　　贷：应收票据——A公司　　　　　　　　　　　　　　 200 000
　　　　银行存款　　　　　　　　　　　　　　　　　　　　 3 400

3. 商业汇票到期

商业汇票到期收回款项，应按照实际收到的金额，借记"银行存款"科目，贷记"应收票据"科目。因付款人无力支付票款，或到期不能收回应收票据的，应按照商业汇票的票面金额，借记"应收账款"科目，贷记"应收票据"科目。

【实例3-34】沿用【实例3-32】，假设大华公司于9月20日收回货款，该企业的账务处理如下：

借：银行存款　　　　　　　　　　　　　　　　　　　　　250 000
　　贷：应收票据　　　　　　　　　　　　　　　　　　　 250 000

3.7 1122 应收账款

应收账款是企业在日常生产经营活动中发生的各项债权，本质是债权，最终会收到货币资金。

3.7.1 应收账款概述

应收账款是指企业因销售商品、提供劳务等日常生产经营活动而应收取的款项，是因销售活动形成的债权。

1. 应收账款的科目设置

"应收账款"科目用于反映企业应收账款的增减变动及其结存情况。本科目借方反映企业应收账款的增加数，贷方反映企业应收账款的减少数；期末借方余额，反映企业尚未收回的应收账款。

"应收账款"科目可以按照对方单位（或个人）进行明细核算。

2. 应收账款的内容

应收账款包括企业销售商品或提供劳务等应向购货方或接受劳务方收取的价款，或向代购货单位垫付的包装费、运杂费等。

应收账款不包括以下内容：

（1）应收职工欠款、应收债务人的利息等应收款项；

（2）长期的债权（如购买的长期债券等）；

（3）企业付出的各类存出保证金，如租入包装物支付的保证金等。

3.7.2 应收账款发生时的账务处理

应收账款是因赊销业务而产生的，因此其入账时间与确认收入的时间一致。通常情况下，应收账款的入账价值包括销售商品或提供劳务的价款、增值税，以及代购货方垫付的包装费、运杂费等。

执行《小企业会计准则》的企业因销售商品或提供劳务而形成的应收账款，应当按照应收金额，借记"应收账款"科目；按照税法规定应缴纳的增值税销项税额，贷记"应交税费——应交增值税（销项税额）"科目；按照其差额，贷记"主营业务收入"或"其他业务收入"科目。企业向代购货单位垫付的包装费、运杂费等，借记"应收账款"科目，贷记"银行存款"等科目；收回代垫费用时，借记"银行存款"科目，贷记"应收账款"科目。

【实例3-35】执行《小企业会计准则》的某企业为一般纳税人，2021年4月2日销售一批库存商品给A公司，开出增值税专用发票上注明的价款为400 000元，增值税销项税额为52 000元，款项尚未收到。该企业的账务处理如下：

借：应收账款——A公司 452 000
　　贷：主营业务收入 400 000
　　　　应交税费——应交增值税（销项税额） 52 000

【实例3-36】执行《小企业会计准则》某企业为小规模纳税人，2021年4月2日销售一批库存商品给A公司，开出增值税普通发票上注明的价款为40 000元，增值税额为1 200元，款项尚未收到。该企业的账务处理如下：

借：应收账款——A公司 41 200
　　贷：主营业务收入 40 000
　　　　应交税费——应交增值税 1 200

3.7.3 应收账款收回时的账务处理

执行《小企业会计准则》的企业（一般纳税人、小规模纳税人都适用）在收回应收账款时，借记"银行存款"或"库存现金"科目，贷记"应收账款"科目。

【实例3-37】执行《小企业会计准则》的某企业为一般纳税人，2021年4月2日销售一批商品给A公司，开出增值税专用发票上注明的价款为400 000元，增值税销项税额为52 000元，款项尚未收到。该企业的账务处理如下：

借：应收账款——A公司 452 000
　　贷：主营业务收入 400 000
　　　　应交税费——应交增值税（销项税额） 52 000

该企业于2021年5月20日收到该批商品的账款，相关账务处理如下：

借：银行存款 452 000
　　贷：应收账款——A公司 452 000

【实例3-38】执行《小企业会计准则》的甲企业为小规模纳税人，2021年4月2日销售一批库存商品给A公司，开出增值税普通发票上注明的价款为40 000元，增值税额为1 200元，款项尚未收到。该企业的账务处理如下：

借：应收账款——A公司 41 200
　　贷：主营业务收入 40 000
　　　　应交税费——应交增值税 1 200

该企业于2021年5月20日收到该批商品的账款，相关账务处理如下：

借：银行存款 41 200
　　贷：应收账款——A公司 41 200

3.7.4 应收账款发生坏账时的账务处理

企业的应收账款可能会因为购货人破产、死亡等原因无法收回，这类无法收回的应收账款被称为坏账，因坏账而遭受的损失为坏账损失。

1. 坏账损失的确认条件

（1）债务人依法宣告破产、关闭、解散、被撤销，或者被依法注销、吊销营业执照，其清算财产不足清偿的。

（2）债务人死亡，或者依法被宣告失踪、死亡，其财产或者遗产不足清偿的。

（3）债务人逾期3年以上未清偿，且有确凿证据证明已无力清偿债务的。

（4）与债务人达成债务重组协议或法院批准破产重整计划后，无法追偿的。

（5）因自然灾害、战争等不可抗力因素导致无法收回的。

（6）国务院财政、税务主管部门规定的其他条件。

2. 坏账损失的核算

执行《小企业会计准则》的企业（一般纳税人、小规模纳税人都适用），确认应收账款实际发生的坏账损失，应当按照可收回的金额，借记"银行存款"等科目；按照其账面余额，贷记"应收账款"科目；按照其差额，借记"营业外支出"科目。

【实例3-39】沿用【实例3-38】，假设A公司的财务状况发生恶化，只偿还了20 000元的货款，那么甲企业的账务处理如下：

借：银行存款　　　　　　　　　　　　　　　　　　　　　20 000
　　营业外支出　　　　　　　　　　　　　　　　　　　　　21 200
　贷：应收账款——A公司　　　　　　　　　　　　　　　　41 200

3.8 1123 预付账款

3.8.1 预付账款概述

预付账款是指企业按照合同规定预付的款项。企业预付货款后，有权要求对方按照购货合同规定发货。

1. 预付账款的科目设置

企业应设置"预付账款"科目核算和监督预付账款的发生和减少情况。本科目借方反映企业因购货而预付和收到所购物资时补付的货款,贷方反映企业收到所购物资时冲减预付账款的金额和退回多付的款项。期末,如借方余额,表示企业实际预付的款项;如贷方余额,表示企业尚未补付的款项。

"预付账款"科目可以按照对方单位(或个人)设置明细账,进行明细核算。

2. 预付账款的内容

预付账款包括根据合同规定预付的购货款、租金、工程款等。

3.8.2 预付账款发生时的账务处理

1. 因购货而发生预付款项

执行《小企业会计准则》的企业(一般纳税人、小规模纳税人都适用),因购货而发生预付款项时,应根据购货合同的规定向供应单位预付款项,借记"预付账款"科目,贷记"银行存款"科目。

收到所购物资时,按照应计入购入物资成本的金额,借记"在途物资""原材料""库存商品"等科目;按照税法规定可抵扣的增值税进项税额,借记"应交税费——应交增值税(进项税额)"科目;按照应支付的金额,贷记"预付账款"科目。

当预付货款小于采购货物所需支付的款项时,应补付不足部分,借记"预付账款"科目,贷记"银行存款"科目。

当预付货款大于采购货物所需支付的款项时,应收回多余款项,借记"银行存款"科目,贷记"预付账款"科目。

【**实例3-40**】执行《小企业会计准则》的某企业为一般纳税人,2021年4月13日购入A公司一批原材料,与A公司签订的合同中规定需预付货款200 000元,该企业用银行存款支付货款200 000元,增值税税额26 000元,原材料尚未收到。7月10日收到该批货物,并验收入库。该企业的账务处理如下。

(1)2021年4月13日,购入原材料时:

借:预付账款——A公司　　　　　　　　　　　　　　　　　　　　200 000
　　贷:银行存款　　　　　　　　　　　　　　　　　　　　　　　　200 000

(2)2021年7月10日,收到原材料时:

借：原材料 200 000

    应交税费——应交增值税（进项税额） 26 000

  贷：银行存款 26 000

    预付账款——A公司 200 000

【实例3-41】 执行《小企业会计准则》的某企业为小规模纳税人，2021年4月12日购入A公司一批库存商品，与A公司签订的合同中规定需预付货款100 000元，该企业用银行存款支付货款100 000元，增值税税额13 000元，库存商品尚未收到。7月1日收到该批货物，并验收入库。该企业的账务处理如下。

（1）2021年4月12日，购入库存商品时：

借：预付账款——A公司 100 000

  贷：银行存款 100 000

（2）2021年7月1日，收到库存商品时：

借：库存商品 113 000

  贷：银行存款 13 000

    预付账款——A公司 100 000

2.因出包工程而发生预付账款

执行《小企业会计准则》的企业（一般纳税人、小规模纳税人都适用），在建工程预付的工程价款也通过"预付账款"科目核算。出包工程按照合同规定预付的工程价款，借记"预付账款"科目，贷记"银行存款"等科目。按照工程进度和合同规定结算的工程价款，借记"在建工程"科目，贷记"预付账款""银行存款"等科目。

【实例3-42】 执行《小企业会计准则》的某企业（一般纳税人、小规模纳税人都适用）于2020年5月7日出包一项工程给A公司，合同上规定的预付工程价款为200 000元，企业通过银行存款支付。9月15日该工程完工，结算工程价款。该企业的账务处理如下。

（1）2020年5月7日，预付工程价款时：

借：预付账款——A公司 200 000

  贷：银行存款 200 000

（2）2020年9月15日，结算工程价款时：

借：在建工程 200 000

  贷：预付账款——A公司 200 000

3.8.3 预付账款发生坏账时的账务处理

执行《小企业会计准则》的企业（一般纳税人、小规模纳税人都适用）在确认预付账款实际发生的坏账损失时，应当按照可收回的金额，借记"银行存款"等科目；按照其账面余额，贷记"预付账款"科目；按照其差额，借记"营业外支出"科目。

【实例 3-43】执行《小企业会计准则》的某企业（一般纳税人、小规模纳税人都适用）于 2021 年 5 月 5 日支付 A 公司预付货款 280 000 元。5 月 10 日，A 公司由于无法提供该批商品，只能退回 265 000 元。该企业的账务处理如下：

借：银行存款　　　　　　　　　　　　　　　　　　　265 000
　　营业外支出　　　　　　　　　　　　　　　　　　　 15 000
　　贷：预付账款——A 公司　　　　　　　　　　　　　280 000

3.9　1131 应收股利

3.9.1 应收股利概述

应收股利是指企业因股权投资而应收取的现金股利及应收其他单位的利润，包括企业买入股票实际支付的款项中所包含的已宣告发放但尚未领取的现金股利，以及企业买入对外投资应分得的现金股利或利润等。

企业设置"应收股利"科目，主要核算企业应收取的现金股利或利润。本科目借方登记应收股利的增加数额，贷方登记应收股利的减少数额，期末余额一般在借方，反映企业尚未收到的现金股利或利润。

"应收股利"科目应按照被投资单位进行明细核算。

3.9.2 应收股利发生时的账务处理

执行《小企业会计准则》的企业（一般纳税人、小规模纳税人都适用）购入股票，如果实际支付的购买价款中包含已宣告但尚未发放的现金股利，那么应当按照实际支付的购买价款和相关税费，扣除已宣告但尚未发放的现金股利后的金额，借记"短期投资"或"长期股权投资"科目；按照应收的现金股利，借记"应收股利"科目；按照实际支付的购买价款和相关税费，贷记"银行存款"科目。

在短期投资或长期股权投资持有期间，被投资单位宣告分派的现金股利或利润，应当按照本企业应享有的数额，借记"应收股利"科目，贷记"投资收益"科目。

实际收到现金股利或利润时，借记"银行存款"等科目，贷记"应收股利"科目。

【实例3-44】 执行《小企业会计准则》的某企业（一般纳税人、小规模纳税人都适用），2021年5月15日在上海证券交易所购买诚远股份有限公司的股票100 000股作为长期投资，每股买入价为10元，每股价格中包含0.2元已宣告分派的现金股利，另支付相关税费7 000元。该企业的账务处理如下。

（1）计算初始投资成本：

初始投资成本=1 000 000（股票成交金额）+7 000（相关税费）–20 000（已宣告发放的现金股利）=987 000（元）

其中，股票成交金额=100 000×10=1 000 000（元）

已宣告发放的现金股利=100 000×0.2=20 000（元）

（2）编制购入股票的会计分录：

借：长期股权投资——诚远股份有限公司　　　　　　987 000
　　应收股利　　　　　　　　　　　　　　　　　　 20 000
　贷：银行存款　　　　　　　　　　　　　　　　　1 007 000

（3）假定该企业2021年6月20日收到购买该股票时已宣告分派的现金股利20 000元：

借：银行存款　　　　　　　　　　　　　　　　　　20 000
　贷：应收股利　　　　　　　　　　　　　　　　　 20 000

3.10　1132 应收利息

3.10.1　应收利息概述

应收利息是指企业因债券投资而应收取的利息。

"应收利息"科目主要核算企业债券投资应收取的利息。本科目的借方登记应收利息的增加数额，贷方登记应收利息的减少数额，期末余额一般在借方，反映企业尚未收到的债券利息。"应收利息"科目应按照被投资单位进行明细核算。

>  **注意**
>
> 购入的一次还本付息债券投资持有期间的利息收入,在"长期债券投资"科目核算,不在本科目核算。

3.10.2 应收利息发生时的账务处理

执行《小企业会计准则》的企业(一般纳税人、小规模纳税人都适用)购入债券时,如果实际支付的购买价款中包含已到付息期但尚未领取的债券利息,那么应当按照实际支付的购买价款和相关税费扣除应收的债券利息后的金额,借记"短期投资"或"长期债券投资"科目;按照应收的债券利息,借记"应收利息"科目;按照实际支付的购买价款和相关税费,贷记"银行存款"科目。

在长期债券投资持有期间,在债务人应付利息日,按照分期付息、一次还本债券投资的票面利率计算的利息收入,借记"应收利息"科目,贷记"投资收益"科目;按照一次还本付息债券投资的票面利率计算的利息收入,借记"长期债券投资——应计利息"科目,贷记"投资收益"科目。

实际收到债券利息,借记"银行存款"等科目,贷记"应收利息"科目。

3.11 1221 其他应收款

3.11.1 其他应收款概述

其他应收款是指企业除应收票据、应收账款、预付账款、应收股利、应收利息等以外的其他各种应收及暂付款项。

1. 其他应收款的科目设置

企业设置"其他应收款"科目,主要用以核算企业除应收票据、应收账款、预付账款、应收股利、应收利息等以外的其他各种应收及暂付款项。本科目的借方登记其他应收款的增加数额,贷方登记其他应收款的减少数额,期末余额一般在借方,反映企业尚未收回的其他应收款项。

"其他应收款"科目应按照对方单位(或个人)进行明细核算。

2. 其他应收款的内容

（1）应收的各种赔款，如因企业财产等遭受意外损失而应向保险公司收取的赔款等。

（2）应收的出租包装物的租金。

（3）应向职工收取的各种垫付款项，如职工出差提前支取的差旅费等。

（4）存出保证金，如租入包装物而支付的押金。

（5）其他各种应收、暂付款项。

企业出口产品或商品按照税法规定应予退回的增值税款，也计入其他应收款。

3.11.2 其他应收款发生时的账务处理

执行《小企业会计准则》的企业（一般纳税人、小规模纳税人都适用），发生各种其他应收款项时，应借记"其他应收款"科目，贷记"库存现金""银行存款""固定资产清理"等科目。

出口产品或商品按照规定应予退回的增值税款，借记"其他应收款"科目，贷记"应交税费——应交增值税（出口退税）"科目。

收回其他各种应收款项时，借记"库存现金""银行存款""应付职工薪酬"等科目，贷记"其他应收款"科目。

【实例3-45】某企业执行《小企业会计准则》（一般纳税人、小规模纳税人都适用），2021年5月6日，职工小李到北京出差。临行前，小李向财务部借差旅费3 000元，回来后报销相应费用2 400元，将剩余的600元交回财务部。该企业的账务处理如下。

（1）出借差旅费时：

借：其他应收款——小李　　　　　　　　　　　　　　　　　　　　　3 000
　　贷：库存现金　　　　　　　　　　　　　　　　　　　　　　　　　3 000

（2）报销费用，交回余款时：

借：管理费用——差旅费　　　　　　　　　　　　　　　　　　　　　2 400
　　库存现金　　　　　　　　　　　　　　　　　　　　　　　　　　　600
　　贷：其他应收款——小李　　　　　　　　　　　　　　　　　　　3 000

3.12 1401 材料采购

3.12.1 材料采购概述

1. 材料采购的科目设置

"材料采购"科目主要核算计划成本法下,企业购入材料的采购成本。本科目期末借方余额,反映企业已经收到发票账单,但材料尚未到达或尚未验收入库的在途材料的采购成本。

"材料采购"科目应当按照供应单位和材料品种进行明细核算。

2. "材料采购"和"在途物资"的区别

(1)"材料采购"是企业在计划成本法下核算材料采购成本的会计科目。计划成本法下购入的原材料无论是否验收入库,都要先通过"材料采购"科目进行核算,以反映企业所购材料的实际成本,从而与"原材料"科目相比较,计算确定材料成本差异,未入库的仍旧在"材料采购"科目核算。

(2)"在途物资"是企业在实际成本法下,核算货款已付但尚未验收入库的各种材料、商品等物资的采购成本的会计科目。

如果购买后原材料直接入库,那么核算时直接通过"原材料"科目核算,不通过"在途物资"科目核算,也就是说"在途物资"科目核算的是实际成本法下在途的原材料的成本。

3.12.2 材料采购发生时的账务处理

1. 一般纳税人企业支付材料价款、运杂费等时

一般纳税人企业支付材料价款、运杂费等时,按应计入材料采购成本的金额,借记"材料采购"科目;按可抵扣的增值税税额,借记"应交税费——应交增值税(进项税额)"科目;按实际支付或应付的款项,贷记"银行存款""库存现金""其他货币资金""应付账款""应付票据""预付账款"等科目。

2. 小规模纳税人企业不能抵扣增值税的

小规模纳税人企业不能抵扣增值税的,购入材料按应支付的金额,借记"材料采购"

科目，贷记"银行存款""应付账款""应付票据"等科目。

3.月末账务处理

月末，企业应将仓库转来的外购收料凭证，分别按下列情况进行处理。

（1）对于已经付款或已开出、承兑商业汇票的收料凭证（包括本月付款或开出、承兑商业汇票的上月收料凭证），应按实际成本和计划成本分别汇总，按计划成本借记"原材料""周转材料"等科目，按计划成本贷记"材料采购"科目；将实际成本大于计划成本的差异，借记"材料成本差异"科目，贷记"材料采购"科目；将实际成本小于计划成本的差异，用红字借记"材料成本差异"科目，用红字贷记"材料采购"科目。

（2）对于尚未收到发票账单的收料凭证，应按计划成本暂估入账，借记"原材料""周转材料"等科目，贷记"应付账款——暂估应付账款"科目，下月初用做相反分录予以冲回。下月付款或开出、承兑商业汇票，借记"材料采购"科目和"应交税费——应交增值税（进项税额）"科目，贷记"银行存款""应付票据"等科目。

【实例3-46】2021年5月6日，执行《小企业会计准则》的某企业于2021年4月7日向金山公司购入A材料300千克，售价90 000元；购入B材料700千克，售价140 000元，增值税进项税额29 900元，款项尚未支付。该企业为一般纳税人，相关账务处理如下：

借：材料采购——A材料　　　　　　　　　　　　　　　　　　　90 000
　　　　　　——B材料　　　　　　　　　　　　　　　　　　　140 000
　　应交税费——应交增值税（进项税额）　　　　　　　　　　　29 900
　贷：应付账款——金山公司　　　　　　　　　　　　　　　　　259 900

以银行存款支付采购运杂费1 500元，按重量分配运杂费，相关账务处理如下：

运杂费分配率=1 500÷（300+700）=1.5

A材料负担运杂费=300×1.5=450（元）

B材料负担运杂费=700×1.5=1 050（元）

借：材料采购——A材料　　　　　　　　　　　　　　　　　　　450
　　　　　　——B材料　　　　　　　　　　　　　　　　　　　1 050
　贷：银行存款　　　　　　　　　　　　　　　　　　　　　　　1 500

3.13 1402 在途物资

3.13.1 在途物资概述

企业设置"在途物资"科目，主要用于核算企业购入尚未到达或尚未验收入库的各种物资的采购和入库情况。企业应根据发票账单等结算凭证，借记"在途物资"等科目；待材料到达、验收入库后，再贷记"在途物资"科目。本科目期末借方余额，反映企业已经收到发票账单，但材料或商品尚未到达或尚未验收入库的在途材料、商品等物资的采购成本。

"在途物资"科目可按供应单位和物资品种进行明细核算。

3.13.2 在途物资发生时的账务处理

1. 一般纳税人企业购入原材料、商品

一般纳税人企业购入原材料、商品时，按应计入原材料、商品采购成本的金额，借记"在途物资"科目；按可抵扣的增值税额，借记"应交税费——应交增值税（进项税额）"科目；按实际支付或应付的款项，贷记"库存现金""银行存款""其他货币资金""预付账款""应付账款"等科目。

实际成本构成包括买价及运输费、保险费、装卸费、相关税费（不包括可抵扣增值税）、运输过程中材料合理损耗等运杂费用，即购买材料过程中所发生的费用（不包括出差人员的差旅费），都构成采购成本。

注意

批发、零售业企业在购入商品过程中发生的费用（包括运输费、装卸费、包装费、保险费、运输途中的合理损耗和入库前的挑选整理费等），在"销售费用"科目核算，不在本科目核算。

2. 小规模纳税人企业购入原材料、商品

小规模纳税人企业不能抵扣增值税的，在购入原材料、商品时，按应支付的金额，借记"在途物资"科目，贷记"银行存款""应付账款""应付票据"等科目。

3. 所购原材料、商品到达并验收入库

所购原材料、商品到达并验收入库后，借记"原材料""库存商品——进价"等科目，贷记"在途物资"科目。

【实例3-47】执行《小企业会计准则》的某企业为一般纳税人，2021年5月1日购买A材料，单价50元/千克，企业购入10 000千克，增值税专用发票上注明增值税税率13%，运输费为5 000元（收到增值税普通发票，价税合计5 000元），出差人员发生差旅费2 000元。款项已付，A材料尚未验收入库。该企业的账务处理如下。

（1）购入A材料时：

借：在途物资——A材料　　　　　　　　　　　　　　　　505 000
　　应交税费——应交增值税（进项税额）　　　　　　　　 65 000
　贷：银行存款　　　　　　　　　　　　　　　　　　　　570 000

（2）出差人员报销差旅费时：

借：管理费用——差旅费　　　　　　　　　　　　　　　　　2 000
　贷：库存现金　　　　　　　　　　　　　　　　　　　　　2 000

（3）材料验收入库，全部合格时：

借：原材料——A材料　　　　　　　　　　　　　　　　　505 000
　贷：在途物资——A材料　　　　　　　　　　　　　　　505 000

3.14　1403 原材料

3.14.1 原材料概述

原材料是指企业在生产过程中经过加工改变其形态或性质并构成产品主要实体的各种原料及主要材料、辅助材料、外购半成品（外购件）、修理用备件（备品备件）、包装材料、燃料等。

企业购入的工程用材料，记入"工程物资"科目。

1. 原材料的科目设置

"原材料"科目主要用于核算企业在生产过程中经过加工改变其形态或性质并构成产品主要实体的各种原料、主要材料、辅助材料、外购半成品（外购件）、修理用备件（备

品备件）、包装材料、燃料等的实际成本或计划成本。

"原材料"科目应按照材料的保管地点（仓库）、类别、品种和规格等进行明细核算。

2.原材料的核算方法

原材料的日常收发及结存，可以采用实际成本核算，也可以采用计划成本核算。

3.原材料的实际成本

原材料的实际成本包括以下几项：

（1）买价（一般纳税人企业的原材料买价不包括增值税，小规模纳税人企业的原材料买价包括增值税）；

（2）运杂费，包括运输费、装卸费、保险费、包装费、仓储费；

（3）运输途中的合理损耗；

（4）入库前的挑选整理费用；

（5）购入材料负担的税金和进口货物的关税。

因此，原材料成本＝买价＋运杂费＋运输途中的合理损耗＋入库前的挑选整理费用＋购入材料负担的税金和进口货物的关税。

3.14.2 实际成本核算下原材料采购及入库的账务处理

1.涉及的相关凭证

（1）发票（增值税专用发票、增值税普通发票）。

（2）款项结算凭证（支票、商业汇票、银行本票等）。

（3）收料单、收料凭证汇总表。

2.原材料采购及入库的账务处理

（1）单货同时到

单货同时到，一般纳税人企业借记"原材料""应交税费——应交增值税（进项税额）"科目，贷记"银行存款"等科目；小规模纳税人企业借记"原材料"科目，贷记"银行存款"等科目。

【实例3-48】执行《小企业会计准则》的某企业为一般纳税人，2021年5月2日，该企业购入原材料一批，取得的增值税专用发票上注明的原材料价款为20 000元，增值税税额为2 600元，发票等结算凭证已经收到，货款已通过银行转账支付，材料已验收入库。该企业的账务处理如下：

借:原材料 20 000
　　应交税费——应交增值税(进项税额) 2 600
　　贷:银行存款 22 600

【实例3-49】执行《小企业会计准则》的某企业为一般纳税人,2021年5月4日,持银行汇票1 810 000元购入D材料一批,增值税专用发票上记载的货款为1 600 000元,增值税税额为208 000元,对方代垫包装费2 000元,材料已验收入库。该企业的账务处理如下:

借:原材料——D材料 1 602 000
　　应交税费——应交增值税(进项税额) 208 000
　　贷:其他货币资金——银行汇票 1 810 000

【实例3-50】执行《小企业会计准则》的某企业为小规模纳税人,2021年5月5日,购入C材料一批,增值税专用发票上记载的货款为500 000元,增值税税额为65 000元,另外对方代垫包装费1 000元,全部款项已用转账支票付讫,材料已验收入库。该企业的账务处理如下:

借:原材料——C材料 566 000
　　贷:银行存款 566 000

(2)单先到,货后到

单(发票、款项结算凭证)到时,一般纳税人企业借记"在途物资""应交税费——应交增值税(进项税额)"科目,贷记"银行存款""其他货币资金"等科目。小规模纳税人企业借记"在途物资"科目,贷记"银行存款""其他货币资金"等科目。

货(收料单、入库单)到时,借记"原材料"科目,贷记"在途物资"科目。

【实例3-51】执行《小企业会计准则》的某企业为一般纳税人,2021年5月5日,购入原材料一批,取得的增值税专用发票上注明的原材料价款为20 000元,增值税税额为2 600元,发票等结算凭证已经收到,货款已通过银行转账支付,但材料尚未运到。该企业的账务处理如下:

借:在途物资 20 000
　　应交税费——应交增值税(进项税额) 2 600
　　贷:银行存款 22 600

上述材料验收入库时:

借:原材料 20 000
　　贷:在途物资 20 000

【实例 3-52】 执行《小企业会计准则》的某企业为小规模纳税人,2021 年 5 月 6 日,采用汇兑结算方式购入 F 材料一批,发票及账单已收到,增值税专用发票上记载的货款为 20 000 元,增值税税额为 2 600 元。支付保险费 1 000 元,材料尚未到达。该企业的账务处理如下:

借:在途物资——F 材料 23 600
　　贷:银行存款 23 600

【实例 3-53】 沿用【实例 3-52】,上述购入的 F 材料已收到,并已验收入库。该企业的账务处理如下:

借:原材料——F 材料 23 600
　　贷:在途物资——F 材料 23 600

(3)货先到,单后到

在货到单未到的情况下,企业应先进行明细账登记,不做账务处理,等单到后再做账。月末,如果单还未到,按暂估价入账时,借记"原材料"科目,贷记"应付账款——暂估应付账款"科目;下月初用红字冲销时,借记"原材料"(红字)科目,贷记"应付账款——暂估应付账款"(红字)科目;等单到后,做单货同到的账务处理。

【实例 3-54】 执行《小企业会计准则》的某企业为一般纳税人,2021 年 5 月 5 日,采用委托收款结算方式购入 H 材料一批,材料已验收入库,月末发票账单尚未收到,也无法确定其实际成本,暂估价值为 30 000 元。该企业的账务处理如下。

(1)收货时不做账,月末暂估入账:

借:原材料 30 000
　　贷:应付账款——暂估应付账款 30 000

(2)下月初用红字冲销:

借:原材料(红字) 30 000
　　贷:应付账款——暂估应付账款(红字) 30 000

(3)上述购入的 H 材料于次月收到发票账单,增值税专用发票上记载的货款为 31 000 元,增值税税额为 4 030 元,对方代垫保险费 2 000 元,已用银行存款付讫。该企业的账务处理如下:

借:原材料——H 材料 33 000
　　应交税费——应交增值税(进项税额) 4 030
　　贷:银行存款 37 030

（4）以预付货款的方式购货

预付货款时，借记"预付账款——××公司"科目，贷记"银行存款"科目。

材料入库、补付货款时，一般纳税人企业借记"原材料——××材料""应交税费——应交增值税（进项税额）"科目，贷记"预付账款——××公司""银行存款"科目。小规模纳税人企业借记"原材料——××材料"科目，贷记"预付账款——××公司""银行存款"科目。

【实例3-55】执行《小企业会计准则》的某企业为一般纳税人，2021年5月5日，与某钢厂签订购买J材料的购销合同，货款共计100 000元，合同中约定该企业需要向钢厂预付80%的货款，计80 000元，已通过汇兑方式汇出。该企业的账务处理如下：

借：预付账款——××钢厂　　　　　　　　　　　　　　　　　80 000
　　贷：银行存款　　　　　　　　　　　　　　　　　　　　　　80 000

【实例3-56】沿用【实例3-55】，收到该钢厂发运来的J材料，已验收入库。该批货物的货款为100 000元，增值税税额为13 000元，对方代垫包装费3 000元，所欠款项以银行存款付讫。材料入库时，该企业的账务处理如下：

借：原材料——J材料　　　　　　　　　　　　　　　　　　　103 000
　　应交税费——应交增值税（进项税额）　　　　　　　　　　　13 000
　　贷：预付账款——××钢厂　　　　　　　　　　　　　　　　80 000
　　　　银行存款　　　　　　　　　　　　　　　　　　　　　　36 000

3. 外购材料途中发生短缺与毁损的账务处理

（1）定额内损耗，计入材料成本。

（2）供应单位少发，可少付款（未付时）或要求退款（款已付）。

（3）若是运输部门的责任、保险公司赔偿或个人责任，短缺与毁损计入其他应收款。

（4）因自然灾害（非常损失）造成的损失，计入营业外支出。

企业需要查明原因才能进行处理的，应先通过"待处理财产损溢"科目核算，再转入相关账户。

【实例3-57】执行《小企业会计准则》的某企业为一般纳税人，2021年6月3日，购入乙材料4 000千克，单价50元，共计200 000元，增值税专用发票上注明增值税税额为26 000元，另发生外地运费5 000元（收到增值税普通发票，运费价税合计5 000元），款项已开出转账支票支付。2021年6月10日，材料验收入库时发现短少100千克，属于定额内损耗。该企业的账务处理如下：

(1) 2021年6月3日：

借：在途物资——乙材料		205 000
应交税费——应交增值税（进项税额）		26 000
贷：银行存款		231 000

(2) 2021年6月10日：

单位成本 =205 000÷3 900=52.56

借：原材料——乙材料		205 000
贷：在途物资——乙材料		205 000

3.14.3 实际成本核算下原材料发出的账务处理

1. 凭证

实际成本核算下原材料发出涉及的凭证包括领料单、限额领料单、发料凭证汇总表。

2. 原材料发出的账务处理

原材料发出的账务处理（谁用谁承担）为借记"生产成本——基本生产成本""生产成本——辅助生产成本""制造费用""管理费用"等科目，贷记"原材料"科目。

【**实例3-58**】执行《小企业会计准则》的某企业为一般纳税人，2021年5月，共发出价值300 000元（购进增值税税率为13%）的材料，其中基本车间生产产品耗用150 000元、一般耗用70 000元，辅助车间耗用30 000元，厂部耗用50 000元。该企业的账务处理如下：

借：生产成本——基本生产成本	150 000
——辅助生产成本	70 000
制造费用	30 000
管理费用	50 000
贷：原材料	300 000

3.14.4 计划成本核算下原材料采购及入库的账务处理

原材料按计划成本核算，本质上还是实际成本，将实际成本分为计划成本和差异两部分。

采购时，按实际成本付款，记入"材料采购"借方；验收入库时，按计划成本记入"原材料"的借方；同时结转，或期末结转验收入库材料形成的材料成本差异，超支差记入"材料成本差异"的借方,节约差记入"材料成本差异"的贷方。

1. 凭证

计划成本核算下原材料采购及入库涉及的凭证包括:

(1)发票(增值税专用发票、普通发票);

(2)款项结算凭证(支票、商业汇票、银行本票等);

(3)收料单、收料凭证汇总表。

2. 原材料采购及入库的账务处理

(1)单先到,货后到

单(发票、款项结算凭证)到时,一般纳税人企业借记"材料采购"(实际成本)"应交税费——应交增值税(进项税额)"科目,贷记"银行存款"等科目。小规模纳税人企业借记"材料采购"(实际成本)科目,贷记"银行存款"等科目。

计划成本 = 实际入库数量 × 材料计划单位成本
入库材料成本差异 = 入库材料实际成本 − 入库材料计划成本

货(收料单、入库单)到后分以下两种情况处理。

第一种情况:入库材料的实际成本大于计划成本(超支),借记"原材料(计划)""材料成本差异(超支)"科目,贷记"材料采购(实际)"科目。

第二种情况:入库材料的实际成本小于计划成本(节约),借记"原材料(计划)"科目,贷记"材料采购(实际)""材料成本差异(节约)"科目。

【实例3-59】执行《小企业会计准则》的某企业为一般纳税人,2021年5月7日,购入L材料一批,专用发票上记载的货款为3 000 000元,增值税税额为390 000元,发票账单已收到。全部款项以银行存款支付。该企业的账务处理如下。

借:材料采购——L材料	3 000 000
应交税费——应交增值税(进项税额)	390 000
贷:银行存款	3 390 000

上述L材料验收入库,计划成本为3 200 000元。

借:原材料——L材料	3 200 000
贷:材料成本差异	200 000
材料采购——L材料	3 000 000

(2)单货同时到

一般纳税人企业借记"材料采购(实际)""应交税费——应交增值税(进项税额)"科目,贷记"银行存款"等科目;借记"原材料(计划)"科目,贷记"材料成本差异(节约)""材料采购(实际)"科目。

(3)货先到,单后到

平时货到后不做账务处理;月末,如果单还未到,按计划价暂估入账,借记"原材料"科目,贷记"应付账款"科目;下月初,借记"原材料(红字)"科目,贷记"应付账款(红字)"科目。

等单到后,做单货同到的账务处理。

【实例3-60】执行《小企业会计准则》的某企业为一般纳税人,采用计划成本进行原材料的核算。2021年5月初,原材料账面计划成本300 000元,"材料成本差异"科目借方余额15 000元,本月发生的相关经济业务及账务处理如下。

(1)5月7日购入原材料一批,买价130 000元,增值税进项税额16 900元,对方代垫运杂费9 000元(收到增值税普通发票,运杂费价税合计9 000元),款项用银行存款支付:

借:材料采购　　　　　　　　　　　　　　　　　　　　　　　139 000
　　应交税费——应交增值税(进项税额)　　　　　　　　　　　 16 900
　　贷:银行存款　　　　　　　　　　　　　　　　　　　　　　155 900

(2)5月7日购入的材料计划成本138 000元,材料已验收入库,结转入库材料的成本差异:

入库材料的成本差异=139 000–138 000=1 000(元)(超支)

借:原材料　　　　　　　　　　　　　　　　　　　　　　　　138 000
　　材料成本差异　　　　　　　　　　　　　　　　　　　　　　 1 000
　　贷:材料采购　　　　　　　　　　　　　　　　　　　　　　139 000

(3)5月20日购入材料一批,材料已经运到并验收入库,但发票账单未到,货款尚未支付。材料计划成本56 000元,5月31日发票仍未到:

借:原材料　　　　　　　　　　　　　　　　　　　　　　　　 56 000
　　贷:应付账款　　　　　　　　　　　　　　　　　　　　　　 56 000

(4)本月领用材料计划成本390 000元,其中,生产领用250 000元,车间管理部门领用40 000元,行政管理部门领用100 000元。要求计算本月材料成本差异率及本月领

用原材料分摊的成本差异,并编制会计分录:

借:生产成本 250 000
　　制造费用 40 000
　　管理费用 100 000
　贷:原材料 390 000

材料成本差异率=(15 000+1 000)÷(138 000+300 000)=3.65%(超支)

本月发出材料负担的成本差异=390 000×3.65%=14 235(元)

借:生产成本 (250 000×3.65%)9 125
　　制造费用 (40 000×3.65%)1 460
　　管理费用 (100 000×3.65%)3 650
　贷:材料成本差异 14 235

【实例 3-61】 执行《小企业会计准则》的某企业为一般纳税人,材料按计划成本核算。2021 年 5 月 3 日,购入甲材料 500 千克,增值税专用发票上注明的材料款为 17 600 元,增值税税额为 2 288 元。甲材料计划成本为每千克 35 元。5 月 5 日,甲材料验收入库,入库时企业实收 490 千克,短缺 10 千克为运输途中定额损耗。材料成本差异计算如下:

材料成本差异=实际成本–计划成本=17 600–490×35=450(元)(超支差)

注意:运输途中的合理损耗应计入材料实际总成本。

若短缺 10 千克为运输途中丢失,则:

材料成本差异=实际成本–计划成本=17 600–17 600÷500×10–490×35=98(元)(超支差)

3.14.5 计划成本核算下原材料发出的账务处理

1. 凭证

计划成本核算下原材料发出涉及的凭证包括领料单、限额领料单、发料凭证汇总表。

2. 原材料发出的账务处理

(1)按计划成本发出

按计划成本发出,借记"生产成本——基本生产成本""生产成本——辅助生产成本""制造费用""管理费用""销售费用"等科目,贷记"原材料(计划)"科目。

（2）结转发出材料应负担的成本差异

出现超支差时，借记"生产成本——基本生产成本""生产成本——辅助生产成本""制造费用""管理费用""销售费用"等科目，贷记"材料成本差异"科目；出现节约差时，做相反分录。

【实例 3-62】执行《小企业会计准则》的某企业为一般纳税人，2021 年 5 月，原材料月初结存节约差异 1 000 元，月初结存计划成本 50 000 元；本月收入超支差为 100 元，本月收入计划成本 40 000 元。本月发出原材料的计划成本共计 39 000 元，其中生产产品领用 34 000 元，车间一般耗用 1 500 元，管理部门领用 3 000 元，销售部门领用 500 元。该企业的账务处理如下：

```
借：生产成本                                34 000
    制造费用                                 1 500
    管理费用                                 3 000
    销售费用                                   500
  贷：原材料                                39 000
```

承担 1% 的节约差异：

节约差异率 =（节约差异 - 超支差）÷（结存计划成本 + 收入计划成本）

＝（1 000-100）÷（50 000+40 000）× 100%=1%

```
借：材料成本差异                               390
  贷：生产成本                                  340
      制造费用                                   15
      管理费用                                   30
      销售费用                                    5
```

3.14.6 自制、委托加工、投资者投入原材料收进的账务处理

1. 自制原材料收进的账务处理

自制原材料成本包括直接材料、直接人工及按照一定方法分配的制造费用。自制并已验收入库的材料，按照实际成本，借记"原材料"、贷记"生产成本"科目。

【实例 3-63】执行《小企业会计准则》的某企业为一般纳税人，2021 年 5 月 5 日仓库转来材料入库单，自制乙材料一批已验收入库，实际成本额为 50 000 元。该企业的账务处理如下：

借：原材料——乙材料　　　　　　　　　　　　　　　　　　　　50 000
　　贷：生产成本　　　　　　　　　　　　　　　　　　　　　　　　50 000

2. 委托加工存货收进的核算

【**实例 3-64**】执行《小企业会计准则》的某企业为一般纳税人，2021 年 5 月 19 日，委托外单位加工的一批丙材料已加工完毕并验收入库，该批材料的实际加工成本为 58 000 元。该企业的账务处理如下：

借：原材料　　　　　　　　　　　　　　　　　　　　　　　　　58 000
　　贷：委托加工物资　　　　　　　　　　　　　　　　　　　　　58 000

3. 投资者投入原材料收进的账务处理

投资者投入的存货、固定资产或无形资产都应当按照评估价值确定其成本，借记"原材料"科目；按增值税专用发票上注明的增值税税额，借记"应交税费——应交增值税（进项税额）"科目；按占被投资方股权总额的比例，贷记"实收资本"科目；按借贷双方的差额，贷记"资本公积"科目。

【**实例 3-65**】执行《小企业会计准则》的某企业为一般纳税人，2021 年 5 月 10 日，在增资过程中，吸收后来的投资人以原材料入股，取得投资人开来的增值税专用发票，内列材料款 400 000 元，增值税税额 52 000 元。但投资双方的评估确认价为 420 000 元。该企业的账务处理如下：

借：原材料　　　　　　　　　　　　　　　　　　　　　　　　　400 000
　　应交税费——应交增值税（进项税额）　　　　　　　　　　　　52 000
　　贷：实收资本　　　　　　　　　　　　　　　　　　　　　　　420 000
　　　　资本公积——资本溢价　　　　　　　　　　　　　　　　　　32 000

3.14.7 原材料清查及其结果的账务处理

1. 原材料清查

企业需要通过原材料清查对原材料的盘亏、毁损、盘盈、积压等情况进行账务处理。

2. 原材料盘盈、盘亏的账务处理

原材料验收入库时发现短缺毁损，应根据不同情况分别做出账务处理：应向供应单位、运输机构等收回的材料短缺或其他应冲减材料采购成本的赔偿款项，需要根据有关的索赔凭证，借记"预付账款"或"其他应收款"科目，贷记"材料采购"科目；因自然灾害等发生的损失和尚待查明原因的途中损耗，先记入"待处理财产损溢"科目，查明原因后再做处理。

【实例 3-66】执行《小企业会计准则》的某企业为一般纳税人，2021 年 5 月 31 日，盘点发现原材料溢余 200 元，报批处理同时调整账面价值。该企业的账务处理如下：

借：原材料　　　　　　　　　　　　　　　　　　　　　　　200
　　贷：待处理财产损溢——待处理流动资产损溢　　　　　　　　　200

按照规定程序批准转销时：

借：待处理财产损溢——待处理流动资产损溢　　　　　　　　　　200
　　贷：管理费用　　　　　　　　　　　　　　　　　　　　　　　200

3.15　1404 材料成本差异

3.15.1　材料成本差异概述

材料成本差异是指企业采用计划成本法进行日常核算时，材料的实际成本与计划成本的差异。

1. 材料成本差异的科目设置

"材料成本差异"科目主要用于核算企业按计划价格对材料日常收发进行计价时，材料的实际成本与计划成本的差异，属于材料科目的调整科目。本科目的借方登记材料实际成本大于计划价格成本的超支额，贷方登记材料实际成本小于计划价格成本的节约额。

2. 差异认定

实际成本大于计划价格成本为超支；实际成本小于计划价格成本为节约。发出耗用材料所应负担的成本差异，应从"材料成本差异"科目的贷方转入各有关生产费用科目，超支额用蓝字结转，节约额用红字结转。

3. 计算公式

材料成本差异的计算公式为：

$$\text{材料成本差异} = \text{实际成本} - \text{计划成本}$$

差为正数，表示实际成本大，称为"超支差"；差为负数，表示实际成本小，称为

"节约差"。在发出材料时,先结转计划成本,再调整为实际成本。

材料成本差异率 =(月初结存材料成本差异 + 本月收入材料成本差异)÷(月初结存材料的计划成本 + 本月收入材料的计划成本)× 100%

3.15.2 材料成本差异的账务处理

1. 入库材料发生的材料成本差异

企业入库材料发生的材料成本差异,实际成本大于计划成本的部分,借记"材料成本差异"科目,贷记"材料采购"科目;实际成本小于计划成本的部分,做相反的会计分录。调整材料计划成本时,调整的金额应自"原材料"等科目转入本科目:调整减少计划成本的金额,记入"材料成本差异"科目的借方;调整增加计划成本的金额,记入"材料成本差异"科目的贷方。

2. 结转发出材料应负担的超支材料成本差异

结转发出材料应负担的超支材料成本差异,借记"生产成本""管理费用""销售费用""委托加工物资""其他业务成本"等科目,贷记"材料成本差异"科目;实际成本小于计划成本的差异,做相反的会计分录。

【实例3-67】执行《小企业会计准则》的某企业为一般纳税人,2021年5月4日,发出木料100立方米,加工包装用的木箱,木料计划成本为1 000元/立方米。材料成本差异率为 –1%,往返运杂费1 500元、加工费3 000元、增值税进项税额390元均以银行存款支付。加工木箱1 000只,每只计划成本为102元,现已完成并验收入库。该企业的账务处理如下。

(1)发出材料时:

借:委托加工物资　　　　　　　　　　　　　　　　　　99 000
　　材料成本差异　　　　　　　　　　　　　　　　　　 1 000
　贷:原材料　　　　　　　　　　　　　　　　　　　　100 000

(2)支付运杂费、加工费时:

借:委托加工物资——木箱　　　　　　　　　　　　　　 4 500
　　应交税费——应交增值税(进项税额)　　　　　　　　 390
　贷:银行存款　　　　　　　　　　　　　　　　　　　　4 890

(3)包装物结转入库(超支)时:

借：周转材料——包装物	（计划成本）102 000
材料成本差异	1 500
贷：委托加工物资——木箱	（实际成本）103 500

3.16 1405 库存商品

3.16.1 库存商品概述

库存商品是指企业外购或委托加工完成并已验收入库，用于销售的各种商品。

1. 库存商品的科目设置

"库存商品"科目用于核算企业库存的各种商品的实际成本或售价。本科目借方登记验收入库商品的实际成本，贷方登记发出商品的实际成本。期末借方余额，反映企业库存商品的实际成本或售价。

"库存商品"科目应按照库存商品的种类、品种和规格等进行明细核算。如商品品种较多，还可以按商品大类分户，设置库存商品二级账，分大类进行核算。

2. "库存商品"科目的核算范围

库存商品包括库存产成品、外购商品、存放在门市部准备出售的商品、发出展览的商品以及寄存在外的商品等。库存商品在工业企业中主要指产成品，在商品流通企业中主要指外购或委托加工并验收入库准备销售的各种商品。

企业接受来料加工制造的代制品和为外单位加工修理的代修品，在制造和修理完成验收入库后，视同企业的产成品，也通过本科目核算；可以降价出售的不合格品，也在本科目核算，但应与合格产品分开记账。

注意

> "库存商品"科目的核算范围不包括已经完成销售手续，但购买单位在月末未提取的库存产成品，其应作为代管产品处理，单独设置代管产品备查簿，不再在本科目核算；企业（农、林、牧、渔业）可将本科目改为"农产品"科目；企业（批发业、零售业）在购买商品过程中发生的费用（如运输费、装卸费、包装费、保险费、运输途中的合理损耗和入库前的挑选整理费等），在"销售费用"科目核算，不在本科目核算。

3.16.2 工业企业库存商品的账务处理

工业企业的库存商品主要是指产成品,即企业内已完成全部生产过程、按规定标准检验合格、可供销售的产品。如上述所讲,企业接受来料加工制造的代制品和为外单位加工修理的代修品,在制造和修理完成验收入库后,也视同企业的产成品。

1. 产成品入库

工业企业的产成品一般应按实际成本进行核算,企业生产的产成品的入库和出库,平时只记数量不记金额,月度终了,计算生产完工验收入库产成品的实际成本。生产完成验收入库的产成品,按照其实际成本,借记"库存商品"科目,贷记"生产成本"等科目。

2. 销售产成品

对外销售产成品,借记"主营业务成本"科目,贷记"库存商品"科目。

【实例3-68】执行《小企业会计准则》的某企业,2021年3月7日验收入库A产品100件,实际每件成本3 000元;B产品150件,实际每件成本4 000元。当月实现销售A产品50件,B产品120件。月末结转成本。该企业的账务处理如下。

(1) 2021年3月7日产成品验收入库:

借:库存商品——A产品　　　　　　　　　　　　　　　　300 000
　　　　　　——B产品　　　　　　　　　　　　　　　　600 000
　　贷:生产成本　　　　　　　　　　　　　　　　　　　900 000

(2) 2021年3月31日结转成本:

借:主营业务成本　　　　　　　　　　　　　　　　　　 630 000
　　贷:库存商品——A产品　　　　　　　　　　　　　　 150 000
　　　　　　——B产品　　　　　　　　　　　　　　　　480 000

企业一般按照实际成本法核算产品成本,对发出的产成品,可以采用先进先出法、加权平均法、个别计价法等方法确定其实际成本(与材料的发出计价方法相同)。产成品的核算方法一经确定,不得随意变更;如需变更,应在附注中予以说明。

3.16.3 商品流通企业库存商品的账务处理

商品流通企业的库存商品主要是指外购或者委托加工完成验收入库,用于销售的各种商品。商品流通企业的业务经营分为购进和销售两大阶段,相关账务处理如下。

1. 购入商品验收入库

购入商品到达并验收入库后,应按照商品的实际成本或售价,借记"库存商品"科目,贷记"库存现金""银行存款""在途物资"等科目。涉及增值税进项税额的,还应进行相应的处理。按照售价与进价之间的差额,贷记"商品进销差价"科目。

购入的商品已经到达并已验收入库,但尚未办理结算手续的,可按照暂估价值入账,借记"库存商品"科目,贷记"应付账款——暂估应付账款"科目;下月初用红字做同样的会计分录予以冲回,以便下月收到发票账单等结算凭证时,按照正常程序进行账务处理。

2. 结转销售成本

对外销售商品结转销售成本或售价,借记"主营业务成本"科目,贷记"库存商品"科目。

3. 月末分摊已销商品的进销差价

月末,分摊已销商品的进销差价,借记"商品进销差价"科目,贷记"主营业务成本"科目。

销售商品应分摊的商品进销差价公式为:

(1) 商品进销差价率=(期初库存商品进销差价+本期购入商品进销差价)÷(期初库存商品售价+本期购入商品售价)×100%

(2) 本期销售商品应分摊的商品进销差价=本期商品销售收入×商品进销差价率

(3) 本期销售商品的成本=本期商品销售收入-本期已销售商品应分摊的商品进销差价

(4) 期末结存商品的成本=期初库存商品的进价成本+本期购进商品的进价成本-本期销售商品的成本

【实例3-69】执行《小企业会计准则》的某企业,2021年5月购入一批商品共10万件,每件成本50元,计划每件商品按70元的价格对外销售。该企业采用售价日常核算商品售价与进价之间的差额。本月月初库存商品的进价成本为450万元,售价总额为620万元,本月销售收入为280万元。账务处理如下。

(1) 购入商品时:

借:库存商品 7 000 000

贷:银行存款 5 000 000

商品进销差价		2 000 000

（2）月末分摊商品进销差价：

商品进销差价率 =[200+（620–450）]÷（700+620）×100%=28.03%

已销商品应分摊的商品进销差价 =280×28.03%=78.48（万元）

借：商品进销差价　　　　　　　　　　　　　　　　　　　784 800

　　贷：主营业务成本　　　　　　　　　　　　　　　　　784 800

3.17　1407 商品进销差价

3.17.1　商品进销差价概述

1. 商品进销差价的科目设置

"商品进销差价"科目主要用于核算企业采用售价进行日常核算的商品售价与进价之间的差额。本科目期末贷方余额，反映企业库存商品的商品进销差价。商品进销差价余额为贷方红字，反映多分摊的商品进销差价。

"商品进销差价"科目可按照库存商品的种类、品种和规格等进行明细核算。

2. 特殊说明

"商品进销差价"属于"库存商品"的备抵科目，类似材料成本差异。区别在于一个是商品流通企业，一个是工业企业。由于收入和成本都是售价反映，没有利润，所以用商品进销差价账户（毛利）调主营业务成本，调为进价成本，即主营业务成本是根据商品进销差价率来计算调整为实际成本的。

3.17.2　商品进销差价的账务处理

1. 购入、加工收回及销售退回等增加的库存商品

企业购入、加工收回及销售退回等增加的库存商品，按商品售价，借记"库存商品"科目；按商品进价，贷记"银行存款""委托加工物资"等科目，按售价与进价之间的差额，贷记"商品进销差价"科目。

【实例 3-70】执行《小企业会计准则》的某企业为一般纳税人，2021 年 5 月 4 日购入一批商品，进价为 70 000 元，售价为 100 000 元，增值税税率为 13%，货款已支付，商品已验收入库。该企业采用售价核算库存商品，相关账务处理如下：

  借：库存商品   100 000
    应交税费——应交增值税（进项税额）   9 100
    贷：银行存款   79 100
      商品进销差价   30 000

【实例3-71】执行《小企业会计准则》的某企业为一般纳税人，采用售价进行日常核算。2021年5月3日，采用托收承付方式销售商品一批给乙公司，开具的增值税专用发票上注明的货款为1 200 000元，税额为156 000元，货已发出，该批货物成本为1 000 000元。假设当月该批货物因质量不符合要求被全部退回，则相关账务处理如下。

（1）销售商品时：

  借：应收账款——乙公司   1 356 000
    贷：主营业务收入   1 200 000
      应交税费——应交增值税（销项税额）   156 000

同时，结转该批商品成本：

  借：主营业务成本   1 000 000
    商品进销差价   200 000
    贷：库存商品   1 200 000

（2）发生退回时，应同时冲减"主营业务收入"与"主营业务成本"：

  借：应收账款——乙公司（红字）   1 356 000
    贷：主营业务收入（红字）   1 200 000
      应交税费——应交增值税（销项税额）（红字） 156 000
  借：主营业务成本（红字）   1 000 000
    商品进销差价（红字）   200 000
    贷：库存商品（红字）   1 200 000

2. 月末分摊已销商品的进销差价

月末分摊已销商品的进销差价，借记"商品进销差价"科目，贷记"主营业务成本"科目。销售商品应分摊的商品进销差价，按以下公式计算：

本月销售商品应分摊的商品进销差价 = 本月"主营业务收入"科目贷方发生额 × 商品进销差价率

企业的商品进销差价率各月之间比较均衡的，也可以采用上月商品进销差价率计算分摊本月的商品进销差价。年度终了，应对商品进销差价进行复核调整。

【**实例 3-72**】执行《小企业会计准则》的某企业为一般纳税人，采用售价法进行库存商品的日常核算。2021年3月末的库存商品余额为10 000元，委托代销商品的余额为5 000元，发出商品的余额为8 000元，主营业务收入的贷方余额为50 000元，分摊前的商品进销差价的余额为10 950元。计算3月销售商品应分摊的商品进销差价，并做相应的账务处理。

商品进销差价率 =10 950÷（10 000+5 000+8 000+50 000）×100%=15%

3月销售商品应分摊的商品进销差价 =50 000×15%=7 500（元）

借：商品进销差价　　　　　　　　　　　　　　　　　　　　　　7 500

　　贷：主营业务成本　　　　　　　　　　　　　　　　　　　　7 500

3.18　1408 委托加工物资

3.18.1　委托加工物资概述

1. 委托加工物资的科目设置

"委托加工物资"科目用于核算企业委托外单位加工的各种材料、商品等物资的实际成本。该科目借方登记领用加工物资的实际成本、支付的加工费用应负担的运杂费及支付的税金（包括应负担的增值税）。贷方登记已加工完成并验收入库的物资的实际成本。期末余额在借方，反映企业委托外单位加工的尚未完成物资的实际成本。

"委托加工物资"科目应按照加工合同、受托加工单位及加工物资的品种等进行明细核算。

2. 委托加工物资的成本

委托加工物资的成本包括加工中实际耗用物资的成本，支付的加工费及往返的运杂费和保险费等，以及支付的税金（包括委托加工物资应负担的不可抵扣的增值税和应负担的消费税）。

3. 委托加工物资关于增值税、消费税的处理

（1）委托加工物资应负担的增值税，凡属加工物资用于应交增值税项目并取得了增值税专用发票的一般纳税企业，其加工物资所应负担的增值税可作为进项税，不计入加工物资成本。

（2）凡属于加工物资用于非纳增值税项目、免征增值税项目、未取得增值税专用发票的一般及小规模纳税企业的加工物资，应将这部分增值税计入加工物资成本。

（3）委托加工物资应负担的消费税，凡属加工物资收回后直接用于销售的，其所负担的消费税应计入加工物资成本。

（4）如果收回的加工物资用于连续生产的，应将所负担的消费税先记入"应交税费——应交消费税"科目的借方，按规定用以抵扣加工的消费品销售后所负担的消费税。

3.18.2 委托加工物资的账务处理

1. 拨付委托加工物资

企业发给外单位加工的物资，按照实际成本，借记"委托加工物资"科目，贷记"原材料""库存商品"等科目；按照计划成本或售价核算的，还应同时结转材料成本差异或商品进销差价，借记"委托加工物资"科目，贷记"商品进销差价"科目；实际成本小于计划成本的差异，做相反的会计分录。

2. 支付加工费、运杂费等

企业支付加工费、运杂费，应借记"委托加工物资"科目，贷记"银行存款"等科目；需要缴纳消费税的委托加工物资，由受托方代收代缴的消费税，借记"委托加工物资"科目（收回后用于直接销售的）或"应交税费——应交消费税"科目（收回后用于继续加工的），贷记"应付账款""银行存款"等科目。

3. 加工完成收回加工物资

加工完成并验收入库的物资和剩余的物资，按照加工收回物资的实际成本和剩余物资的实际成本，借记"原材料""库存商品"等科目，贷记"委托加工物资"科目。采用计划成本或售价核算的，按照计划成本或售价，借记"原材料"或"库存商品"科目，按照实际成本，贷记"委托加工物资"科目，按照实际成本与计划成本或售价之间的差额，借记或贷记"材料成本差异"或贷记"商品进销差价"科目。采用计划成本或售价核算的，也可以采用上月材料成本差异率或商品进销差价率计算分摊本月应分摊的材料成本差异或商品进销差价。

【实例 3-73】执行《小企业会计准则》的某企业为一般纳税人，委托 A 公司加工一批高档化妆品，属于消费税应税消费品，税率为15%，共计10 000件，每件计划成本1 000元。2021年5月5日，发出一批材料，计划成本6 000 000元，材料成本差异率为–5%。5月12日，支付商品加工费共计300 000元，支付应当缴纳的消费税1 058 824元，该商品收回后计划用于继续加工。5月15日，用银行存款支付运杂费4 000元。5月20日，上述商品10 000件加工完毕，验收入库。该企业的账务处理如下。

应缴纳消费税的组成计税额 =（6 000 000–6 000 000×5%+300 000）÷（1–15%）
=7 058 824（元）

代收代缴（受托方）的消费税 =7 058 824×15%=1 058 824（元）

（1）2021年5月5日，发出委托加工材料：

借：委托加工物资　　　　　　　　　　　　　　　　　　　　　　6 000 000
　　贷：原材料　　　　　　　　　　　　　　　　　　　　　　　　6 000 000
借：材料成本差异　　　　　　　　　　　　　　　　　　　　　　　300 000
　　贷：委托加工物资　　　　　　　　　　　　　　　　　　　　　　300 000

（2）2021年5月12日，支付加工费：

借：委托加工物资　　　　　　　　　　　　　　　　　　　　　　　300 000
　　应交税费——应交消费税　　　　　　　　　　　　　　　　　　1 058 824
　　　　　　——应交增值税（进项税额）　　　　　　　　　　　　　　39 000
　　贷：银行存款　　　　　　　　　　　　　　　　　　　　　　　1 397 824

（3）2021年5月15日，支付运杂费：

借：委托加工物资　　　　　　　　　　　　　　　　　　　　　　　　4 000
　　贷：银行存款　　　　　　　　　　　　　　　　　　　　　　　　　4 000

（4）2021年5月20日，商品验收入库：

借：库存商品　　　　　　　　　　　　　　　　　　　　　　　　10 000 000
　　贷：委托加工物资　　　　　　　　　　　　　　　　　　　　　6 004 000
　　　　商品进销差价　　　　　　　　　　　　　　　　　　　　　3 996 000

【实例3-74】执行《小企业会计准则》的某企业为一般纳税人，2021年5月，将一批原材料委托外单位代加工H产品（属于应税消费品），消费税税率为5%，发出原材料的计划成本为100 000元，该月材料成本差异率为1%，用银行存款支付加工费用10 000元，支付应缴纳的消费税5 842元和取得的增值税发票上注明的增值税税额1 300元。加工完毕后验收入库，成本为115 000元（H产品收回后用于连续生产）。该企业的账务处理如下。

（1）领用加工物资时：

借：委托加工物资　　　　　　　　　　　　　　　　　　（实际成本）101 000
　　贷：原材料　　　　　　　　　　　　　　　　　　　　（计划成本）100 000
　　　　材料成本差异　　　　　　　　　　　　　　　　　　　　　　　 1 000

（2）支付加工费（委托加工应税消费品加工收回后用于连续生产）：

借：委托加工物资　　　　　　　　　　　　　　　　　　　　　　　　 10 000
　　应交税费——应交增值税（进项税额）　　　　　　　　　　　　　 1 300
　　　　　　——应交消费税　　　　　　　　　　　　　　　　　　　 5 842
　　贷：银行存款　　　　　　　　　　　　　　　　　　　　　　　　17 142

（3）加工完成后验收入库：

借：库存商品——H产品　　　　　　　　　　　　　　　　　　　　　115 000
　　贷：委托加工物资　　　　　　　　　　　　　　　　　　　　　　111 000
　　　　材料成本差异　　　　　　　　　　　　　　　　　　　　　　　4 000

3.19　1411 周转材料

周转材料是企业能够多次使用，不符合固定资产定义，逐渐转移其价值但仍保持原有形态的材料物品。

3.19.1　周转材料概述

1. 周转材料的账户设置

"周转材料"科目主要用于核算企业库存的周转材料的实际成本或计划成本。本科目期末借方余额，反映企业在库、出租、出借周转材料的计划成本或实际成本及在用周转材料的摊余价值。

"周转材料"科目应按照周转材料的种类，分别按"在库""在用""摊销"进行明细核算。企业的包装物、低值易耗品也可以单独设置"包装物""低值易耗品"科目。包装物数量不多的企业，也可以不设置本科目，将包装物并入"原材料"科目核算。

2. 周转材料的内容

周转材料包括包装物、低值易耗品及企业（建筑业）的钢模板、木模板、脚手架等。其中，包装物是指为了包装本企业商品而储备的各种包装容器，如桶、箱、瓶、坛、袋等；低值易耗品是指不符合固定资产确认条件的各种用具物品，如工具、管理用具、玻璃器皿、劳动保护用品及在经营过程中周转使用的容器等。

各种包装材料，如纸、绳、铁丝、铁皮等，应在"原材料"科目内核算；用于储存和保管产品、材料而不对外出售的包装物，应按照价值大小和使用年限长短，分别在"固定资产"科目或本科目核算。

3. 周转材料的摊销方法

（1）一次转销法

一次摊销法是指在领用周转材料时，将其账面价值一次计入有关成本费用的方法。对于企业周转材料，一般采用一次转销法进行会计处理，在领用时按其成本计入生产成本或当期损益。出租或出借周转材料，虽不需要结转其成本，但应当进行备查登记。

（2）分次摊销法

分次摊销法是指根据周转材料可供使用的估计次数，将其成本分期计入有关成本费用的一种摊销方法。金额较大的周转材料，企业可以根据其可使用的次数，按照受益对象平均计入生产成本或当期损益，而不是在领用时一次性结转成本。至于"金额较大"的标准，由企业根据实际情况自行确定，但是一经确定，在同一会计年度的各月和前后各年度不得随意变更。

3.19.2 周转材料——包装物的账务处理

"周转材料——包装物"科目主要用于反映和监督包装物的增减变动及结存等情况。"周转材料——包装物"是资产类科目，借方登记包装物的增加额，贷方登记包装物的减少额，期末余额一般在借方，反映企业期末结存包装物的金额。包装物涉及的内容如下：

（1）生产过程中用于包装产品，作为产品组成部分的包装物；

（2）随同商品出售而不单独计价的包装物；

（3）随同商品出售单独计价的包装物；

（4）出租（其他业务）或出借（促销）给购买单位使用的包装物。

1. 生产领用的包装物

对于生产领用的包装物，应根据领用包装物的实际成本或计划成本进行相应的核算。借方科目应根据谁受益、谁承担的原则进行确认。

（1）采用实际成本核算的情况下，借记"生产成本"科目，贷记"周转材料——包装物"科目。

（2）采用计划成本核算的情况下，借记"生产成本"（实际成本）科目，贷记"周转材料——包装物（计划成本）""材料成本差异（或借或贷）"科目。

【实例3-75】执行《小企业会计准则》的某企业，生产车间领用包装物一批，账面价值为2 000元，采用一次转销法进行核算。该企业的账务处理如下：

借：生产成本　　　　　　　　　　　　　　　　　　　　　　　　　2 000
　　贷：周转材料——包装物　　　　　　　　　　　　　　　　　　　2 000

2. 随同商品出售而不单独计价的包装物

随同商品出售而不单独计价的包装物，应于发出时，按其实际成本计入销售费用。

（1）采用实际成本核算的情况下，借记"销售费用"科目，贷记"周转材料——包装物"科目。

（2）采用计划成本核算的情况下，借记"销售费用（实际成本）"科目，贷记"周转材料——包装物（计划成本）""材料成本差异（或借或贷）"科目。

3. 随同商品出售而单独计价的包装物

随同商品出售而单独计价的包装物，一方面应反映销售收入，另一方面应反映其实际成本。

（1）收到款项，借记"银行存款""应收账款""应收票据"科目，贷记"其他业务收入""应交税费——应交增值税（销项税额）"科目。

（2）结转成本时，相关账务处理如下：

采用实际成本核算的情况下，借记"其他业务成本"科目，贷记"周转材料——包装物"科目；

采用计划成本核算的情况下，借记"其他业务成本（实际成本）"科目，贷记"周转材料——包装物（计划成本）""材料成本差异（或借或贷）"科目。

4. 出租给购买单位使用的包装物

（1）出租包装物的发出，借记"周转材料——包装物——出租包装物"科目，贷记

"周转材料——包装物——库存包装物"科目。

（2）出租包装物的租金，借记"库存现金""银行存款"等科目，贷记"其他应付款——存入保证金（出借）"科目。

（3）出租包装物发生的相关费用的账务处理如下：

①摊销支出，借记"其他业务成本（出租包装物）"科目，贷记"周转材料——包装物——包装物摊销""材料成本差异"科目（或借或贷，计划成本核算时会涉及）；

②维修支出，借记"其他业务成本（出租包装物）"科目，贷记"银行存款""库存现金""原材料""应付职工薪酬"科目。

5. 出借给购买单位使用的包装物

（1）出借包装物的发出，借记"周转材料——包装物——出借包装物"科目，贷记"周转材料——包装物——库存包装物"科目。

（2）出借包装物的押金，借记"库存现金""银行存款"等科目，贷记"其他应付款——存入保证金（出借）"科目。

（3）出借包装物发生的相关费用的账务处理如下：

①摊销支出，借记"销售费用（出借包装物）"科目，贷记"周转材料——包装物——包装物摊销""材料成本差异"科目（或借或贷，计划成本核算时会涉及）；

②维修支出，借记"销售费用（出借包装物）"科目，贷记"银行存款""库存现金""原材料""应付职工薪酬"科目。

【实例3-76】执行《小企业会计准则》的某企业为一般纳税人，2021年5月4日，向A企业出售一批成本为120 000元的商品，并随同商品出售成本为5 000元的包装物，包装物不单独计价。商品实际价款为135 000元，增值税税率为13%，销项税额为17 550元，货款和税额尚未收到。该企业的账务处理如下：

借：应收账款　　　　　　　　　　　　　　　　　152 550
　　贷：主营业务收入　　　　　　　　　　　　　135 000
　　　　应交税费——应交增值税（销项税额）　　 17 550
借：主营业务成本　　　　　　　　　　　　　　　120 000
　　贷：库存商品　　　　　　　　　　　　　　　120 000
借：销售费用　　　　　　　　　　　　　　　　　 5 000
　　贷：周转材料——包装物　　　　　　　　　　 5 000

注意：如果是多次使用的包装物，应当根据使用次数进行摊销。

3.19.3 周转材料——低值易耗品的账务处理

"周转材料——低值易耗品"科目主要用于反映和监督低值易耗品的增减变动及结存情况。"周转材料——低值易耗品"是资产类科目,借方登记低值易耗品的增加额,贷方登记低值易耗品的减少额,期末余额在借方,反映企业期末结存低值易耗品的金额。

低值易耗品包括一般工具、专用工具、替代设备、管理用具、劳保用品和其他用具等。

1. 低值易耗品领用

企业在领用低值易耗品时,可以采用一次转销法和分次转销法进行核算。

(1) 针对金额较小的低值易耗品,企业可以采用一次转销法,即在领用时,将金额较小的低值易耗品一次性计入成本费用,以简化核算,同时应在备查簿中进行登记。

(2) 对于可供多次反复使用的低值易耗品,企业就要采用分次转销法进行核算。

在采用分次转销法的情况下,企业需要单独设置"周转材料——低值易耗品——在用""周转材料——低值易耗品——在库""周转材料——低值易耗品——摊销"等明细科目。

2. 周转材料——低值易耗品的账务处理

在领用低值易耗品时,借记"周转材料——低值易耗品——在用"科目,贷记"周转材料——低值易耗品——在库"科目。

在摊销低值易耗品的价值,确认相关成本费用时,借记"制造费用""销售费用"等科目,贷记"周转材料——低值易耗品——摊销"科目。

最后一次摊销低值易耗品的价值,确认相关成本费用时,借记"制造费用""销售费用"等科目,贷记"周转材料——低值易耗品——摊销"科目。同时,报废结转该低值易耗品,借记"周转材料——低值易耗品——摊销"科目,贷记"周转材料——低值易耗品——在用"科目。

【实例 3-77】执行《小企业会计准则》的某企业为一般纳税人,2021 年 5 月 5 日自制一批低值易耗品并验收入库,成本为 20 000 元。该企业分别于 5 月 10 日和 5 月 22 日生产两批 A 产品,需领用该批低值易耗品,该批低值易耗品可供周转使用两次。相关账务处理如下。

(1) 2021 年 5 月 5 日自制低值易耗品,并验收入库:

借:周转材料——低值易耗品(在库)　　　　　　　　　　　　　20 000
　　贷:生产成本——低值易耗品　　　　　　　　　　　　　　　　20 000

（2）2021 年 5 月 10 日领用低值易耗品：

借：周转材料——低值易耗品（在用）　　　　　　　　　　　　20 000
　　贷：周转材料——低值易耗品（在库）　　　　　　　　　　　　20 000

（3）2021 年 5 月 10 日摊销该低值易耗品价值的 1/2：

借：生产成本——A 产品　　　　　　　　　　　　　　　　　　10 000
　　贷：周转材料——低值易耗品（摊销）　　　　　　　　　　　　10 000

（4）2021 年 5 月 22 日摊销该低值易耗品价值的 1/2：

借：生产成本——A 产品　　　　　　　　　　　　　　　　　　10 000
　　贷：周转材料——低值易耗品（摊销）　　　　　　　　　　　　10 000
借：周转材料——低值易耗品（摊销）　　　　　　　　　　　　20 000
　　贷：周转材料——低值易耗品（在用）　　　　　　　　　　　　20 000

3.20　1421 消耗性生物资产

3.20.1　生物资产概述

生物资产是指有生命的动物和植物。按照价值转移方式的不同，企业可将生物资产分为消耗性生物资产和生产性生物资产。

1. 生物资产的特征

生物资产具有一般资产的特征，还具有与其他资产不同的生物特征。

（1）生物资产具有生物转化性和自然增值性。

（2）生物资产具有生长周期性。

（3）生物资产与农业生产密切相关。

（4）生物资产具有流动性资产（消耗性生物资产）和长期性生物资产（生产性生物资产）的双重特性，并且在一定情况下可以相互转化。

（5）生物资产具有未来经济利益不确定的特性。

2. 生物资产的确认条件

（1）企业因过去的交易或者事项而拥有或者控制该生物资产

这项条件包含两层含义：一是生物资产是为企业所拥有的，或者即使不为企业所拥有,也是由企业所控制的;二是生物资产必须是现实的生物资产,即由过去交易或事项形成的,而不是预期的生物资产。

(2)与该生物资产有关的经济利益或服务潜能很可能流入企业

即该生物资产所包含的经济利益流入企业的可能性超过50%。在实务中,一般依据与该生物资产所有权相关的风险和报酬是否转移到了企业,来判断生物资产包含的经济利益或服务潜能是否很可能流入企业。

(3)该生物资产的成本能够可靠地计量

在对生物资产进行确认时,必须区分消耗性生物资产和生产性生物资产,这是因为其有不同的特点,而且在管理上也有所不同。

3. 消耗性生物资产与生产性生物资产的区别

消耗性生物资产是指为出售而持有的或在将来收获为农产品的生物资产,包括企业(农、林、牧、渔业)生长中的大田作物、蔬菜、用材林以及存栏待售的牲畜等;生产性生物资产是指企业为生产农产品、提供劳务或者出租等而持有的生物资产,包括经济林、薪炭林、产畜和役畜等。

生产性生物资产与消耗性生物资产的区别主要在于,生产性生物资产具有能够在生产经营中长期、反复使用,从而不断产出农产品或者是长期役用的特征。生产性生物资产产出农产品之后,该资产仍然保留,并可以在未来期间继续产出农产品;而消耗性生物资产收获农产品之后,该资产就不复存在了。

本部分重点阐述消耗性生物资产的账务处理,生产性生物资产的账务处理详见本章"3.28 1621 生产性生物资产"。

3.20.2 消耗性生物资产概述

依据《小企业会计准则》第十一条的规定,消耗性生物资产是指小企业(农、林、牧、渔业)生长中的大田作物、蔬菜、用材林以及存栏待售的牲畜等。通常的认识是无论植物种植还是动物养殖,为了达到农产品出售的目的,或者植物长出具有经济价值的需要收获的果实、根茎叶等,均可称为消耗性生物资产。

1. 消耗性生物资产的科目设置

"消耗性生物资产"科目主要核算企业(农、林、牧、渔业)持有的消耗性生物资产的实际成本。本科目期末借方余额,反映企业(农、林、牧、渔业)消耗性生物资产的实际成本。

"消耗性生物资产"科目应按照消耗性生物资产的种类、群别等进行明细核算。

2. 列报要求

消耗性生物资产通常是一次性消耗并终止其服务能力或未来经济利益，因此在一定程度上具有存货特征，作为存货在资产负债表中列报。

3.20.3 消耗性生物资产外购时的账务处理

外购的消耗性生物资产的成本包括购买价款、相关税费、运输费、保险费以及可直接归属于购买该资产的其他支出。其中，可直接归属于购买该资产的其他支出包括场地整理费、装卸费、栽植费、专业人员服务费等。

企业外购的生物资产，按应计入生物资产成本的金额，借记"消耗性生物资产"科目，贷记"银行存款""应付账款"等科目。

企业一笔款项一次性购入多项生物资产时，购买过程中发生的相关税费、运输费、保险费等可直接归属于购买该资产的其他支出，应当按照各项生物资产的价款比例进行分配，分别确定各项生物资产的成本。

【实例3-78】执行《小企业会计准则》的某农业企业，2021年5月11日，从市场上一次性购买了混群核算的6头种牛、4头肉猪和11株橡胶树苗，共支付40 000元。发生运输费为800元、保险费为500元、装卸费为600元，款项全部以银行存款支付。假设6头种牛、4头肉猪、11株橡胶树苗分别满足生物资产的定义及其确认标准，公允价值分别为20 000元、14 000元和6 000元，若不考虑其他相关税费，该企业的账务处理如下。

（1）计算确定6头种牛、4头肉猪和11株橡胶树苗的取得成本

第一步，确定应计入生物资产成本的金额，包括买价、运输费、保险费、装卸费等。

成本 =40 000+800+500+600=41 900（元）

第二步，确定6头种牛、4头肉猪和11株橡胶树苗的价值分配比例。

6头种牛应分配的生物资产价值比例 =20 000÷（20 000+14 000+6 000）× 100% =50%

4头肉猪应分配的生物资产价值比例 =14 000÷（20 000+14 000+6 000）× 100% =35%

11株橡胶树苗应分配的生物资产价值比例 =6 000÷（20 000+14 000+6 000）× 100%
=15%

第三步，确定6头种牛、4头肉猪和11株橡胶树苗的入账价值。

6头种牛的入账价值 =41 900 × 50%=20 950（元）

4 头肉猪的入账价值 =41 900×35%=14 665（元）

11 株橡胶树苗的入账价值 =41 900×15%=6 285（元）

（2）会计分录

借：生产性生物资产——种牛　　　　　　　　　　　　　　　　20 950
　　　　　　　　——橡胶树苗　　　　　　　　　　　　　　　 6 285
　　消耗性生物资产——肉猪　　　　　　　　　　　　　　　　14 665
　　贷：银行存款　　　　　　　　　　　　　　　　　　　　　41 900

3.20.4 自行栽培、营造、繁殖的消耗性生物资产的账务处理

自行栽培、营造、繁殖或养殖的消耗性生物资产的成本，应当按照下列规定确定。

1. 自行栽培的大田作物和蔬菜的成本

自行栽培的大田作物和蔬菜的成本包括在收获前耗用的种子、肥料、农药等材料费、人工费和应分摊的间接费用。

自行栽培的大田作物和蔬菜，应按收获前发生的必要支出，借记"消耗性生物资产"科目，贷记"银行存款"等科目。

2. 自行营造的林木类消耗性生物资产的成本

自行营造的林木类消耗性生物资产的成本包括郁闭前发生的造林费、抚育费、管林设施费、良种试验费、调查设计费和应分摊的间接费用。

自行营造的林木类消耗性生物资产，应按郁闭前发生的必要支出，借记"消耗性生物资产"科目，贷记"银行存款"等科目。

3. 自行繁殖的育肥畜的成本

自行繁殖的育肥畜的成本包括出售前发生的饲料费、人工费和应分摊的间接费用。水产养殖的动物和植物的成本包括在出售或入库前耗用的苗种、饲料、肥料等材料费、人工费和应分摊的间接费用。

自行繁殖的育肥畜、水产养殖的动植物，应按出售前发生的必要支出，借记"消耗性生物资产"科目，贷记"银行存款"等科目。

农业生产过程中发生的应归属于消耗性生物资产的费用，按应分配的金额，借记"消耗性生物资产"科目，贷记"生产成本"科目。

【实例3-79】执行《小企业会计准则》的某农业企业，2021年3月使用一台拖拉机

翻耕土地20万平方米，主要用于小麦和玉米的种植，其中种植玉米12万平方米、种植小麦8万平方米。该拖拉机原值为120 200元，预计净残值为600元，按照工作量法计提折旧，预计可以翻耕土地920万平方米。该企业的账务处理如下：

每万平方米应计提的拖拉机折旧=（120 200–600）÷920=130（元）

玉米应当分配的机械作业费=130×12=1 560（元）

小麦应当分配的机械作业费=130×8=1 040（元）

借：消耗性生物资产——玉米	1 560
——小麦	1 040
贷：累计折旧	2 600

【实例3-80】执行《小企业会计准则》的某农业企业，准备出售其圈养的奶牛，养殖过程中发生饲料费100 000元，职工工资40 000元，其他杂费60 000元，该企业的账务处理如下：

借：消耗性生物资产——奶牛	200 000
贷：原材料——饲料	100 000
应付职工薪酬——职工工资	40 000
银行存款	60 000

【实例3-81】执行《小企业会计准则》的甲农业公司拥有一支出租车队，经营出租业务，其主要车辆是福田汽车。2021年4月28日，甲农业公司以部分福田汽车交换丙公司的某消耗性生物资产，作为消耗性生物资产进行核算和管理。福田汽车的账面原价为150 000元，交换日累计折旧15 000元，公允价值161 000元。甲农业公司另外向丙公司支付银行存款1 000元。假设在整个交换过程中甲农业公司发生运杂费2 100元，不考虑其他相关税费，账务处理如下：

借：固定资产清理	135 000
累计折旧	15 000
贷：固定资产——福田汽车	150 000
借：固定资产清理	2 100
贷：银行存款	2 100
借：消耗性生物资产	161 000
贷：固定资产清理	137 100
银行存款	1 000
营业外收入	22 900

3.20.5 消耗性生物资产的后续计量

1. 消耗性生物资产郁闭或达到预定生产经营目的后的管护费用

消耗性生物资产郁闭或达到预定生产经营目的后的管护费用是指为了维持郁闭后的消耗性林木资产的正常存在而发生的有关费用。在消耗性生物资产郁闭后，企业需要对其进行管护、清理等，旨在维护或改善其使用效率和功能，而该状态下的消耗性生物资产依旧能够带来现实的经济利益，因此由管护工作所产生的支出应当予以费用化，计入当期损益，借记"管理费用"科目，贷记"银行存款"科目。

2. 相关账务处理

郁闭是判断消耗性生物资产相关支出（包括借款费用）资本化还是费用化的时点。郁闭之前的林木类消耗性生物资产处在培植阶段，需要发生较多的造林费、抚育费、管林设施费、良种试验费、调查设计费等相关支出，这些支出应予以资本化，计入成本。

【**实例3-82**】2021年2月，执行《小企业会计准则》的某农业企业养的肉鸡已经成熟，可以对外出售。但是，由于市场上鸡肉价格持续走高，因此决定暂缓出售计划，继续饲养肉鸡。3个月后，出售这批肉鸡。这3个月中，肉鸡的饲养费是8 000元，饲养人员的工资是12 000元，应摊销的折旧费用是1 000元。该企业的账务处理如下：

借：管理费用 21 000
  贷：原材料——饲料 8 000
    应付职工薪酬——职工工资 12 000
    累计折旧 1 000

3.20.6 消耗性生物资产收获与出售的账务处理

1. 消耗性生物资产的收获与出售

消耗性生物资产的收获是指消耗性生物资产生长过程的结束，如收割小麦、采伐用材林等。

企业在确定收获农产品的成本时，应特别注意成本计算的截止时点。从消耗性生物资产上收获农产品后，消耗性生物资产自身完全转为农产品而不复存在，企业应当将收获时点消耗性生物资产的账面价值结转为农产品的成本，借记"农产品"科目，贷记"消耗性生物资产"科目；对于不通过入库直接销售的鲜活产品等，按实际成本，借记"主营业务成本"科目。

【**实例3-83**】执行《小企业会计准则》的甲种植企业2021年6月1日入库小麦40吨，成本为64 000元。该企业的账务处理如下：

借：农产品——小麦　　　　　　　　　　　　　　　　　　　　　64 000
　　贷：消耗性生物资产——小麦　　　　　　　　　　　　　　　　　64 000

2.农产品收获过程中发生的费用摊销

（1）直接费用摊销

农产品收获过程中发生的直接材料、直接人工等直接费用，直接计入相关成本核算对象，借记"农业生产成本——农产品"科目，贷记"库存现金""银行存款""原材料""应付职工薪酬"等科目。

（2）间接费用摊销

农产品收获过程中发生的间接费用，如材料费、人工费、生产性生物资产的折旧费等应分摊的共同费用，应当在生产成本中归集，借记"农业生产成本——共同费用"科目，贷记"库存现金""银行存款""原材料""应付职工薪酬""生产性生物资产累计折旧"等科目；在会计期末按一定的分配标准，分配计入有关的成本核算对象，借记"农业生产成本——农产品"科目，贷记"农业生产成本——共同费用"科目。

（3）间接费用分配方法

间接费用分配方法有直接费用比例法、直接人工比例法。

直接费用比例法以生物资产或农产品相关的直接费用为分配标准。

直接人工比例法以生物资产或农产品相关的直接人工为分配标准。

间接费用分配率 = 间接费用总额 ÷ 分配标准（即直接费用总额或直接人工总额）× 100%

某项生物资产或农产品应分配的间接费用额 = 该项资产相关的直接费用或直接人工 × 间接费用分配率

【**实例3-84**】执行《小企业会计准则》的甲农场，利用温床培育黄瓜、西红柿两种秧苗，温床费用为6 400元，其中黄瓜占用温床40格，生长期为30天；西红柿占用温床10格，生长期为40天。秧苗育成移至温室栽培后，发生温室费用36 000元，其中黄瓜占用温室1 000平方米，生长期为60天；西红柿占用温室1 500平方米，生长期为80天。两种蔬菜发生的直接生产费用为6 000元，其中黄瓜2 720元，西红柿3 280元。应负担的间接费用共计9 000元，采用直接费用比例法分配。黄瓜和西红柿两种蔬菜的产量分别为38 000千克和29 000千克。相关费用分配如下：

黄瓜应分配的温床费用 = 6 400 ÷（40×30+10×40）× 40×30 = 4 800（元）

黄瓜应分配的温室费用=36 000÷（1 000×60+1 500×80）×1 000×60=12 000（元）

黄瓜应分配的间接费用=9 000÷（2 720+3 280）×2 720=4 080（元）

西红柿应分配的温床费用=6 400÷（40×30+10×40）×10×40=1 600（元）

西红柿应分配的温室费用=36 000÷（1 000×60+1 500×80）×1 500×80=24 000（元）

西红柿应分配的间接费用=9 000÷（2 720+3 280）×3 280=4 920（元）

3. 成本结转的方法

在收获时点，企业应当将该时点归属于某农产品生产成本的账面价值结转为农产品的成本，借记"农产品"科目，贷记"农业生产成本——农产品"科目。

成本结转方法包括加权平均法、个别计价法、蓄积量比例法、轮伐期年限法、折耗率法等。企业可以根据实际情况选用合适的成本结转方法，但是一经确定，不得随意变更。其中，蓄积量比例法、轮伐期年限法、折耗率法等是林业中常用的成本结转方法，具有林业的特殊性。

（1）加权平均法也称全月一次加权平均法，是指以月初存货数量和当月全部进货数量作为权数，去除月初存货成本和当月全部进货成本，计算出当月存货的加权平均单位成本，从而确定当月发出存货和结存存货实际成本的一种方法。具体计算公式如下：

加权平均单位成本=（月初结存存货的实际成本+本月收入存货的实际成本）÷

（月初存货数量+本月收入存货数量）

本月发出存货的实际成本=本月发出存货数量×加权平均单位成本

（2）个别计价法也称个别认定法、具体辨认法、分批实际法。在这种计价法下，企业每次发出存货的实际成本按其购入或生产时所确定的实际成本分别计价，即按每一种存货的实际成本作为计算发出存货成本和期末存货成本的基础。

个别计价法的成本计算准确，符合实际情况，但在存货收发频繁的情况下，其发出成本分辨的工作量较大。因此，个别计价法主要适用于不能替代使用的存货、为特定项目专门购入或制造的存货以及提供的劳务。

（3）蓄积量比例法以达到经济成熟可供采伐的林木为"完工"标志，将包括已成熟和未成熟的所有林木按照完工程度（林龄、林木培育程度、费用发生程度等）折算为达到经济成熟可供采伐的林木总体蓄积量，然后，按照当期采伐林木的蓄积量占折算的林木总体蓄积量的比例，确定应该结转的林木资产成本。该方法主要适用于择伐方式和林木资产由于择伐更新使其价值处于不断变动的情况，计算公式如下：

某期应结转的林木资产成本＝（当期采伐林木的蓄积量÷林木总体蓄积量）×期初林木资产账面总值

（4）轮伐期年限法将林木原始价值按照可持续经营的要求，在其轮伐期的年份内平均摊销，并结转林木资产成本。其中，轮伐期是指将一块林地上的林木均衡分批、轮流采伐一次所需要的时间（通常以年为单位计算），计算公式如下：

某期应结转的林木资产成本＝林木资产原值÷轮伐期

（5）折耗率法是按照采伐林木所消耗的林木蓄积量占到采伐为止预计该地区、该树种可能达到的总蓄积量摊销、结转所采伐林木资产的成本。计算公式如下：

采伐的林木应摊销的林木资产价值＝折耗率×所采伐林木的蓄积量

折耗率＝林木资产总价值÷到采伐为止的预计总蓄积量

其中，折耗率应分树种、地区分别测算；林木资产总价值是指该地区、该树种的营造林历史成本总和；预计总蓄积量是指到采伐为止预计该地区、该树种可能达到的总蓄积量。

【**实例3-85**】执行《小企业会计准则》的甲畜牧养殖企业，2021年5月末养殖的肉牛账面余额为240 000元，共计40头；6月6日花费7 000元新购入一批肉牛养殖，共计10头；6月30日屠宰并出售肉牛20头，用库存现金支付临时工屠宰费用1 000元，出售取得价款200 000元；6月共发生饲养费用5 000元（其中，应付专职饲养员工资3 000元，饲料2 000元）。该企业采用移动加权平均法结转成本，账务处理如下：

平均单位成本＝（240 000+7 000+5 000）÷（40+10）＝5 040（元）

出售肉牛的成本＝5 040×20＝108 000（元）

借：消耗性生物资产——肉牛	7 000
贷：银行存款	7 000
借：消耗性生物资产——肉牛	5 000
贷：应付职工薪酬——职工工资	3 000
原材料——饲料	2 000
借：农产品——肉牛	109 000
贷：消耗性生物资产——肉牛	108 000
库存现金	1 000

借：库存现金	200 000
贷：主营业务收入	200 000
借：主营业务成本	109 000
贷：农产品——肉牛	109 000

3.21　1501 长期债券投资

3.21.1　长期债券投资概述

根据《小企业会计准则》第十七条的规定，长期债券投资是指小企业准备长期（在 1 年以上，下同）持有的债券投资。

1. 企业进行长期债券投资的目的

企业进行长期债券投资的目的是为了获得稳定的收益。

2. 债券的定义

债券是政府、金融机构、工商企业等直接向社会借债筹措资金时，向投资者发行的、承诺按一定利率支付利息并按约定条件偿还本金的债权债务凭证。债券的利息通常是事前约定的，因而债券是固定利息证券的一种。

3. 债券的基本要素

债券的基本要素包括债券面值、债券价格、债券利率、债券还本期限与方式。

4. 长期债券投资的特征

（1）投资的对象必须是债券。

（2）投资的目的是为了获取高于银行储蓄存款利率的利息，并保证到期收回本金和利息。

（3）持有期限超过 1 年。预计债券的持有期限不足 1 年的按短期投资进行管理。

3.21.2　长期债券投资取得时的账务处理

长期债券投资应当按照购买价款和相关税费作为成本进行计量。实际支付价款中包含的已到付息期但尚未领取的债券利息，应当单独确认为应收利息，不计入长期债券投资的成本。

企业购入债券作为长期投资,应当按照债券票面价值,借记"长期债券投资"(面值)科目;按照实际支付的购买价款和相关税费,贷记"银行存款"科目;按照其差额,借记或贷记"长期债券投资"(溢折价)科目。

如果实际支付的购买价款中包含已到付息期但尚未领取的债券利息,那么应当按照债券票面价值,借记"长期债券投资"(面值)科目;按照应收的债券利息,借记"应收利息"科目;按照实际支付的购买价款和相关税费,贷记"银行存款"科目;按照其差额,借记或贷记"长期债券投资"(溢折价)科目。

【实例3-86】执行《小企业会计准则》的某企业于2020年1月1日支付价款2 000 000元购入A公司2019年1月1日发行的3年期企业债券25 000份,面值为2 500 000元,票面利率为4.72%,实际支付的购买价款中包含已到付息期但尚未领取的债券利息118 000元,每年年末支付利息,本金最后一次偿还。该企业的账务处理如下:

借:长期债券投资——面值　　　　　　　　　　　　　　　2 500 000
　　应收利息　　　　　　　　　　　　　　　　　　　　　118 000
　贷:银行存款　　　　　　　　　　　　　　　　　　　　2 000 000
　　长期债券投资——溢折价　　　　　　　　　　　　　　　618 000

3.21.3 长期债券投资取得利息收入时的账务处理

长期债券投资在持有期间发生的应收利息应当确认为投资收益。

1. 分期付息、一次还本的长期债券投资

分期付息、一次还本的长期债券投资,在债务人应付利息日按照票面利率计算的应收未收利息收入,应当确认为应收利息,不增加长期债券投资的账面余额。

【实例3-87】沿用【实例3-86】,2020年1月3日,该企业收到A公司支付的利息118 000元。该企业的账务处理如下:

借:应收利息　　　　　　　　　　　　　　　　　　　　　118 000
　贷:投资收益　　　　　　　　　　　　　　　　　　　　118 000
借:银行存款　　　　　　　　　　　　　　　　　　　　　118 000
　贷:应收利息　　　　　　　　　　　　　　　　　　　　118 000

2. 一次还本付息的长期债券投资

一次还本付息的长期债券投资,在债务人应付利息日,按照票面利率计算的应收未收利息收入，应当增加长期债券投资的账面余额，借记"长期债券投资——应计利息"科目，贷记"投资收益"科目。

【实例3-88】 沿用【实例3-86】，假定该企业债券为一次还本付息债券，2020年12月31日，该企业确认利息收入，相关账务处理如下：

借：长期债券投资——应计利息　　　　　　　　　　　　　118 000
　　贷：投资收益　　　　　　　　　　　　　　　　　　　　118 000

3. 摊销

债券的折价或者溢价在债券存续期间，于确认相关债券利息收入时采用直线法进行摊销，借记或贷记"投资收益"科目，贷记或借记"长期债券投资——溢折价"科目。

【实例3-89】 沿用【实例3-86】，该企业债券每年年末计息一次，2020年12月31日，该企业应确认利息收入，同时还应对购买长期债权时发生的折价进行摊销处理。该企业的账务处理如下：

本期应分摊的债券投资溢折价=618 000÷2=309 000（元）

借：应收利息　　　　　　　　　　　　　　　　　　　　　118 000
　　长期债券投资——溢折价　　　　　　　　　　　　　　　309 000
　　贷：投资收益　　　　　　　　　　　　　　　　　　　　427 000

3.21.4 长期债券投资处置或到期收回时的账务处理

长期债券投资到期，企业收回长期债券投资时，应当冲减其账面余额。处置长期债券投资，处置价款扣除其账面余额、相关税费后的净额，应当计入投资收益。

根据《小企业会计准则》第二十一条的规定，小企业长期债券投资符合本准则第十条所列条件之一的，减除可收回的金额后确认的无法收回的长期债券投资，作为长期债券投资损失（具体内容可查看《小企业会计准则》）。长期债券投资损失应当于实际发生时计入营业外支出，同时冲减长期债券投资账面余额。

1. 到期前处置

处置长期债券投资应按处置收入，借记"银行存款"等科目；按其账面余额，贷记"长期债券投资（成本、溢折价）"等科目；按应收未收的利息收入，贷记"应收利息"科目；按其差额，贷记或借记"投资收益"科目。

【实例3-90】 2021年3月1日，某企业因资金紧张，将拟于2022年12月31日到期的三年期债券出售，售价为2 260 000元，该债券的账面余额为2 294 000元（面值为 2 500 000 元，长期债券投资——溢折价为 324 000 元，长期债券投资——应计利息为 118 000 元）。该企业的账务处理如下：

  借：银行存款   2 260 000
    长期债券投资——溢折价   324 000
    投资收益   34 000
   贷：长期债券投资——面值   2 500 000
        ——应计利息   118 000

2. 到期收回

长期债券投资到期，企业收回长期债券投资后，应按收回的债券本金或本息，借记"银行存款"等科目；按照应收未收的利息收入，贷记"应收利息"科目。

【实例 3-91】 2020 年 12 月 1 日，执行《小企业会计准则》的某企业持有的 B 公司长期债券投资到期，收回金额 560 000 元，该债券的账面余额是 450 000 元（其中面值为 390 000 元，应计利息为 60 000 元）。该企业的账务处理如下：

  借：银行存款   560 000
   贷：长期债券投资——面值   390 000
        ——应计利息   60 000
    投资收益   110 000

3. 无法收回的长期债券投资

长期债券投资损失应当于实际发生时计入营业外支出，同时冲减长期债券投资账面余额。确认实际发生的长期债券投资损失，应按可收回的金额，借记"银行存款"等科目；按其账面余额，贷记"长期债券投资（成本、溢折价）"等科目；按其差额，借记"营业外支出"科目。

【实例 3-92】 沿用【实例 3-91】，若 B 公司于 2020 年 12 月 1 日宣告破产，债券可收回金额为 380 000 元，账面余额为 450 000 元（其中面值为 390 000 元，应计利息为 60 000 元）。该企业的账务处理如下：

  借：银行存款   380 000
    营业外支出   70 000
   贷：长期债券投资——面值   390 000
        ——应计利息   60 000

3.22 1511 长期股权投资

3.22.1 长期股权投资概述

长期股权投资是指企业准备长期持有的权益性投资。长期股权投资通常是长期持有，不准备随时出售的投资，投资企业作为被投资单位的股东、按所持有股份的比例享有权益并承担风险。

1. 长期股权投资的科目设置

企业的长期股权投资包括购入的股票和其他股权投资等，应当设置"长期股权投资""投资收益"两个会计科目。

2. 长期股权投资的性质

长期股权投资的性质为权益性投资，在被投资单位享有股份或出资比例和所有者权益份额，可以以投资者身份从被投资单位获取净利润的分配，通常没有到期日，因而显著地不同于债券投资。

3. 长期股权投资的期限

长期股权投资的期限会超过1年，但不包括1年，即符合非流动资产的定义。

4. 长期股权投资的特点

（1）投资对象为权益类投资产品。

（2）企业准备长期持有，持有期限在1年以上。

3.22.2 长期股权投资取得时的账务处理

长期股权投资应当按照成本进行计量。

1. 以支付现金取得的长期股权投资

以支付现金取得的长期股权投资，应当按照购买价款和相关税费作为成本进行计量。实际支付价款中包含的已宣告但尚未发放的现金股利，应当单独确认为应收股利，不计入长期股权投资的成本。

企业应按照实际支付的购买价款，借记"长期股权投资"科目，贷记"银行存款"等科目。实际价款中包含的已宣告但尚未发放的现金股利，借记"应收股利"科目；按照实际支付的购买价款中扣除已宣告但尚未发放现金股利部分的余额,借记"长期股权投资"科目;按实际支付的全部购买价款,贷记"银行存款"科目。

【实例3-93】2019年2月1日,执行《小企业会计准则》的某企业,购入B公司发行的股票5 000股,准备长期持有,该股票价格为每股16元,支付的股价中每股含有已宣告但尚未分派的现金股利0.4元,支付税费6 000元,款项已经通过银行存款支付。该企业的账务处理如下:

借:长期股权投资——股票投资　　　　　　　　　　　　　　　　84 000
　　应收股利　　　　　　　　　　　　　　　　　　　　　　　　 2 000
　贷:银行存款　　　　　　　　　　　　　　　　　　　　　　　　86 000

2. 通过非货币性资产交换取得的长期股权投资

通过非货币性资产交换取得的长期股权投资,应当按照换出非货币性资产的评估价值和相关税费作为成本进行计量。

【实例3-94】2021年2月1日,执行《小企业会计准则》的某企业以一项固定资产换入A公司股票14 000股,交换时另用银行存款支付相关税费4 000元。该企业换出的固定资产的原价为120 000元,已计提折旧18 000元,该固定资产的评估价值为100 000元。购入长期股权投资的成本为104 000元(固定资产评估价值+税费)。该企业的账务处理如下:

借:长期股权投资——股票投资　　　　　　　　　　　　　　　　104 000
　　营业外支出　　　　　　　　　　　　　　　　　　　　　　　 2 000
　贷:固定资产清理　　　　　　　　　　　　　　　　　　　　　　102 000
　　　银行存款　　　　　　　　　　　　　　　　　　　　　　　　4 000

3.22.3 长期股权投资取得现金股利和利润时的账务处理

在长期股权投资持有期间,被投资单位宣告分派的现金股利或利润,应当按照应分得的金额确认为投资收益。《小企业会计准则》对长期股权投资的规定与《企业所得税法》的规定基本一致,一律采用成本法核算。

企业在长期股权投资持有期间,对被投资单位宣告分派的现金股利或利润,应当按照应分得的金额确认为投资收益,借记"应收股利"科目,贷记"投资收益"科目。收到现金股利或利润时,借记"银行存款"科目,贷记"应收股利"科目。

【实例3-95】沿用【实例3-93】,2020年12月31日,该企业宣告分配现金股利,每股分派 0.6 元，并于 2021 年 2 月 1 日实际支付。该企业的账务处理如下。

（1）2020 年 12 月 31 日，该企业宣告分配现金股利时：

借：应收股利　　　　　　　　　　　　　　　　　　　　　　　　3 000
　　贷：投资收益　　　　　　　　　　　　　　　　　　　　　　　　3 000

（2）2021 年 2 月 1 日，实际收到分派的现金股利时：

借：银行存款　　　　　　　　　　　　　　　　　　　　　　　　3 000
　　贷：应收股利　　　　　　　　　　　　　　　　　　　　　　　　3 000

3.22.4 长期股权投资处置时的账务处理

处置长期股权投资，处置价款扣除其成本、相关税费后的净额，应当计入投资收益。

企业在处置长期股权投资时，按照处置价款，借记"银行存款"等科目；按照长期股权投资的成本，贷记"长期股权投资"科目；按照应收未收的现金股利或利润，贷记"应收股利"科目；按照其差额，贷记或借记"投资收益"科目。

【实例 3-96】沿用【实例 3-93】，2021 年 5 月 1 日，该企业将作为长期股权投资的 B 公司股票 3 000 股出售，每股售价 22 元，支付税费 6 000 元，款项已通过银行收讫，该股票的账面价值为 46 800 元。该企业的账务处理如下：

借：银行存款　　　　　　　　　　　　　　　　　　　　　　　　60 000
　　贷：长期股权投资——股票投资　　　　　　　　　　　　　　　46 800
　　　　投资收益　　　　　　　　　　　　　　　　　　　　　　　13 200

3.22.5 长期股权投资发生损失时的账务处理

企业长期股权投资符合下列条件之一的，减除可收回的金额后，经确认无法收回的长期股权投资作为长期股权投资损失处理。

（1）被投资单位依法宣告破产、关闭、解散、被撤销，或者被依法注销、吊销营业执照的。

（2）被投资单位财务状况严重恶化，累计发生巨额亏损，已连续停止经营 3 年以上，且无重新恢复经营改组计划的。

（3）对被投资单位不具有控制权，投资期限届满或者投资期限已超过 10 年，且被投资单位因连续 3 年经营亏损导致资不抵债的。

（4）被投资单位财务状况严重恶化，累计发生巨额亏损，已完成清算或清算期超过 3 年的。

（5）国务院财政、税务主管部门规定的其他条件。

长期股权投资损失应当于实际发生时计入营业外支出，同时冲减长期股权投资账面余额。确认实际发生的长期股权投资损失，应当按照可收回的金额，借记"银行存款"等科目；按照其账面余额，贷记"长期股权投资"科目；按照其差额，借记"营业外支出"科目。

【实例3-97】执行《小企业会计准则》的某企业，2017年3月1日，购入C公司发行的股票6 000股，准备长期持有，该股票价格为每股16元，支付税费6 000元，款项已经通过银行存款支付。3年后，C公司因财务状况恶化，被撤销。该企业的账务处理如下：

借：营业外支出　　　　　　　　　　　　　　　　　　　　　　102 000
　　贷：长期股权投资——股票投资　　　　　　　　　　　　　　102 000

3.23　1601 固定资产

固定资产是企业非流动资产的重要组成部分，是企业重要的劳动手段，代表着企业的生产能力。一个企业拥有的固定资产的规模、质量、先进程度，决定着该企业产品的质量及产品在市场上的竞争能力。

3.23.1　固定资产概述

固定资产是指企业为生产产品、提供劳务、出租或经营管理而持有的，使用寿命超过1年的有形资产。

1. 固定资产的科目设置

企业设置"固定资产"科目，反映固定资产的增减变动情况。本科目期末借方余额，反映企业固定资产的原价（成本）。"固定资产"科目应按照固定资产类别和项目进行明细核算。

2. 固定资产包括的内容

企业的固定资产包括房屋、建筑物、机器、机械、运输工具、设备、器具及工具等。

企业应当根据《小企业会计准则》规定的固定资产标准，结合本企业的具体情况，制定固定资产目录，作为核算依据。企业还应当根据实际情况设置"固定资产登记簿"

和"固定资产卡片"。

3. 固定资产的确认条件

（1）与该固定资产有关的经济利益很可能流入企业。资产最重要的特征是预期会给企业带来经济利益。

（2）该固定资产的成本能够可靠地计量，这也是资产确认的一项基本条件。

4. 固定资产的特征

（1）企业持有固定资产的目的是为了生产商品、提供劳务、出租或经营管理。这一特征是固定资产区别于商品等流动资产的重要标志。

（2）企业使用固定资产的期限较长，使用寿命一般超过一个会计年度。这一特征表明固定资产属于非流动资产，通过计提折旧的方式逐渐减少账面价值。因此，对固定资产计提折旧是对固定资产进行后续计量的重要内容。

（3）固定资产具有实物特征。这一特征将固定资产与无形资产区别开来。

5. 固定资产的分类

（1）按经济用途分类

①生产经营用固定资产，指直接服务于企业生产、经营过程的各种固定资产，如生产经营用的房屋、建筑物、机器、设备、器具及工具等。

②非生产经营用固定资产，指不直接服务于生产、经营过程的各种固定资产，如职工宿舍使用的房屋、设备和其他固定资产等。

（2）综合分类

①租出固定资产，指在经营租赁方式下出租给外单位使用的固定资产。

②不需用固定资产。

③未使用固定资产。

④土地，指过去已经估价单独入账的土地。因征地而支付的补偿费，应计入与土地有关的房屋、建筑物的价值内，不单独作为土地价值入账。企业取得的土地使用权，应作为无形资产管理，不作为固定资产管理。

⑤融资租入固定资产，指企业以融资租赁方式租入的固定资产，在租赁期内，应视同自有固定资产进行管理。

3.23.2 外购固定资产的账务处理

企业取得固定资产的方式包括外购、自行建造、投资者投入、融资租入及盘盈。

外购固定资产的成本包括购买价款、相关税费、运输费、装卸费、保险费、安装费等，但不含按照税法规定可以抵扣的增值税进项税额。

以一笔款项购入多项没有单独标价的固定资产时，应当按照各项固定资产或类似资产的市场价格或评估价值比例对总成本进行分配，分别确定各项固定资产的成本。

1. 购入不需要安装的固定资产

企业购入（含以分期付款方式购入）不需要安装的固定资产，应当按照实际支付的购买价款、相关税费（不包括按照税法规定可抵扣的增值税进项税额）、运输费、装卸费、保险费等，借记"固定资产"科目；按照税法规定可抵扣的增值税进项税额，借记"应交税费——应交增值税（进项税额）"科目，贷记"银行存款""长期应付款"等科目。

【实例3-98】执行《小企业会计准则》的某企业为一般纳税人，2021年5月12日，购入一台不需要安装的机器设备，该设备的购买价款为100 000元，增值税税额为13 000元，支付运输费2 000元、保险费1 000元，款项全部通过银行存款付清。该企业的账务处理如下：

借：固定资产　　　　　　　　　　　　　　　　　　　　　　　103 000
　　应交税费——应交增值税（进项税额）　　　　　　　　　　13 000
贷：银行存款　　　　　　　　　　　　　　　　　　　　　　　116 000

2. 购入需要安装的固定资产

购入需要安装的固定资产，先记入"在建工程"科目，安装完成后再转入"固定资产"科目。

【实例3-99】执行《小企业会计准则》的某企业为小规模纳税人，2021年5月3日购入一台需要安装的机器设备，该设备的购买价款为200 000元，增值税税额为26 000元，支付运输费1 500元，另外支付安装费2 700元，上述款项已通过银行存款付清。该企业的账务处理如下。

（1）购入并安装：

借：在建工程　　　　　　　　　　　　　　　　　　　　　　　201 500
　　应交税费——应交增值税（进项税额）　　　　　　　　　　26 000
贷：银行存款　　　　　　　　　　　　　　　　　　　　　　　227 500

（2）支付安装费：

借：在建工程　　　　　　　　　　　　　　　　　　　　　　　　　2 700
　　贷：银行存款　　　　　　　　　　　　　　　　　　　　　　　　2 700

（3）设备安装完毕后交付使用：

借：固定资产　　　　　　　　　　　　　　　　　　　　　　　　204 200
　　贷：在建工程　　　　　　　　　　　　　　　　　　　　　　　204 200

3.23.3 自行建造固定资产的账务处理

自行建造固定资产的成本由建造该项资产在竣工决算前发生的支出构成，包括建造固定资产所需的原材料费用、人工费用、管理费用、缴纳的相关税费、应予资本化的借款费用等。

企业在建工程在试运转过程中形成的产品、副产品或试车收入应冲减在建工程成本。

自行建造的固定资产，按照实施方式的不同可以分为自营工程和出包工程两种。

1. 以自营方式建造固定资产

自营工程领用工程物资，借记"在建工程"科目，贷记"工程物资"科目；在建工程使用本企业的产品或商品，应当按照成本，借记"在建工程"科目，贷记"库存商品"科目；在建工程应负担的职工薪酬，借记"在建工程"科目，贷记"应付职工薪酬"科目。工程完工达到预定可使用状态时，从"在建工程"科目转入"固定资产"科目。

【实例3-100】执行《小企业会计准则》的某企业为一般纳税人，2021年5月5日，自建办公楼，购入为工程准备的各种物资共计1 000 000元，支付的增值税税额为130 000元，全部用于工程建设。工程领用本企业生产的产品一批，实际成本为160 000元，工程人员工资200 000元，支付的其他费用为60 000元。当年，工程完工并办理竣工决算。该企业的账务处理如下。

（1）购入工程物资时：

借：工程物资　　　　　　　　　　　　　　　　　　　　　　　1 000 000
　　应交税费——应交增值税（进项税额）　　　　　　　　　　　　130 000
　　贷：银行存款　　　　　　　　　　　　　　　　　　　　　　1 130 000

（2）工程领用工程物资时：

借：在建工程　　　　　　　　　　　　　　　　　　　　　　　1 000 000
　　贷：工程物资　　　　　　　　　　　　　　　　　　　　　　1 000 000

（3）工程领用本公司生产的产品时：

借：在建工程 160 000

　　贷：库存商品 160 000

（4）分配工程人员工资时：

借：在建工程 200 000

　　贷：应付职工薪酬——职工工资 200 000

（5）支付工程发生的其他费用时：

借：在建工程 60 000

　　贷：银行存款 60 000

（6）工程完工转入固定资产：

借：固定资产　　　　　　　（1 000 000+160 000+200 000+60 000）1 420 000

　　贷：在建工程 1 420 000

2. 出包方式建造固定资产

企业以出包方式建造固定资产，其成本由建造该项固定资产达到预定可使用状态前所发生的必要支出构成，包括发生的建筑工程支出、安装工程支出以及需分摊计入各固定资产价值的待摊支出。

在出包方式下，"在建工程"科目主要是企业与建造承包商办理工程价款的结算科目，企业支付给建造承包商的工程价款，作为工程成本通过"在建工程"科目核算。

企业应按合理估计的工程进度和合同规定结算的进度款，借记"在建工程——建筑工程——××工程""在建工程——安装工程——××工程"科目，贷记"银行存款""预付账款"等科目。工程完成时，按合同规定补付的工程款，借记"在建工程"科目，贷记"银行存款"等科目。企业将需安装设备运抵现场安装时，借记"在建工程——在安装设备——××设备"科目，贷记"工程物资——××设备"科目；企业为建造固定资产发生的待摊支出，借记"在建工程——待摊支出"科目，贷记"银行存款""应付职工薪酬""长期借款"等科目。

在建工程达到预定可使用状态时，应做出如下账务处理。

首先，计算分配待摊支出，待摊支出的分配率可按下列公式计算：

$$待摊支出分配率 = \frac{累计发生的待摊支出}{建筑工程支出 + 安装工程支出 + 在安装设备支出} \times 100\%$$

××工程应分配的待摊支出 =（建筑工程支出 + 安装工程支出 + 在安装设备支出）× 待摊支出分配率

其次，计算确定已完工的固定资产成本：

房屋、建筑物等固定资产成本＝建筑工程支出＋应分摊的待摊支出

需要安装设备的成本＝设备成本＋为设备安装发生的基础、支座等建筑工程支出＋

安装工程支出＋应分摊的待摊支出

最后，做会计分录，借记"固定资产"科目，贷记"在建工程——建筑工程""在建工程——安装工程""在建工程——待摊支出"等科目。

【实例3-101】执行《小企业会计准则》的某企业为一般纳税人，与甲公司签订合同，由甲公司为该企业建造发电车间和冷却塔。相关经济业务与账务处理如下。

（1）2020年2月10日，按合同约定向甲公司预付10%备料款共计80万元。

借：预付账款——甲公司　　　　　　　　　　　　　　　　　　　　　800 000

　　贷：银行存款　　　　　　　　　　　　　　　　　　　　　　　　　800 000

（2）2020年8月2日，建造发电车间和冷却塔的工程进度达到50%，企业与甲公司办理工程价款结算400万元，其中发电车间价款为250万元，冷却塔价款为150万元，抵扣了预付备料款后，将余款用银行存款付讫。

借：在建工程——建筑工程（发电车间）　　　　　　　　　　　　　 2 500 000

　　　　　　——建筑工程（冷却塔）　　　　　　　　　　　　　　　1 500 000

　　贷：银行存款　　　　　　　　　　　　　　　　　　　　　　　　3 200 000

　　　　预付账款　　　　　　　　　　　　　　　　　　　　　　　　　800 000

（3）2021年1月10日，发电设备安装到位，该企业与甲公司办理设备安装价款结算，价款为100万元，款项已支付。

借：在建工程——在安装设备（发电设备）　　　　　　　　　　　　 1 000 000

　　贷：银行存款　　　　　　　　　　　　　　　　　　　　　　　　1 000 000

（4）2021年2月10日，工程项目发生管理费、可行性研究费、公证费、监理费共计29万元，进行负荷联合试车领用本企业材料15万元，用银行存款支付，试车期间取得发电收入20万元（不考虑增值税）。相关账务处理如下：

借：在建工程——待摊支出　　　　　　　　　　　　　　　　　　　　 440 000

　　贷：原材料　　　　　　　　　　　　　　　　　　　　　　　　　　150 000

　　　　银行存款　　　　　　　　　　　　　　　　　　　　　　　　　290 000

借：银行存款　　　　　　　　　　　　　　　　　　　　　　　　　　　 200 000

　　贷：在建工程——待摊支出　　　　　　　　　　　　　　　　　　　200 000

3.23.4 投资者投入固定资产的账务处理

投资者投入的固定资产应当按照评估价值确定其成本。如果涉及相关税费,还应按照税法规定进行相应的会计处理。

取得投资者投入的固定资产,应当按照评估价值和相关税费,借记"固定资产"或"在建工程"科目,贷记"实收资本""资本公积"科目。

【实例3-102】A股份有限公司执行《小企业会计准则》,注册股本为200万元。投资者甲以固定资产投资,享有其30%的股份。该固定资产账面价值为70万元,已计提折旧6万元,双方协商确认价值为63万元。A股份有限公司的账务处理如下:

借:固定资产　　　　　　　　　　　　　　　　　　　　　　630 000
　　贷:股本——甲　　　　　　　　　　　　　　　　　　　600 000
　　　　资本公积——股本溢价　　　　　　　　　　　　　　 30 000

3.23.5 固定资产后续支出的账务处理

固定资产的后续支出是指固定资产使用过程中发生的更新改造支出、修理费用等。

固定资产后续支出的处理原则为,符合固定资产确认条件的,应当计入固定资产成本,同时将被替换部分的账面价值扣除;不符合固定资产确认条件的,应当计入当期损益。将发生的固定资产后续支出计入固定资产成本的,应当终止确认被替换部分的账面价值。

1. 资本化的后续支出

(1)固定资产发生可资本化的后续支出时,企业应将该固定资产的原价、已计提的累计折旧转销,将固定资产的账面价值转入"在建工程"科目核算,并在此基础上重新确定固定资产原价,同时停止计提折旧。

(2)在固定资产发生的后续支出完工并达到预定可使用状态时,再从在建工程转为固定资产,并按重新确定的固定资产原价、使用寿命、预计净残值和折旧方法计提折旧。

(3)企业发生的某些固定资产后续支出可能涉及替换原固定资产的某组成部分,当发生的后续支出符合固定资产确认条件时,应将其计入固定资产成本,同时将被替换部分的账面价值扣除。

(4)企业对固定资产进行定期检查发生的大修理费用,符合资本化条件的,可以计入固定资产成本;不符合资本化条件的,应当费用化,计入当期损益。固定资产在定期大修理间隔期的,照提折旧。

【实例 3-103】2021 年 4 月 5 日，执行《小企业会计准则》的某企业对原有的一项固定资产进行改扩建，该项固定资产的建造成本为 180 000 元，已计提的累计折旧为 80 000 元。该企业的账务处理如下：

借：在建工程　　　　　　　　　　　　　　　　　　　　　　100 000
　　累计折旧　　　　　　　　　　　　　　　　　　　　　　 80 000
　　贷：固定资产　　　　　　　　　　　　　　　　　　　　180 000

2. 费用化的后续支出

与固定资产有关的修理费用等后续支出，不符合固定资产确认条件的，在发生时应直接计入当期损益。

企业生产车间（部门）和行政管理部门发生的固定资产修理费用等后续支出，计入管理费用；企业专设销售机构的，其发生的与专设销售机构相关的固定资产修理费用等后续支出，计入销售费用。

【实例 3-104】2021 年 5 月 6 日，执行《小企业会计准则》的某企业对现有的一台生产用机器设备进行日常维修护理，用银行存款支付修理费 5 000 元。该企业的账务处理如下：

借：制造费用　　　　　　　　　　　　　　　　　　　　　　 5 000
　　贷：银行存款　　　　　　　　　　　　　　　　　　　　 5 000

3.24　1602 累计折旧

固定资产的一个重要属性就是使用期限长，其经济利益的流入是一个长期的过程，固定资产的成本是逐期分摊、逐步转移到它所生产的产品或者提供的劳务中去。因此，固定资产需要按照规定计提折旧，以确定企业所实际发生的成本费用。

"累计折旧"账户属于资产类的备抵调整账户，其结构与一般资产账户的结构刚好相反。

3.24.1　累计折旧概述

累计折旧是指企业的固定资产由于损耗而减少的价值。

1. 累计折旧的科目设置

企业设置"累计折旧"科目，主要用于核算固定资产的累计折旧。本科目贷方登记增加额，借方登记减少额，期末贷方余额，反映企业固定资产的累计折旧额。

"累计折旧"科目可以进行总分类核算，也可以进行明细核算。固定资产的已计提折旧可以根据"固定资产卡片"上所记载的该项固定资产的原价、折旧率和实际使用年数等资料进行计算。

2. 影响折旧的因素

影响折旧的因素主要有以下几点。

（1）固定资产原价，指固定资产的成本。

（2）预计净残值，指固定资产预计使用寿命已满，企业从该项固定资产处置中获得的扣除预计处置费用后的净额。企业在根据实际情况合理估计的前提下，可以直接采用《企业所得税法》规定的折旧最低年限作为相关固定资产的折旧年限。

（3）固定资产的使用寿命，指企业使用固定资产的预计期间。企业应当根据固定资产的实际情况进行合理的估计，并在固定资产使用寿命内一贯应用。

3. 计提折旧的固定资产范围

企业所有固定资产均应计提折旧，但以下两种情况除外：

（1）已提足折旧仍继续使用的固定资产；

（2）单独计价入账的土地。

4. 固定资产折旧的方法

固定资产折旧的方法主要为直线法（包括年限平均法和工作量法）和加速折旧法（包括年数总和法和双倍余额递减法）。企业应当根据固定资产所含经济利益预期实现方式选择不同的方法，折旧方法不同，计提的折旧额相差很大。

5. 计提折旧的时点

当月增加的固定资产，当月不计提折旧，下月开始计提；当月减少的固定资产，当月计提折旧，下月不再计提；提前报废的固定资产，不再补提折旧。

3.24.2 累计折旧的计提方法

固定资产的折旧方法、使用寿命、预计净残值一经确定，不得随意变更。如果固定资产使用过程中所处环境、使用情况等发生重大变化，导致其折旧方法、使用寿命或者预计净残值确需变更的，应当作为会计估计变更处理。

1. 年限平均法

年限平均法又称直线法，是指将固定资产的应计折旧额均衡地分摊到固定资产预计使用寿命内的一种方法。

采用这种方法计算的每期折旧额均相等。公式如下：

$$年折旧率 = \frac{（1-预计净残值率）}{预计使用寿命（年）}$$

$$月折旧率 = 年折旧率 \div 12$$

$$月折旧额 = 固定资产原价 \times 月折旧率$$

$$固定资产年折旧额 = （固定资产原价 - 预计净残值）\div 预计使用年限$$

【实例3-105】执行《小企业会计准则》的某企业为一般纳税人，2021年5月1日，该企业购入一幢办公楼，原价为2 000 000元，增值税税额为260 000元，以银行存款支付。预计使用年限为20年，预计净残值为8 000元，按年限平均法计提折旧。该企业的账务处理如下：

借：固定资产——办公楼　　　　　　　　　　　　　　　　2 000 000
　　应交税费——应交增值税（进项税额）　　　　　　　　　260 000
　　贷：银行存款　　　　　　　　　　　　　　　　　　　　2 260 000

每年应计提的折旧额 =（2 000 000–8 000）÷20=99 600（元）

每月应计提的折旧额 =99 600÷12=8 300（元）

2. 工作量法

工作量法是根据实际工作量计提折旧额的一种方法。这种方法可以弥补年限平均法只看重使用时间，不考虑使用强度的缺点。

工作量法是按照机器实际工作量来计算折旧额的，每月的折旧额根据工作量而变化。公式如下：

$$单位工作量折旧额 = [固定资产原价 \times （1-预计净残值率）] \div 预计总工作量$$

$$某项固定资产月折旧额 = 该项固定资产当月工作量 \times 单位工作量折旧额$$

【实例3-106】执行《小企业会计准则》的某企业为小规模纳税人，2021年5月6日，该企业购入一台生产用机器，含税价格为60 000元，预计总工作量为1 000 000件零件，月工作量为20 000件零件，机器预计净残值率为5%，采用工作量法计提折旧，求6月的折旧额。该企业的账务处理如下：

  借：固定资产   60 000

    贷：银行存款   60 000

单位工作量折旧额=［60 000×（1–5%）］÷1 000 000=0.057（元）

月折旧额=20 000×0.057=1 140（元）

3. 双倍余额递减法

双倍余额递减法是指在不考虑固定资产预计净残值的情况下，根据每期期初固定资产原价减去累计折旧后的金额和双倍的直线法折旧率计算固定资产折旧的一种方法。其特点是在固定资产有效使用年限的前期多提折旧，后期少提折旧，从而相对加快折旧的速度，以使固定资产成本在有效使用年限内加快得到补偿。

应用这种方法计提折旧，由于每年年初固定资产净值没有扣除预计净残值，所以在计算固定资产折旧额时，应在其折旧年限到期前两年内，将固定资产净值扣除预计净残值后的余额平均摊销。公式如下：

$$年折旧率 = \frac{2}{预计使用寿命（年）} \times 100\%$$

$$月折旧率 = 年折旧率 \div 12$$

$$月折旧额 = （固定资产原价 - 累计折旧） \times 月折旧率$$

【实例3-107】执行《小企业会计准则》的某企业为一般纳税人，2021年5月4日，该企业购入一台管理用设备，原价为600 000元，增值税税额为78 000元。预计使用年限为5年，预计净残值为2 400元，按双倍余额递减法计提折旧。相关账务处理及每年应计提的折旧额计算如下：

  借：固定资产   600 000

    应交税费——应交增值税（进项税额）   78 000

    贷：银行存款   678 000

年折旧率=2÷5×100%=40%

第1年应计提的折旧额=600 000×40%=240 000（元）

第2年应计提的折旧额=（600 000–240 000）×40%=144 000（元）

第3年应计提的折旧额=（600 000–240 000–144 000）×40%=86 400（元）

从第4年起改用年限平均法（直线法）计提折旧。

第4年、第5年的年折旧额=（600 000–240 000–144 000–86 400–2 400）÷2=63 600（元）

4. 年数总和法

年数总和法又称年限合计法，是指将固定资产的原价减去预计净残值后的余额，乘以一个以固定资产尚可使用寿命为分子、以预计使用寿命逐年数字之和为分母的逐年递减的分数计算每年的折旧额。其特点是在固定资产有效使用年限的前期多提折旧，后期少提折旧，从而相对加快折旧的速度，以使固定资产成本在有效使用年限内加快得到补偿。

采用年数总和法计提固定资产折旧，体现了会计的谨慎性原则。公式如下：

$$年折旧率 = \frac{尚可使用年限}{预计使用寿命的年数总和} \times 100\%$$

$$月折旧率 = 年折旧率 \div 12$$

$$年折旧额 = （固定资产原值 - 预计残值） \times 年折旧率$$

$$月折旧额 = （固定资产原价 - 预计净残值） \times 月折旧率$$

【实例3-108】执行《小企业会计准则》的某企业为一般纳税人，2020年5月6日，该企业购入一台管理用设备，原价为605 000元，预计使用年限为5年，预计净残值为5 000元，该企业采用年数总和法计提折旧，相关账务处理及计算的各年折旧额如下。

借：固定资产　　　　　　　　　　　　　　　　　　　605 000
　　应交税费——应交增值税（进项税额）　　　　　　78 650
　　贷：银行存款　　　　　　　　　　　　　　　　　683 650

年数总和法下各年折旧额计算表

单位：元

使用年份	年折旧率	年折旧额	累计折旧额	账面净值
购置时				605 000
第1年	5÷(5+4+3+2+1)	200 000	200 000	405 000
第2年	4÷(5+4+3+2+1)	160 000	360 000	245 000
第3年	3÷(5+4+3+2+1)	120 000	480 000	125 000
第4年	2÷(5+4+3+2+1)	80 000	560 000	45 000
第5年	1÷(5+4+3+2+1)	40 000	600 000	5 000
合计		600 000		

 **注意**

双倍余额递减法和其他方法的主要区别在于,其一开始计提折旧时不扣除预计净残值,最后两年改为直线法计提折旧才扣除预计净残值;另外,采用双倍余额递减法计提折旧时应该扣除以前已经计提的折旧,而年数总和法和年限平均法不扣除已经计提的折旧。现行中小企业大多采用年限平均法计提折旧。

3.24.3 固定资产折旧的账务处理

企业应当根据固定资产的受益对象,按月计提固定资产的折旧费,借记"制造费用""管理费用"等科目,贷记"累计折旧"科目。

【**实例3-109**】执行《小企业会计准则》的某企业,2021年5月,固定资产计提折旧的情况如下:机器设备计提折旧37 000元,厂房计提折旧42 000元;行政办公楼计提折旧35 000元;销售部门的运输工具计提折旧28 000元。该企业的账务处理如下:

借:制造费用 79 000
　　管理费用 35 000
　　销售费用 28 000
　贷:累计折旧 142 000

3.25　1604 在建工程

3.25.1 在建工程概述

在建工程是指企业固定资产的新建、改建、扩建,或技术改造、设备更新和大修理工程等尚未完工的工程支出。

1. 在建工程的科目设置

"在建工程"科目主要核算企业需要安装的固定资产、固定资产新建工程、改扩建等所发生的成本。本科目期末借方余额,反映企业尚未完工或虽已完工,但尚未办理竣工决算的工程成本。

"在建工程"科目应当按照"建筑工程""安装工程""在安装设备""待摊支出"及单项工程进行明细核算。

2. 在建工程分类

在建工程通常有"自营"和"出包"两种方式。自营在建工程指企业自行购买工程用料、自行施工并进行管理的工程；出包在建工程是指企业通过签订合同，由其他工程队或单位承包建造的工程。

3.25.2 在建工程的账务处理

企业与固定资产有关的后续支出，包括固定资产发生的日常修理费、大修理费用、更新改造支出、房屋的装修费用等，满足固定资产准则规定的固定资产确认条件的，在"在建工程"科目核算；没有满足固定资产确认条件的，应在"管理费用"科目核算，不在本科目核算。相关账务处理如下。

（1）企业外包的在建工程，借记"在建工程"科目，贷记"银行存款"等科目，将设备交付承包企业进行安装时，借记"在建工程——在安装设备"科目，贷记"工程物资"科目。

与承包企业办理工程价款结算时，按补付的工程款，借记"在建工程"科目，贷记"银行存款""应付账款"等科目。

（2）企业自营的在建工程领用工程物资、本企业原材料或库存商品的，借记"在建工程"科目，贷记"工程物资""原材料""库存商品"等科目。采用计划成本核算的，同时结转应分摊的成本差异。

在建工程应负担的职工薪酬，借记"在建工程"科目，贷记"应付职工薪酬"科目。

辅助生产部门为工程提供的水、电、设备安装、修理、运输等劳务支出，借记"在建工程"科目，贷记"生产成本——辅助生产成本"等科目。

（3）在建工程发生的管理费、征地费、可行性研究费、临时设施费、公证费、监理费及应负担的税费等，借记"在建工程——待摊支出"科目，贷记"银行存款"等科目。

在建工程发生的借款费用满足借款费用准则资本化条件的，借记"在建工程——待摊支出"科目，贷记"长期借款""应付利息"等科目。

（4）由于自然灾害等原因造成的单项工程或单位工程报废或毁损，减去残料价值和过失人或保险公司等赔款后的净损失，借记"在建工程——待摊支出"科目，贷记"在建工程——建筑工程""在建工程——安装工程"等科目；在建工程全部报废或毁损的，应按其净损失，借记"营业外支出——非常损失"科目，贷记"在建工程"科目。

（5）建设期间发生的工程物资盘亏、报废及毁损净损失，借记"在建工程——待摊支出"科目，贷记"工程物资"科目；盘盈的工程物资或处置净收益，做相反的会计分录。

（6）在建工程进行负荷联合试车发生的费用，借记"在建工程——待摊支出"科目，贷记"银行存款""原材料"等科目；试车形成的产品对外销售或转为库存商品的，借记"银行存款""库存商品"等科目，贷记"在建工程——待摊支出"科目。

（7）在建工程完工已领出的剩余物资应办理退库手续，借记"工程物资"科目，贷记"在建工程"科目。

（8）在建工程达到预定可使用状态时，应计算分配待摊支出，借记"在建工程——××工程"科目，贷记"在建工程——待摊支出"科目；结转在建工程成本时，借记"固定资产"等科目，贷记"在建工程——××工程"科目。

【**实例3-110**】执行《小企业会计准则》的某企业为一般纳税人，2020年4月1日，该企业自营在建工程购进一批工程物资，价值500 000元，增值税税额65 000元。7月10日，全部领用该批工程物资。11月15日，工程建造完工，支付建造工人工资40 000元，另外发生了25 000元的借款费用，该借款费用满足资本化的条件。12月5日，企业利用已完工的在建工程进行负荷联合试产，消耗原材料10 000元，并支付了5 000元的联合试产费用，生产出的产品以实际成本转作库存商品。12月20日，该项在建工程验收完毕，转入固定资产。该企业的账务处理如下。

（1）4月1日，购进工程物资时：

借：工程物资	500 000
应交税费——应交增值税（进项税额）	65 000
贷：银行存款	565 000

（2）7月10日，领用工程物资时：

借：在建工程	500 000
贷：工程物资	500 000

（3）11月15日，支付工人工资时：

借：在建工程	40 000
贷：应付职工薪酬——职工工资	40 000

（4）11月15日，借款费用资本化时：

借：在建工程——待摊支出	25 000
贷：长期借款	25 000

（5）12月5日，进行负荷联合试车时：

```
借：在建工程——待摊支出                                    15 000
    贷：原材料                                           10 000
        银行存款                                          5 000
```

（6）12月5日，试产产品转为库存商品时：

```
借：库存商品                                            15 000
    贷：在建工程——待摊支出                                15 000
```

（7）12月20日，在建工程转为固定资产时：

```
借：固定资产                                           565 000
    贷：在建工程                                        540 000
        在建工程——待摊支出                               25 000
```

3.26 1605 工程物资

3.26.1 工程物资概述

工程物资是指企业用于固定资产建造的建筑材料（如钢材、水泥、玻璃等），买回来要再次加工建设的资产，其在资产负债表中列示为非流动资产。企业购入不需要安装的设备，应当在"固定资产"科目核算，不在本科目核算。本科目应按照"专用材料""专用设备""工器具"等进行明细核算。

1. 工程物资的科目设置

企业设置"工程物资"科目的目的是核算企业为在建工程准备的各种物资，包括工程用材料、尚未安装的设备以及为生产准备的工器具等的成本。本科目期末借方余额，反映企业为在建工程准备的各种物资的成本。

2. 工程物资与在建工程的区别

工程物资是反映企业各项工程尚未使用的工程物资的实际成本。本项目应根据"工程物资"科目的期末余额填列。

在建工程是反映企业期末各项未完工程的实际支出，包括交付安装的设备价值。未完建筑安装工程已经耗用的材料、工资和费用支出，预付出包工程的价款，已经建筑安装完毕但尚未交付使用的工程等的可收回金额。

3.26.2 工程物资的账务处理

(1) 购入为工程准备的物资，借记"工程物资"科目，贷记"银行存款""应付账款"等科目。

(2) 领用工程物资，借记"在建工程"科目，贷记"工程物资"科目。工程完工后将领出的剩余物资退库时，做相反的会计分录。

(3) 工程完工后剩余的工程物资转作本企业存货的，借记"原材料"等科目，贷记"工程物资"科目；采用计划成本核算的，应同时结转材料成本差异。

工程完工后剩余的工程物资对外出售的，应确认其他业务收入并结转相应成本。

【**实例** 3-111】执行《小企业会计准则》的某企业为一般纳税人，2021年2月，该企业自行建造仓库一座，购入为工程准备的各种物资共计400 000元，支付的增值税税额为52 000元，实际领用工程物资360 000元，剩余物资转作企业存货。另外，领用企业生产用的原材料一批，实际成本为60 000元，分配工程人员工资100 000元，企业辅助生产车间为工程提供有关劳务支出20 000元，工程完工交付使用。该企业的账务处理如下。

(1) 购入为在建工程准备的物资时：

借：工程物资	400 000
应交税费——应交增值税（进项税额）	52 000
贷：银行存款	452 000

(2) 领用工程物资时：

借：在建工程——仓库	360 000
贷：工程物资	360 000

(3) 领用原材料时：

借：在建工程——仓库	60 000
贷：原材料	60 000

(4) 分配工程人员工资时：

借：在建工程——仓库	100 000
贷：应付职工薪酬——职工工资	100 000

(5) 辅助车间为工程提供劳务支出时：

借：在建工程——仓库	20 000
贷：生产成本——辅助生产成本	20 000

（6）工程完工交付使用时：

借：固定资产 540 000

　　贷：在建工程——仓库 540 000

（7）剩余工程物资转作企业存货时：

借：原材料 40 000

　　贷：工程物资 40 000

3.27 1606 固定资产清理

3.27.1 固定资产清理概述

固定资产清理是指因磨损、遭受非常灾害和意外事故而丧失生产能力，或因陈旧过时，须淘汰更新的固定资产，所办理的鉴定、报废、核销资产、处理残值等各项工作的总称。

1. 固定资产清理的科目设置

"固定资产清理"科目主要核算企业因出售、报废、毁损、对外投资等原因处置固定资产所转出的固定资产账面价值，以及在清理过程中发生的费用等。本科目借方登记固定资产转入清理的净值和清理过程中发生的费用，贷方登记出售固定资产取得的价款、残料价值和变价收入。期末借方余额，表示企业尚未清理完毕的固定资产清理净损失；期末贷方余额，表示企业尚未清理完毕的固定资产清理净收益。

"固定资产清理"科目应按被清理的固定资产项目设置明细账。

2. 账务处理的步骤

企业因出售、转让、报废或毁损、对外投资、非货币性资产交换、债务重组等处置固定资产，其账务处理一般经过以下几个步骤。

第一，固定资产转入清理。固定资产转入清理时，按固定资产账面价值，借记"固定资产清理"科目；按已计提的累计折旧，借记"累计折旧"科目；按固定资产账面余额，贷记"固定资产"科目。

第二，发生的清理费用的处理。固定资产清理过程中发生的有关费用及应支付的相关税费，借记"固定资产清理"科目，贷记"银行存款""应交税费"等科目。

第三，出售收入和残料等的处理。企业收回出售固定资产的价款、残料价值和变价收入等，应冲减清理支出。按实际收到的出售价款以及残料变价收入等，借记"银行存款""原材料"等科目，贷记"固定资产清理""应交税费——应交增值税"等科目。

第四，保险赔偿的处理。企业计算或收到的应由保险公司或过失人赔偿的损失，应冲减清理支出，借记"其他应收款""银行存款"等科目，贷记"固定资产清理"科目。

第五，清理净损益的处理。固定资产清理完成后的净损失，属于生产经营期间正常的处理损失，借记"营业外支出——处置非流动资产损失"科目，贷记"固定资产清理"科目；属于生产经营期间由于自然灾害等非正常原因造成的损失，借记"营业外支出——非常损失"科目，贷记"固定资产清理"科目。固定资产清理完成后的净收益，借记"固定资产清理"科目，贷记"营业外收入"科目。

3.27.2 固定资产清理的账务处理

【**实例3-112**】执行《小企业会计准则》的某企业有一辆运输卡车，2017年2月购入，原价150 000元，已提足折旧50 000元，2021年5月1日，该车在一次事故中报废，收回过失人赔偿款40 000元，应由保险公司赔偿的损失为40 000元，卡车残料变价收入5 000元。该企业的账务处理如下。

（1）将报废卡车转销时：

借：固定资产清理	100 000
累计折旧	50 000
贷：固定资产	150 000

（2）收到过失人赔款时：

借：银行存款	40 000
贷：固定资产清理	40 000

（3）计算出保险公司应该赔偿的损失时：

借：其他应收款	40 000
贷：固定资产清理	40 000

（4）收到残料的变价收入时：

借：银行存款	5 000
贷：固定资产清理	5 000

（5）结转固定资产净损益时：

借：营业外支出——非常损失	15 000
贷：固定资产清理	15 000

【实例 3-113】2021 年 5 月 1 日，执行《小企业会计准则》的某企业处置一台原价为 200 000 元的机器设备，该机器设备已计提的累计折旧为 75 000 元，相关账务处理如下：

借：固定资产清理　　　　　　　　　　　　　　　　125 000
　　累计折旧　　　　　　　　　　　　　　　　　　 75 000
　　贷：固定资产　　　　　　　　　　　　　　　　　　　　200 000

3.28　1621 生产性生物资产

3.28.1　生产性生物资产概述

生产性生物资产是指企业为生产农产品、提供劳务或者出租等而持有的生物资产，包括经济林、薪炭林、产畜和役畜等。

1. 生产性生物资产的科目设置

企业设置"生产性生物资产"科目的目的是核算企业（农、林、牧、渔业）持有的生产性生物资产的原价（成本）。本科目期末借方余额，反映企业（农、林、牧、渔业）生产性生物资产的原价（成本）。

"生产性生物资产"科目应按照"未成熟生产性生物资产"和"成熟生产性生物资产"，分别依据生物资产的种类、群别等进行明细核算。

2. 生产性生物资产的特点

生产性生物资产具备自我生长性，能够在持续的基础上予以消耗，并在未来的一段时间内保持其服务能力或未来经济利益，属于劳动手段。

3. 生产性生物资产的划分

根据其是否具备生产能力（即是否达到预定生产经营目的），可以将生产性生物资产划分为未成熟和成熟两类。

（1）未成熟的生产性生物资产，指尚未达到预定生产经营目的，还不能够多年连续稳定产出农产品、提供劳务或出租的生产性生物资产。

（2）成熟的生产性生物资产，指已经达到预定生产经营目的的生产性生物资产。

4. 生产性生物资产与消耗性生物资产的区别

消耗性生物资产收获农产品之后，该资产就不复存在了；而生产性生物资产产出农产品之后，该资产仍然保留，并可以在未来期间继续产出农产品。因此，通常认为生产性生物资产在一定程度上具有固定资产的特征。

3.28.2 生产性生物资产外购取得时的账务处理

生产性生物资产应当按照成本进行计量，以取得生产性生物资产发生的全部相关支出作为成本。但是，对于不同方式取得的生产性生物资产，其成本构成不尽相同。企业取得生产性生物资产的方式主要为外购和自行营造或者繁殖。

外购的生产性生物资产的成本包括企业为购买生产性生物资产支付的价款、缴纳的税金和行政事业性收费、运输费、保险费、场地整理费、装卸费、栽植费、专业人员服务费等。

企业一笔款项一次性购入多项生物资产时，购买过程中发生的相关税费、运输费、保险费等可直接归属于购买该资产的其他支出，应当按照各项生物资产的价款比例进行分配，分别确定各项生物资产的成本。

企业外购的生产性生物资产，按照购买价款和相关税费，借记"生产性生物资产"科目，贷记"银行存款"等科目。涉及按照税法规定可抵扣的增值税进项税额的，还应当借记"应交税费——应交增值税（进项税额）"科目。

【实例 3-114】2021 年 4 月 2 日，执行《小企业会计准则》的某企业从市场上购买了 8 头种牛和 10 头种羊，单价分别为 14 000 元和 2 400 元，共支付价款 136 000 元，另支付运输费 3 000 元，装卸费 120 元，全部价款以银行存款付清。该企业的账务处理如下：

运输费和装卸费的分摊比例 =（3 000+120）÷136 000×100%=2.294%

种牛应分摊 =8×14 000×2.294%=2 570（元）

种羊应分摊 =10×2 400×2.294%=550（元）

借：生产性生物资产——种牛　　　　　　　　　　　　　　114 570
　　　　　　　　　　——种羊　　　　　　　　　　　　　　 24 550
　　贷：银行存款　　　　　　　　　　　　　　　　　　　　139 120

3.28.3 自行营造或者繁殖的生产性生物资产的账务处理

对自行营造或繁殖的生产性生物资产成本，按照其达到预定生产经营目的前发生的必要支出确定，包括直接材料、直接人工、其他直接费用和应分摊的间接费用。

1. 自行营造的林木类生产性生物资产的成本

自行营造的林木类生产性生物资产的成本包括达到预定生产经营目的前发生的造林费、抚育费、营林设施费、良种试验费、调查设计费和应分摊的间接费用等必要支出。

2. 自行繁殖的产畜和役畜的成本

自行繁殖的产畜和役畜的成本包括达到预定生产经营目的（成龄）前发生的饲料费、人工费和应分摊的间接费用等必要支出。按照应计入成本的金额，借记"生产性生物资产——未成熟生产性生物资产"科目，贷记"原材料""银行存款""应付利息"等科目。

3. 未成熟生产性生物资产达到预定生产经营目的

当未成熟生产性生物资产达到预定生产经营目的时，按照其账面余额，借记"生产性生物资产——成熟生产性生物资产"科目，贷记"生产性生物资产——未成熟生产性生物资产"科目。

【实例3-115】执行《小企业会计准则》的某企业于2020年4月24日开始自行营造果树，发生种苗费310 000元，肥料及农药费248 000元。预计2023年该批果树达到预定生产经营目的。该企业的账务处理如下：

（1）2020年4月24日，自行营造果树：

借：生产性生物资产——未成熟生产性生物资产（果树）　　558 000
　　贷：原材料——种苗　　　　　　　　　　　　　　　　　310 000
　　　　　　　——肥料及农药费　　　　　　　　　　　　　248 000

（2）2023年，果树达到预定生产经营目的：

借：生产性生物资产——成熟生产性生物资产（果树）　　　558 000
　　贷：生产性生物资产——未成熟生产性生物资产（果树）　558 000

3.28.4 生产性生物资产折旧的账务处理

生产性生物资产由于其存活或者使用期限较长，成本需要逐期分摊，转移到其所生产的产品或者提供的劳务中去，因此生产性生物资产需要按照规定计提折旧，以确定企业所实际发生的成本。生产性生物资产的折旧方法、使用寿命、预计净残值一经确定，不得随意变更。

1. 生产性生物资产的折旧范围

所有投入使用的生产性生物资产都应计提折旧。

2. 生产性生物资产使用寿命的确定条件

生产性生物资产使用寿命的确定条件为：

（1）该资产的预计产出能力或实物产量；

（2）该资产的预计有形损耗；

（3）该资产的预计无形损耗，如因新品种的出现而使现有的生产性生物资产的产出能力和产出农产品的质量等方面相对下降、市场需求的变化使生产性生物资产产出的农产品相对过时等；

（4）在相同的环境下，同样的生产性生物资产的预计使用寿命应该基本相同。

3. 生产性生物资产的折旧方法

生产性生物资产应当按照年限平均法计提折旧。

企业（农、林、牧、渔业）应当自生产性生物资产投入使用月份的下月起按月计提折旧；停止使用的生产性生物资产，应当自停止使用月份的下月起停止计提折旧。

4. 生产性生物资产预计净残值的确定

生产性生物资产的预计净残值，是指生产性生物资产预计使用寿命已满，企业从该项生产性生物资产处置中获得的扣除预计处置费用后的金额。

《小企业会计准则》和《企业所得税法》都没有规定生产性生物资产的净残值率，企业应当根据生产性生物资产的实际使用情况进行合理的估计，生产性生物资产的使用寿命、预计净残值一经确定，不得随意变更。如果生产性生物资产使用过程中所处环境、使用情况等发生重大变化，导致其使用寿命或者预计净残值确需变更的，应当作为会计估计变更处理。

3.28.5 生产性生物资产后续支出的账务处理

择伐、间伐或抚育更新等生产性采伐而补植林木类生产性生物资产发生的后续支出，借记"生产性生物资产——未成熟生产性生物资产"科目，贷记"银行存款"等科目。

生产性生物资产发生的管护、饲养费用等后续支出，借记"管理费用"科目，贷记"银行存款"等科目。

【实例3-116】沿用【实例3-114】和【实例3-115】，若该企业购买该批种牛和种羊后又发生了饲养费用88 000元，以及在果树抚育期间共支付了95 000元，这些后续支出均用银行存款付清。该企业的账务处理如下。

（1）支付种牛和种羊的饲养费用：

借：管理费用　　　　　　　　　　　　　　　　　　　　　　　88 000

　　贷：银行存款　　　　　　　　　　　　　　　　　　　　　　88 000

（2）果树的后续支出：

借：生产性生物资产——未成熟生产性生物资产　　　　　　　　95 000

　　贷：银行存款　　　　　　　　　　　　　　　　　　　　　　95 000

3.28.6 生产性生物资产处置的账务处理

因出售、报废、毁损、对外投资等原因处置生产性生物资产，应按照取得的出售生产性生物资产的价款、残料价值和变价收入等处置收入，借记"银行存款"等科目；按照已计提的累计折旧，借记"生产性生物资产累计折旧"科目；按照其原价，贷记"生产性生物资产"科目；按照其差额，借记"营业外支出——非流动资产处置净损失"科目或贷记"营业外收入——非流动资产处置净收益"科目。

【实例 3-117】沿用【实例 3-114】，该企业于 2021 年 4 月 5 日出售了 4 头种牛和 5 头种羊，取得收入 87 000 元。实际单价分别为 18 000 元和 3 000 元，累计已计提折旧 18 000 元。该企业的账务处理如下：

借：银行存款　　　　　　　　　　　　　　　　　　　　　　　87 000

　　生产性生物资产累计折旧　　　　　　　　　　　　　　　　18 000

　　贷：生产性生物资产——种牛　　　　　　　　　　　　　　57 285

　　　　　　　　　　　　——种羊　　　　　　　　　　　　　12 275

　　　　营业外收入——非流动资产处置净收益　　　　　　　　35 440

3.29　1622 生产性生物资产累计折旧

3.29.1 生产性生物资产累计折旧概述

1. 生产性生物资产累计折旧的科目设置

"生产性生物资产累计折旧"科目主要用于核算企业（农、林、牧、渔业）成熟生产性生物资产的累计折旧。本科目期末贷方余额，反映企业成熟生产性生物资产的累计折旧额。

"生产性生物资产累计折旧"科目应按照生产性生物资产的种类、群别等进行明细核算。

2. 生产性生物资产的折旧方法

生产性生物资产按照直线法计算的折旧，准予扣除。企业应当自生产性生物资产投入使用月份的次月起计算折旧；停止使用的生产性生物资产，应当自停止使用月份的次月起停止计算折旧。

3. 生产性生物资产计算折旧的最低年限

（1）林木类生产性生物资产，包括经济林、薪炭林等，计算折旧的最低年限为10年。

（2）畜类生产性生物资产，由于其使用寿命相对较短，因此最低折旧年限为3年。

3.29.2 生产性生物资产累计折旧的账务处理

企业按月计提成熟生产性生物资产的折旧，借记"生产成本""管理费用"等科目，贷记"生产性生物资产累计折旧"科目。处置生产性生物资产还应同时结转生产性生物资产累计折旧。

【实例3-118】执行《小企业会计准则》的某企业拥有20头种牛，2021年4月30日，计提折旧30 000元，相关账务处理如下：

借：生产成本　　　　　　　　　　　　　　　　　　　　　　　　30 000
　　贷：生产性生物资产累计折旧　　　　　　　　　　　　　　　　　30 000

3.30　1701 无形资产

3.30.1 无形资产概述

无形资产是指企业为生产产品、提供劳务、出租或经营管理而持有的、没有实物形态的可辨认非货币性资产。

1. 无形资产的科目设置

"无形资产"科目主要用于核算企业持有的无形资产成本，借方登记取得无形资产的成本，贷方登记转出的无形资产账面价值余额。本科目期末借方余额，反映企业无形资产的成本。

"无形资产"科目应按照无形资产项目进行明细核算。

2.无形资产的范围

企业的无形资产包括土地使用权、专利权、商标权、著作权、非专利技术、特许经营权等。

（1）土地使用权是指国家准许某企业在一定期间内对国有土地享有开发、利用、经营的权利。企业取得土地使用权的方式有行政划拨、外购及投资者投入。

（2）专利权是指国家专利主管机关依法授予发明创造专利申请人，对其发明创造在法定期限内所享有的专有权利，包括发明专利权、实用新型专利权和外观设计专利权。

（3）商标权是指商标所有人对其商标所享有的独占的、排他的权利。商标是用来辨认特定的商品或劳务的标记：经商标局核准注册的商标为注册商标，商标注册人享有商标专用权，受法律保护。

（4）著作权又称版权，是指作者对其创作的文学、科学和艺术作品依法享有的某些特殊权利。

（5）非专利技术也称专有技术，是指不为外界所知、在生产经营活动中已采用了的、不享有法律保护的、可以带来经济效益的各种技术和诀窍。

（6）特许经营权是指企业在某一地区经营或销售某种特定商品的权利，或是一家企业接受另一家企业使用其商标、商号、技术秘密等的权利。

注意

企业的无形资产不包括以下内容：
（1）客户关系、人力资源等，由于企业无法控制其带来的未来经济利益，因此不符合无形资产的定义；
（2）内部产生的品牌、报刊名、刊头、客户名单和实质上类似项目的支出不能与整个业务的开发成本区分开来的资产项目。

3.企业无形资产的特征

企业无形资产应具有以下特征。

（1）由企业拥有或者控制并能为其带来未来经济利益的资源。

（2）无形资产不具有实物形态。无形资产通常表现为某种权利、某项技术或是某种获取超额利润的综合能力，通过自身所具有的技术等优势为企业带来未来经济利益，不具有实物形态是无形资产区别于其他资产的特征之一。

（3）无形资产具有可辨认性。具有可辨认性是指能够从企业中分离或者划分出来，并能单独用于出售或转让等；产生于合同性权利或其他法定权利，无论这些权利是否可以从企业或其他权利和义务中转移或者分离。

（4）无形资产属于非货币性资产。

4. 无形资产的确认条件

（1）与该资产有关的经济利益很可能流入企业。无形资产产生的未来经济利益可能包括在销售商品、提供劳务的收入中，或者企业使用该项无形资产而减少或节约的成本中，或体现在获得的其他利益中。

（2）该无形资产的成本能够可靠地计量。成本能够可靠地计量是资产确认的一项基本条件。对于无形资产来说，这个条件相对更为重要。

3.30.2 无形资产取得时的账务处理

1. 外购的无形资产

企业外购的无形资产，其成本包括购买价款、相关税费及相关的其他支出。其中，相关的其他支出包括购买无形资产过程中发生的专业测试费、使用借款购买无形资产应负担的借款费用。企业外购无形资产，应当按照其成本，借记"无形资产""应交税费——应交增值税（进项税额）"科目；贷记"银行存款""应付利息"等科目。

【**实例3-119**】执行《小企业会计准则》的某企业为一般纳税人，2021年5月7日，该企业从乙公司购入一项商标权，支付的实际价款为100 000元，并支付增值税税额6 000元，全部款项以银行存款付清。该企业的账务处理如下：

借：无形资产——商标权　　　　　　　　　　　　　　　　100 000
　　应交税费——应交增值税（进项税额）　　　　　　　　　6 000
　贷：银行存款　　　　　　　　　　　　　　　　　　　　106 000

2. 投资者投入的无形资产

投资者投入的无形资产，应当按照投资合同或协议约定的价值确定无形资产的取得成本。如果投资合同或协议约定价值不公允，那么应按无形资产的公允价值作为无形资产初始成本入账。投资者投入的无形资产，借记"无形资产"科目，贷记"实收资本""资本公积"科目。

【实例3-120】乙公司创立的商标有较好的声誉，执行《小企业会计准则》的甲公司预计使用乙公司商标后可使其未来利润增长30%。为此，甲公司与乙公司商定，乙公司以其商标权投资于甲公司，双方协议价格（等于公允价值）为300万元，甲公司另支付印花税等相关税费2万元，款项已通过银行转账支付。甲公司的账务处理如下：

借：无形资产——商标权　　　　　　　　　　　　　　3 020 000
　　贷：实收资本　　　　　　　　　　　　　　　　　3 000 000
　　　　银行存款　　　　　　　　　　　　　　　　　　 20 000

3. 自行开发的无形资产

对于企业自行进行的研究开发项目，应当区分研究阶段与开发阶段，分别进行核算。

（1）研究阶段

研究阶段是指为获取新的技术和知识等进行的有计划的调查。研究阶段的有关支出在发生时，应当予以费用化，计入当期损益。

（2）开发阶段

开发阶段是指在进行商业性生产或使用前，将研究成果或其他知识应用于某项计划或设计，以生产出新的或具有实质性改进的材料、装置、产品等。

在开发阶段，如果企业能够证明满足无形资产的定义及相关确认条件，则所发生的开发支出可资本化，确认为无形资产的成本。

（3）开发阶段有关支出资本化的条件

①完成该无形资产以使其能够使用或出售在技术上具有可行性。

②具有完成该无形资产并使用或出售的意图。

③能够证明运用该无形资产生产的产品存在市场或无形资产自身存在市场，无形资产将在内部使用的，应当证明其有用性。

④有足够的技术、财务资源和其他资源支持，以完成该无形资产的开发，并有能力使用或出售该无形资产。

⑤归属于该无形资产开发阶段的支出能够可靠地计量。

（4）自行开发无形资产的账务处理

企业自行开发无形资产发生的研发支出，不满足资本化条件的，借记"研发支出——费用化支出"科目；满足资本化条件的，借记"研发支出——资本化支出"科目，贷记"原材料""银行存款""应付职工薪酬"等科目。如果确实无法区分研究阶段的支出和开发阶段的支出，应将其所发生的研发支出全部费用化，计入当期损益。

企业以其他方式取得的正在进行中的研究开发项目,应按确定的金额,借记"研发支出——资本化支出"科目,贷记"银行存款"等科目。

研究开发项目达到预定用途形成无形资产的,应按"研发支出——资本化支出"科目的余额,借记"无形资产"科目,贷记"研发支出——资本化支出"科目。

【实例3-121】2020年5月1日,执行《小企业会计准则》的某企业决定自行研发一项产品专利技术,研究开发过程中发生材料费216 000元、开发人员工资90 000元、其他费用22 000元。其中,符合资本化条件的支出为198 000元。8月30日,该项专利技术达到预定用途。该企业的账务处理如下。

(1) 2020年5月1日,发生研发支出:

借:研发支出——费用化支出	130 000
——资本化支出	198 000
贷:原材料	216 000
应付职工薪酬——职工工资	90 000
银行存款	22 000

(2) 2020年8月30日,该项专利技术达到预定用途:

借:无形资产	198 000
管理费用	130 000
贷:研发支出——费用化支出	130 000
——资本化支出	198 000

3.30.3 无形资产摊销的账务处理

企业按月采用年限平均法计提无形资产的摊销额,应当按照无形资产的受益对象,借记"制造费用""管理费用"等科目,贷记"无形资产"科目。

【实例3-122】执行《小企业会计准则》的某企业于2021年1月1日拥有一项特许经营权,成本为360 000元,合同规定受益年限为10年,预计净残值为零。

每月应计提的摊销额=360 000÷10÷12=3 000(元)

每月摊销时,账务处理如下:

借:管理费用	3 000
贷:累计摊销	3 000

3.30.4 无形资产处置的账务处理

处置无形资产，处置收入扣除其账面价值、相关税费等后的净额，应当计入营业外收入或营业外支出。无形资产的账面价值是指无形资产的成本扣减累计摊销后的金额。

由于出售、报废、对外投资等原因处置无形资产，应当按照取得的出售无形资产的价款等处置收入，借记"银行存款"等科目；按照其已计提的累计摊销，借记"累计摊销"科目；按照应支付的相关税费及其他费用，贷记"应交税费——应交增值税""银行存款"等科目；按照其成本，贷记"无形资产"科目；按照其差额，贷记"营业外收入——非流动资产处置净收益"科目或借记"营业外支出——非流动资产处置净损失"科目。

【实例 3-123】 执行《小企业会计准则》的某企业为一般纳税人，2021 年 3 月 31 日，出售一项专利权，该专利权成本为 700 000 元，已计摊销 240 000 元，实际取得的转让价款为 500 000 元，增值税税率 6%，款项已存入银行。该企业的账务处理如下：

```
借：银行存款                                          530 000
    累计摊销                                          240 000
    贷：无形资产                                              700 000
        营业外收入——非流动资产处置净收益                         40 000
        应交税费——应交增值税（销项税额）                         30 000
```

3.31 1702 累计摊销

"累计摊销"科目属于"无形资产"科目的调整科目，作为无形资产的减项，登记方向与无形资产登记方向相反。

3.31.1 累计摊销概述

累计摊销是指企业在使用无形资产过程中，对其价值的分期收回行为及收回额。

1. 累计摊销的科目设置

"累计摊销"科目主要核算对无形资产计提的累计摊销额。该科目贷方登记企业计提的无形资产摊销额，借方登记处置无形资产转出的累计摊销额；期末贷方余额，反映企业无形资产的累计摊销额。

"累计摊销"科目应按照无形资产项目进行明细核算。

2.无形资产的摊销方法

无形资产应当在其使用寿命内采用年限平均法进行摊销。

3.无形资产使用寿命的确定

无形资产的使用寿命包括存在法定寿命、不存在法定寿命。

(1)存在法定寿命:有些无形资产的使用寿命受法律、规章或合同的限制。

(2)不存在法定寿命:有些无形资产如永久性特许经营权、非专利技术等的寿命则不受法律或合同的限制。

4.无形资产的摊销期

(1)有关法律规定或合同约定了使用年限的,可以按照规定或约定的使用年限分期摊销。如果既有法律规定又有合同约定,通常按照孰短的原则来掌握。

(2)不能可靠估计无形资产使用寿命的,摊销期不得低于10年。

5.无形资产摊销额的账务处理

无形资产摊销额应根据无形资产的受益对象计入相关资产成本或者当期损益,相关账务处理如下:

(1)用于生产产品的,其摊销额应计入该产品的成本;

(2)用于日常行政管理的,其摊销额应计入管理费用;

(3)用于营销活动的,其摊销额应计入销售费用;

(4)用于开发某项新技术的,其摊销额应计入该新技术的开发支出;

(5)用于建造某项固定资产的,其摊销额应计入该固定资产的在建工程成本。

6.累计摊销的时点

无形资产的摊销期自其可供使用时起至终止确认时止,当月增加的无形资产,当月开始摊销;当月减少的无形资产,当月不再摊销。

3.31.2 累计摊销的账务处理

无形资产的摊销金额一般应当计入当期损益(管理费用或其他业务成本),但当某项无形资产是专门用于生产某种产品或者其他资产时,摊销金额则应当计入相关资产的成本。

企业按月计提无形资产摊销，借记"管理费用"（管理用无形资产或其他无形资产的摊销）、"制造费用"（专门用于生产某种产品的无形资产的摊销）、"其他业务支出"（出租无形资产的摊销）、"研发支出"（研发无形资产使用另一项无形资产的摊销）等科目，贷记"累计摊销"科目。

【实例 3-124】 执行《小企业会计准则》的某企业为一般纳税人，2021 年 5 月 1 日，该企业购入一项专利权，取得增值税专用发票，价款 120 000 元，增值税税率 6%，税额 7 200 元，款项以银行存款支付。该项专利权的使用年限是 10 年（无残值）。该企业的账务处理如下。

（1）2021 年 5 月 1 日，购入时：

借：无形资产——专利权　　　　　　　　　　　　　　　　　120 000
　　应交税费——应交增值税（进项税额）　　　　　　　　　　7 200
　　贷：银行存款　　　　　　　　　　　　　　　　　　　　127 200

（2）2021 年 5 月 31 日，摊销时：

每月摊销金额 =120 000÷10÷12=1 000（元）

借：管理费用　　　　　　　　　　　　　　　　　　　　　　1 000
　　贷：累计摊销　　　　　　　　　　　　　　　　　　　　1 000

3.32　1801 长期待摊费用

3.32.1　长期待摊费用概述

长期待摊费用是指企业已经支出，但摊销期限在 1 年以上（不含 1 年）的各项费用。

1. 长期待摊费用的科目设置

"长期待摊费用"科目主要用于核算企业已提足折旧的固定资产的改建支出、经营租入固定资产的改建支出、固定资产的大修理支出和其他长期待摊费用等。

2. 长期待摊费用的核算范围

（1）已足额提取折旧的固定资产的改建支出，按照固定资产预计尚可使用年限分期摊销。

（2）租入固定资产的改建支出，按照合同约定的剩余租赁期限分期摊销。

（3）固定资产的大修理支出。记入"长期待摊费用"科目的前提是针对企业的"固定资产"，规定的对象是固定资产的"大修理支出"。固定资产的大修理支出是指同时符合下列条件的支出：修理支出达到取得固定资产时的计税基础50%以上；修理后固定资产的使用年限延长2年以上。税务处理的规定要求是"固定资产的大修理支出"应按照"固定资产尚可使用年限分期摊销"。

（4）固定资产的改建支出，即改变房屋或者建筑物结构、延长使用年限等发生的支出。改建的固定资产延长使用年限的，应当适当延长折旧年限。

（5）其他应当作为长期待摊费用的支出。其他长期待摊费用自支出发生月份的次月起，分期摊销，摊销年限不得低于3年。

3. 长期待摊费用的特点

长期待摊费用具有以下三个特点：

（1）长期待摊费用属于长期资产；

（2）长期待摊费用是企业已经支出的各项费用；

（3）长期待摊费用应能使以后会计期间受益。

3.32.2 长期待摊费用的账务处理

"长期待摊费用"科目核算的前提是针对"已足额提取折旧的固定资产"和"租入固定资产"，规定的对象是"改建支出"。"改建支出"的内容范围是指"改变房屋或者建筑物结构、延长使用年限等发生的支出"。会计处理的规定要求是，"已足额提取折旧的固定资产的改建支出"应按照"固定资产预计尚可使用年限分期摊销"；"租入固定资产的改建支出"应按照"合同约定的剩余租赁期限分期摊销"。

执行《小企业会计准则》的企业发生的长期待摊费用，借记"长期待摊费用"科目，贷记"银行存款""原材料"等科目。摊销长期待摊费用，应按受益对象借记"管理费用""制造费用"等科目，贷记"长期待摊费用"科目。

生产车间（部门）和行政管理部门等发生的固定资产修理费用等后续支出，记入"管理费用"科目；专设销售机构的，其发生的与专设销售机构相关的固定资产修理费用等后续支出，记入"销售费用"科目。对于处于修理、更新改造过程而停止使用的固定资产，如果其修理、更新改造支出不满足固定资产确认条件，那么在发生时也应直接计入当期损益。

【实例3-125】执行《小企业会计准则》的某企业，由2021年1月1日起对其以经营租赁方式租入的办公楼进行装修，发生以下有关支出：领用生产用材料500 000元，购进该批原材料时支付的增值税进项税额为65 000元，另提供劳务支出265 000元，相关人员工资435 000元。2021年4月30日，该办公楼装修完工，达到预定可使用状态并交付使用，同时按剩余租赁期10年开始摊销。该企业的账务处理如下：

借：长期待摊费用　　　　　　　　　　　　　　　　　　　　　500 000
　　贷：原材料　　　　　　　　　　　　　　　　　　　　　　　500 000
借：长期待摊费用　　　　　　　　　　　　　　　　　　　　　265 000
　　贷：劳务成本　　　　　　　　　　　　　　　　　　　　　265 000
借：长期待摊费用　　　　　　　　　　　　　　　　　　　　　435 000
　　贷：应付职工薪酬——职工工资　　　　　　　　　　　　　435 000
每月摊销的长期待摊费用＝（500 000+265 000+435 000）÷10÷12=10 000（元）
借：管理费用　　　　　　　　　　　　　　　　　　　　　　　 10 000
　　贷：长期待摊费用　　　　　　　　　　　　　　　　　　　 10 000

3.33 1901 待处理财产损溢

3.33.1 待处理财产损溢概述

1. 待处理财产损溢的科目设置

"待处理财产损溢"科目主要用于核算企业在清查财产过程中查明的各种财产盘盈、盘亏和毁损的价值。其借方登记发生的待处理财产盘亏、毁损数和结转已批准处理的财产盘盈数；贷方登记发生的待处理财产盘盈和转销已批准处理的财产盘亏和毁损数。

"待处理财产损溢"科目应设置两个明细科目，即"待处理非流动资产损溢""待处理流动资产损溢"科目。本科目可按盘盈、盘亏的资产种类和项目进行明细核算。

2. 各种财产的盘盈、盘亏和毁损

企业在清查财产过程中查明的各种财产盘盈、盘亏和毁损的价值，通过"待处理财产损溢"科目核算。物资在运输途中发生的非正常短缺与损耗，也通过本科目核算。企业如有盘盈固定资产的，应作为前期差错记入"以前年度损益调整"科目。

3. 待处理财产损溢的期末处理

待处理财产损溢在未报经批准前与资产直接相关，在报经批准后与当期损益直接相关。待处理财产损溢应该在月末结账之前处理完毕，不应该有期末余额。

待处理财产损溢科目必须于编制资产负债表前处理完毕，即使未获批准，也要做暂估处理。

4. 待处理财产损溢的入账依据

（1）各种资产的盘盈、盘亏和毁损明细表及批件。

（2）各种流动资产的报废清单和批件。

3.33.2 待处理财产损溢的账务处理

待处理财产损溢的账务处理如下。

（1）盘盈的各种材料、产成品、商品、现金等，应当按照同类或类似的市场价格或评估价值，借记"原材料""库存商品""库存现金"等科目，贷记"待处理财产损溢"科目。

（2）盘盈的固定资产，依据同类或类似固定资产的市场价格或评估价值扣除按照该项固定资产新旧程度估计的折旧后的余额，借记"固定资产"科目，贷记"待处理财产损溢"科目。

（3）盘亏、毁损的各种材料、产成品、商品、现金等，借记"待处理财产损溢"科目，贷记"材料采购""在途物资""原材料""库存商品""库存现金"等科目；材料、产成品、商品采用计划成本（或售价）核算的，要同时结转成本差异（或商品进销差价）；涉及增值税的，还应进行相应处理。物资在运输途中发生的非正常短缺与损耗，也通过本科目核算。

（4）盘亏、毁损的各项资产，依据管理权限报经批准后，在处理时按残料价值，借记"原材料"等科目；按可收回的保险赔偿或过失人赔偿，借记"其他应收款"科目；按"待处理财产损溢"科目余额，贷记"待处理财产损溢"科目；按其借方差额，借记"管理费用""营业外支出"等科目。

（5）在固定资产清查过程中，如果发现有盘盈、盘亏的固定资产，应填制固定资产盘盈、盘亏报告表。清查固定资产的损溢，应及时查明原因，并按照规定程序报批处理。

（6）企业在财产清查中盘亏的固定资产，按盘亏固定资产的账面价值，借记"待处理财产损溢"科目；按已计提的累计折旧，借记"累计折旧"科目；按固定资产的原价，贷记"固定资产"科目。依据管理权限报经批准后处理时，按可收回的保险赔偿或过失人赔偿，借记"其他应收款"科目；按应计入营业外支出的金额，借记"营业外支出——盘亏损失"科目，贷记"待处理财产损溢"科目。

【实例3-126】2021年3月4日，执行《小企业会计准则》的某企业在进行现金清查时，发现库存现金较账面余额多出400元。经查，其中300元为应付给甲企业的货款，其余100元无法查明原因，经批准转入"营业外收入"。该企业的账务处理如下。

（1）发现现金溢余时：

借：库存现金 400
　　贷：待处理财产损溢 400

（2）查明原因时：

借：待处理财产损溢 400
　　贷：其他应付款——甲企业 300
　　　　营业外收入 100

【实例3-127】2021年4月15日，执行《小企业会计准则》的某企业在进行现金清查时，发现库存现金较账面余额少了500元。其中，200元系出纳人员李某工作失误造成，应由其赔偿；其余300元无法查明原因，经批准转入管理费用。根据上述经济业务，该企业的账务处理如下。

（1）发现现金短缺时：

借：待处理财产损溢 500
　　贷：库存现金 500

（2）查明原因时：

借：其他应收款——李某 200
　　管理费用 300
　　贷：待处理财产损溢 500

【实例3-128】在一次资产清查中，执行《小企业会计准则》的某企业的材料盘亏100 000元，经批准作为营业外支出处理，增值税税率为13%。该企业的账务处理如下。

（1）盘亏时：

借：待处理财产损溢 113 000
　　贷：原材料 100 000
　　　　应交税费——应交增值税（进项税额转出） 13 000

（2）批准转销时：

借：营业外支出　　　　　　　　　　　　　　　　　　　　　　　　　113 000
　　贷：待处理财产损溢　　　　　　　　　　　　　　　　　　　　　　　113 000

【实例3-129】在一次资产清查中，执行《小企业会计准则》的某企业的材料盘盈50 000元，经批准作为营业外收入处理。该企业的账务处理如下。

（1）盘盈时：

借：原材料　　　　　　　　　　　　　　　　　　　　　　　　　　　50 000
　　贷：待处理财产损溢　　　　　　　　　　　　　　　　　　　　　　　50 000

（2）批准转销时：

借：待处理财产损溢　　　　　　　　　　　　　　　　　　　　　　　50 000
　　贷：营业外收入　　　　　　　　　　　　　　　　　　　　　　　　　50 000

【实例3-130】执行《小企业会计准则》的某企业，于2021年4月30日对全部的固定资产进行盘查，盘盈一台五成新的机器设备，该设备同类产品市场价格为120 000元，经批准作为营业外收入处理。该企业的账务处理如下：

借：固定资产　　　　　　　　　　　　　　　　　　　　　　　　　120 000
　　贷：累计折旧　　　　　　　　　　　　　　　　　　　　　　　　　　60 000
　　　　待处理财产损溢　　　　　　　　　　　　　　　　　　　　　　　60 000

借：待处理财产损溢　　　　　　　　　　　　　　　　　　　　　　　60 000
　　贷：营业外收入　　　　　　　　　　　　　　　　　　　　　　　　　60 000

【实例3-131】2021年5月31日，执行《小企业会计准则》的某企业盘亏机器设备1台，原值为40 000元，已提折旧为22 000元，净值为18 000元。报经有关部门审批后，将盘亏固定资产的净值转为营业外支出。该企业的账务处理如下。

（1）盘亏固定资产时：

借：待处理财产损溢　　　　　　　　　　　　　　　　　　　　　　　18 000
　　累计折旧　　　　　　　　　　　　　　　　　　　　　　　　　　　22 000
　　贷：固定资产　　　　　　　　　　　　　　　　　　　　　　　　　　40 000

（2）有关部门审批后：

借：营业外支出　　　　　　　　　　　　　　　　　　　　　　　　　18 000
　　贷：待处理财产损溢　　　　　　　　　　　　　　　　　　　　　　　18 000

第4章 经营期间负债类科目的账务处理

4.1 负债概述

4.1.1 什么是负债

负债是指企业过去的交易或者事项形成的，预期会导致经济利益流出企业的现时义务。

1. 会计科目

负债涉及的会计科目有"短期借款""应付票据""应付账款""预收账款""应付职工薪酬""应交税费""应付利息""应付利润""其他应付款""递延收益""长期借款"及"长期应付款"。

2. 负债的特征

（1）负债是企业承担的现时义务，而不是潜在义务。现时义务是指企业在现行条件下已承担的义务，包括法定义务（如购买原材料形成的应付账款）和推定义务（如预计的产品质量保修费）。潜在义务是指结果取决于不确定未来事项的可能义务（或有负债）。

（2）负债预期会导致经济利益流出企业。只有在履行义务时会导致经济利益流出企业的，才符合负债的定义。这是区别于所有者权益的本质特征。

（3）负债是由企业过去的交易或者事项形成的。换句话说，只有过去的交易或者事项才能形成负债，企业将在未来发生的承诺、签订的合同等交易或者事项，不形成负债。

（4）负债是能用货币确切计量或合理估计的经济义务。通常，任何一项负债都可以用货币进行计量，而这种计量可以是确定的偿还金额，即使没有确定的金额，也可以合理地加以判断或估计。

3. 负债的分类

企业的负债按其流动性，可分为流动负债和非流动负债。这种分类方式与资产的分类方式相同，目的是便于分析企业的财务状况和偿债能力。通过企业的流动资产和流动负债，我们可以了解企业可用于支付的流动资产与近期需支付的流动负债的比例，进而把握企业目前的债务清偿能力。

4.1.2 流动负债

流动负债是指企业预计在1年内或者超过1年的一个正常营业周期内清偿的债务。

1. 流动负债的核算范围

流动负债包括2001短期借款、2201应付票据、2202应付账款、2203预收账款、2211应付职工薪酬、2221应交税费、2231应付利息、2232应付利润、2241其他应付款。

2. 流动负债的分类

（1）因融资而产生的负债：短期借款、应付利息。

（2）因经营而产生的流动负债：应付票据、应付账款、预收账款、应付职工薪酬、其他应付款。

（3）因交税而产生的流动负债：应交税费。

（4）因分配而产生的流动负债：应付利润。

（5）企业有些情况下会以代理人身份代税务机关向职工收取某种税金，在上交税务机关之前，也形成企业的一项负债。

3. 流动负债的计量

各项流动负债应当按照其实际发生额入账。企业确实无法偿付的应付款项，应当计入营业外收入，与《企业所得税法》的规定一致。

4.1.3 非流动负债

非流动负债是指企业流动负债以外的负债，包括2401递延收益、2501长期借款、2701长期应付款。非流动负债应当按照其实际发生额入账。长期借款应当按照借款本金和借款合同利率在应付利息日计提利息费用，计入相关资产成本或财务费用。

4.2 2001 短期借款

4.2.1 短期借款概述

短期借款是指企业向银行或其他金融机构等借入的期限在1年内（含1年）的各种借款。

1. 短期借款的科目设置

"短期借款"科目主要用来核算企业向银行或其他金融机构等借入的期限在1年内（含1年）的各种借款。借方登记已偿还的短期借款，贷方登记增加的短期借款金额，期末贷方余额，反映企业尚未偿还的短期借款的本金。

"短期借款"科目应按照借款种类、贷款人和币种进行明细核算。

2. 短期借款的特点

与中长期贷款相比较，短期贷款具有期限短、风险小、利率低的特点。

4.2.2 短期借款的账务处理

短期借款的账务处理如下。

（1）企业借入各种短期借款时，借记"银行存款"科目，贷记"短期借款"科目。

（2）借入短期借款就构成了一项负债，企业应当按照借款本金和借款合同利率计提利息费用，计入当期财务费用。在应付利息日，企业应当按照短期借款合同利率计算确定的利息费用，借记"财务费用"科目，贷记"应付利息"科目。计算公式如下：

短期借款利息费用 = 短期借款本金 × 合同利率 × 计息期限 ÷ 360

（3）银行承兑汇票到期，企业无力支付票款的，按照银行承兑汇票的票面金额，借记"应付票据"科目，贷记"短期借款"科目。

（4）企业持未到期的商业汇票向银行贴现，应当按照实际收到的金额（即减去贴现息后的净额），借记"银行存款"科目；按照贴现息，借记"财务费用"科目；按照商业汇票的票面金额，贷记"应收票据"科目（银行无追索权的情况下）或"短期借款"科目（银行有追索权的情况下）。

【实例4-1】执行《小企业会计准则》的某企业，2021年3月1日从银行借款200 000元，期限为3个月，年利率为6%，到期一次还本付息。5月16日，该企业上月票面金额为120 000元的银行承兑汇票到期，企业无力支付票款，相关账务处理如下。

（1）2021年3月1日，企业借入短期借款时：

借：银行存款 200 000

　　贷：短期借款 200 000

（2）2021年3月31日、4月30日、5月31日计提利息费用：

借：财务费用 （200 000×6%÷12×1）1 000

　　贷：应付利息 1 000

（3）2021年5月31日，到期偿还本金并支付利息：

借：短期借款 200 000

　　应付利息 3 000

　　贷：银行存款 203 000

（4）2021年5月16日，无力支付已到期的银行承兑汇票：

借：应付票据 120 000

　　贷：短期借款 120 000

【**实例4-2**】执行《小企业会计准则》的某企业将其持有的尚未到期的商业汇票向银行贴现，票面金额为122 000元，实际收到的金额为120 000元，银行具有追索权。该企业的账务处理如下：

借：银行存款 120 000

　　财务费用 2 000

　　贷：短期借款 122 000

4.3 2201 应付票据

4.3.1 应付票据概述

应付票据是指由出票人签发的、委托付款人在指定日期无条件支付确定的金额给收款人或者持票人的票据。

1. 应付票据的科目设置

"应付票据"科目主要核算企业因购买材料、商品和接受劳务等日常生产经营活动开出、承兑的商业汇票。开出、承兑时，按票面金额计入贷方；到期承付时，按票面金额计入借方。余额在贷方，表示尚未到期的应付票据数额。

"应付票据"科目按照债权人进行明细核算，依据收款人的姓名和收款单位设置明细，并建立"应付票据备查簿"，登记每一笔应付票据的种类、号数、签发日期、到期日、票面金额、合同交易号、收款人姓名或收款人单位名称及付款日期和金额等。到期付款时，应在备查账簿中逐笔注销。

2. 应付票据的分类

（1）应付票据通常是因企业购买材料、商品和接受劳务等而开出、承兑的商业汇票，包括商业承兑汇票和银行承兑汇票。承兑人是购货单位的票据，为商业承兑汇票；承兑人是银行的票据，为银行承兑汇票。

（2）应付票据按是否带息分为带息应付票据和不带息应付票据。我国企业常用的是不带息票据。

4.3.2 应付票据的账务处理

企业开出、承兑商业汇票或以承兑商业汇票抵付货款、应付账款等，借记"材料采购""在途物资""库存商品"等科目，贷记"应付票据"科目。涉及增值税进项税额的，还应进行相应的账务处理。

企业支付银行承兑汇票的手续费时，借记"财务费用"科目，贷记"银行存款"科目；支付票款时，借记"应付票据"科目，贷记"银行存款"等科目。

【实例4-3】执行《小企业会计准则》的某企业为一般纳税人，2021年1月1日从A公司购买一批库存商品，收到的增值税专用发票上注明的商品价款为100 000元，增值税进项税额为13 000元，商品已验收入库，该企业开出并承兑一张期限为3个月、面值为113 000元的不带息商业承兑汇票。2021年4月1日，该企业开出的票据到期，以银行存款转账支付。该企业的账务处理如下。

（1）2021年1月1日，开出票据时：

借：库存商品　　　　　　　　　　　　　　　　　　　　　　　　　　　　100 000
　　应交税费——应交增值税（进项税额）　　　　　　　　　　　　　　　　13 000
　　贷：应付票据——A公司　　　　　　　　　　　　　　　　　　　　　　113 000

（2）2021年4月1日，票据到期时：

借：应付票据——A公司　　　　　　　　　　　　　　　　　　　　　　　113 000
　　贷：银行存款　　　　　　　　　　　　　　　　　　　　　　　　　　113 000

4.4 2202 应付账款

应付账款最终是以货币偿付的款项。

4.4.1 应付账款概述

应付账款是指企业因购买材料、商品和接受劳务等日常生产经营活动应支付的款项，应付账款一般按应付金额入账。这是买卖双方由于取得物资或服务与支付货款在时间上不一致而产生的负债。

1. 应付账款的科目设置

企业应设置"应付账款"科目核算因购买商品等而产生的应付账款。该科目贷方反映企业因购买材料、商品和接受劳务供应等经营活动应支付的款项，借方反映企业已经归还的应付账款，期末贷方余额，反映企业尚未支付的应付账款。

"应付账款"科目可按对方单位（或个人）进行明细核算。

2. 应付账款入账时间的确定

应付账款的入账时间一般应以与所购买物资所有权有关的风险和报酬已经转移或劳务已经接受为标准。

（1）在物资和发票账单同时到达的情况下，应付账款一般待物资验收入库后，才按发票账单登记入账。在会计期末仍未完成验收的，则应先按合理的估计金额将物资和应付债务入账，事后发现问题再行更正。

（2）在物资和发票账单未同时到达的情况下，实际工作中采用在月份终了将所购物资和应付债务估计入账，待下月初再用红字予以冲回的办法。

3. 应付账款入账金额的确定

（1）应付账款一般按应付金额入账，而不按到期应付金额的现值入账。应付账款的入账金额按发票价格确定。

（2）如果购货条件包括在规定的期限内付款可以享受一定的现金折扣，那么会计上入账金额的确定有两种方法，即总价法和净价法。总价法是按发票金额全部入账，实际付款时，用享受现金折扣部分少付的金额冲减财务费用。净价法是按现金折扣后的金额入账。我国企业普遍采用总价法确定入账金额。

4.4.2 应付账款的账务处理

1. 企业购入材料、商品业务的账务处理

（1）企业购入材料、商品等未验收入库，货款尚未支付的，根据有关凭证（发票、账单、随货同行发票上记载的实际价款或暂估价值），借记"在途物资"等科目；按可抵扣的增值税税额，借记"应交税费——应交增值税（进项税额）"等科目；按应付的价款，贷记"应付账款"科目。

（2）企业接受供应单位提供劳务而发生的应付未付款项，根据供应单位的发票账单，借记"生产成本""管理费用"等科目，贷记"应付账款"科目。支付时，借记"应付账款"科目，贷记"银行存款"等科目。

（3）企业偿付应付账款时，借记"应付账款"科目，贷记"银行存款"等科目。有些应付账款由于债权单位撤销或者其他原因，企业确实无法偿付的，应按其账面余额计入营业外收入，借记"应付账款"科目，贷记"营业外收入"科目。

【实例4-4】执行《小企业会计准则》的企业为增值税一般纳税人，2021年1月1日，和乙公司签订合同，购买商品，该商品已经送达并已验收入库，但是发票未送达。1月31日，该企业仍未收到发票，这批商品的暂估价值为110 000元。2月20日，收到乙公司开具的增值税专用发票，上面标明货物价款为120 000元，增值税税率为13%，增值税税额为15 600元。该企业的账务处理如下。

（1）2021年1月1日，收到商品时，暂不进行账务处理。

（2）2021年1月31日，因没有收到发票，按商品暂估价值处理：

借：库存商品　　　　　　　　　　　　　　　　　　　　　　　　110 000
　　贷：应付账款——乙公司　　　　　　　　　　　　　　　　　　110 000

（3）2021年2月1日，用红字冲回：

借：库存商品（红字）　　　　　　　　　　　　　　　　　　　　110 000
　　贷：应付账款——乙公司（红字）　　　　　　　　　　　　　　110 000

（4）2021年2月20日，收到发票：

借：库存商品　　　　　　　　　　　　　　　　　　　　　　　　120 000
　　应交税费——应交增值税（进项税额）　　　　　　　　　　　　15 600
　　贷：应付账款——乙公司　　　　　　　　　　　　　　　　　　135 600

【实例4-5】执行《小企业会计准则》的某企业为一般纳税人，其于2021年1月12

日向 A 公司购进一批原材料，价款为 20 000 元，增值税税额为 2 600 元，原材料已验收入库，款项尚未支付。付款条件为：2/10。合同约定，计算现金折扣的基数是不含税销售价格。按照总价法，该企业的账务处理如下。

（1）2021 年 1 月 12 日，应付账款发生时：

借：原材料 20 000

　　应交税费——应交增值税（进项税额） 2 600

　　贷：应付账款——A 公司 22 600

（2）如果 2021 年 1 月 20 日以银行存款支付材料款，则享受 2% 的折扣：

借：应付账款——A 公司 22 600

　　贷：财务费用 400

　　　　银行存款 22 200

（3）如果 2021 年 1 月 28 日以银行存款支付材料款，则不享受折扣：

借：应付账款——A 公司 22 600

　　贷：银行存款 22 600

2. 企业与债权人进行债务重组的账务处理

（1）以低于应付债务账面价值的现金清偿债务

以低于应付债务账面价值的现金清偿债务的，企业应按应付债务的账面余额，借记"应付账款"科目；按实际支付的价款，贷记"银行存款"科目；按其差额，贷记"营业外收入——债务重组利得"科目。

【**实例 4-6**】一般纳税人某企业于 2021 年 1 月 1 日向乙公司销售一批材料，不含税价格为 200 000 元，增值税税率为 13%，按合同规定，应于 2021 年 4 月 1 日前偿付货款。由于该企业发生财务困难，无法按合同规定的期限偿还债务，经与乙公司协商，双方于 5 月 1 日进行债务重组。债务重组协议规定，乙公司同意减免该企业 20 000 元债务，余额立即偿清（银行转账）。该企业的账务处理如下。

（1）计算债务重组利得：

债务重组利得 = 应付账款账面余额 - 支付的银行存款 = 226 000-206 000=20 000（元）

（2）会计分录如下：

借：应付账款 226 000

　　贷：银行存款 206 000

　　　　营业外收入——债务重组利得 20 000

（2）以非现金资产清偿债务

以非现金资产清偿债务的，企业应当将重组债务的账面价值与转让的非现金资产公允价值之间的差额，计入当期损益。转让的非现金资产公允价值与其账面价值之间的差额，计入当期损益。

非现金资产公允价值与账面价值的差额，应当分不同情况进行处理：

①非现金资产为存货的，应当视同销售处理，按非现金资产的公允价值确认销售商品收入，同时结转相应的成本；

②非现金资产为固定资产、无形资产的，其公允价值和账面价值的差额计入营业外收入或营业外支出；

③非现金资产为长期股权投资等，其公允价值和账面价值的差额计入投资收益。

【实例 4-7】 某企业执行《小企业会计准则》，欠乙公司货款 250 000 元，由于财务出现困难，短期内不能支付该笔款项，后经双方协商，乙公司同意该企业以其生产的产品偿还债务。产品的公允价值为 200 000 元，实际成本为 120 000 元。该企业为增值税一般纳税人，适用的增值税税率为 13%。乙公司于 2021 年 5 月 1 日收到抵债的产品，并作为库存商品入库。该企业的账务处理如下。

（1）计算债务重组利得：

债务重组利得 = 应付账款的账面余额 – 所转让产品的公允价值 – 增值税销项税额

=250 000–200 000–（200 000×13%）=24 000（元）

（2）会计分录如下：

借：应付账款	250 000
贷：主营业务收入	200 000
应交税费——应交增值税（销项税额）	26 000
营业外收入——债务重组利得	24 000

（3）以债务转为资本

企业以债务转为资本，借记"应付账款"科目，贷记"股本""实收资本""资本公积——股本溢价"等科目。若有差额，借记"营业外支出——债务重组损失"科目，或贷记"营业外收入——债务重组利得"科目。其中"股本（或实收资本）"和"资本公积——股本溢价（或资本溢价）"反映股份的公允价值总额。

【实例 4-8】 甲公司执行《小企业会计准则》，2021 年 3 月 1 日，其"应付账款——乙公司"的账面余额为 60 000 元，由于甲公司发生财务困难，无法偿付应付账款。经双方协商同意,采取将甲公司所欠债务转为甲公司股本的方式进行债务重组,假定甲公司普通股的面值为 1 元,甲公司以 20 000 股抵偿该项债务,股票每股市价为 2.5 元。股票登记手续已办理完毕,甲公司的账务处理如下。

(1)计算债务重组利得:

债务重组利得＝应付账款账面余额－所转股权的公允价值

＝60 000–50 000=10 000(元)

(2)会计分录如下:

借:应付账款	60 000
贷:营业外收入——债务重组利得	10 000
股本——乙公司	50 000

4.5　2203 预收账款

预收账款是以商品或者劳务来清偿的款项。

4.5.1　预收账款概述

预收账款是指企业按照合同约定向购货单位或劳务接受单位预先收取的款项。

企业应设置"预收账款"科目核算企业按照合同约定向购货单位或劳务接受单位预先收取的款项。"预收账款"科目可按对方单位(或个人)进行明细核算。

预收账款包括预收的购货款、工程款等。在编制资产负债表时,"预收账款"科目中属于超过 1 年期以上的预收账款的贷方余额应当在"其他流动负债"科目列示。

4.5.2　预收账款的账务处理

预收账款的账务处理如下。

(1)企业向购货单位预收款项时,借记"银行存款"等科目,贷记"预收账款"科目。

(2)销售实现时,按实现的收入,借记"预收账款"科目,贷记"主营业务收入""应交税费——应交增值税(销项税额)"等科目。

(3)收到购货单位补付的货款时,借记"银行存款"科目,贷记"预收账款"科目;向购货单位退回其多付的款项时,借记"预收账款"科目,贷记"银行存款"科目。

【实例 4-9】执行《小企业会计准则》的某企业为一般纳税人，2021 年 2 月 8 日，该企业向甲公司供应一批货物，该批货物的金额为 30 000 元，增值税税额为 3 900 元。甲公司预付全部款项的 20%，余款于交货后付清。2021 年 5 月 6 日，该企业向甲公司交货并收取余款，开具增值税专用发票。该企业的账务处理如下。

（1）2021 年 2 月 8 日，预收 20% 货款时：

借：银行存款   6 780
 贷：预收账款——甲公司   6 780

（2）2021 年 5 月 6 日，向甲公司交货并收取余款时：

借：预收账款——甲公司   6 780
  银行存款   27 120
 贷：主营业务收入   30 000
   应交税费——应交增值税（销项税额） 3 900

4.6 2211 应付职工薪酬

4.6.1 应付职工薪酬概述

应付职工薪酬是指企业为获得职工提供的服务而应付给职工的各种形式的报酬，以及其他相关支出。

1. 应付职工薪酬的科目设置

"应付职工薪酬"科目主要核算企业应付职工薪酬的提取、结算、使用等情况。该科目的贷方登记已分配计入有关成本费用项目的职工薪酬的数额，借方登记实际发放职工薪酬的数额，包括扣还的款项等。期末贷方余额，反映企业应付未付的职工薪酬。

企业应当按照"职工工资""奖金、津贴和补贴""职工福利费""社会保险费""住房公积金""工会经费""职工教育经费""非货币性福利""辞退福利"等应付职工薪酬的项目设置明细科目，进行明细核算。

2. 应付职工薪酬的核算范围

企业应付职工薪酬的核算范围如下：

（1）职工工资、奖金、津贴和补贴；

（2）职工福利费，指尚未实行医疗统筹企业职工的医疗费用、职工因公负伤赴外地就医路费、职工生活困难补助，以及按照国家规定开支的其他职工福利支出；

（3）医疗保险费、养老保险费、失业保险费、工伤保险费和生育保险费等社会保险费；

（4）住房公积金；

（5）工会经费和职工教育经费；

（6）非货币性福利，指企业以自己的产品或外购商品发放给职工作为福利，企业将自己拥有的资产或租赁资产提供给职工无偿使用；

（7）因解除与职工的劳动关系而给予的补偿；

（8）其他与获得职工提供的服务相关的支出等，指除上述薪酬以外的其他为获得职工提供的服务而给予的报酬。

4.6.2 应付职工薪酬的账务处理

1. 相关分类与处理

企业应当在职工为其提供服务的会计期间，将应付的职工薪酬确认为负债，并根据职工提供服务的受益对象，分别按下列情况进行账务处理。

（1）应由生产产品、提供劳务负担的职工薪酬，计入产品成本或劳务成本，借记"生产成本""制造费用"等科目，贷记"应付职工薪酬"科目。

（2）应由在建工程、无形资产开发项目负担的职工薪酬，计入固定资产成本或无形资产成本，借记"在建工程""研发支出"等科目，贷记"应付职工薪酬"科目。

（3）管理部门人员的职工薪酬、因解除与职工的劳动关系给予的补偿，借记"管理费用"科目，贷记"应付职工薪酬"科目。

（4）销售人员的职工薪酬，借记"销售费用"科目，贷记"应付职工薪酬"科目。

2. 职工薪酬发放时的账务处理

（1）企业按照有关规定向职工支付工资、奖金、津贴等，借记"应付职工薪酬"科目，贷记"银行存款""库存现金"等科目。

（2）企业从应付职工薪酬中扣还的各种款项（代垫的家属药费、个人所得税等），借记"应付职工薪酬"科目，贷记"其他应收款""应交税费——应交个人所得税"等科目。

【实例4-10】执行《小企业会计准则》的某企业于2021年5月发放职工工资900 000元，其中代垫职工个人所得税8 000元，相关账务处理如下：

借：应付职工薪酬——职工工资	900 000	
贷：银行存款		892 000
应交税费——应交个人所得税		8 000

（3）企业向职工支付职工福利费，借记"应付职工薪酬——职工福利费"科目，贷记"银行存款""库存现金"科目。

列入企业员工工资薪金制度、固定与工资薪金一起发放的福利性补贴，符合《国家税务总局关于企业工资薪金及职工福利费扣除问题的通知》（国税函〔2009〕3号）第一条规定的"合理工资薪金"的，可作为企业发生的工资薪金支出，按规定在税前扣除，即在工资总额14%内据实扣除。

【**实例 4-11**】执行《小企业会计准则》的某企业于2021年6月1日给职工发放防暑降温费共计45 000元，相关账务处理如下。

（1）支付费用时：

借：应付职工薪酬——职工福利费	45 000
贷：银行存款	45 000

（2）结转费用时：

借：管理费用——职工福利费	45 000
贷：应付职工薪酬——职工福利费	45 000

（3）结转损益时：

借：本年利润	45 000
贷：管理费用——职工福利费	45 000

（4）企业支付工会经费和职工教育经费用于工会活动和职工培训的，借记"应付职工薪酬"科目，贷记"银行存款"等科目。

企业发生的职工教育经费支出，不超过工资薪金总额8%的部分，准予在计算企业所得税应纳税所得额时扣除；超过部分，准予在以后纳税年度结转扣除。提取的职工教育经费也是企业的一项流动负债。职工教育经费的提取和使用在"应付职工薪酬"账户进行核算。

【**实例 4-12**】执行《小企业会计准则》的某企业为一般纳税人，2021年5月，该企业发生职工教育经费（财务人员参加财税培训）5 000元，增值税300元，相关账务处理如下：

借：管理费用——职工教育经费	5 000
贷：应付职工薪酬——职工教育经费	5 000

借：应付职工薪酬——职工教育经费	5 000
应交税费——应交增值税（进项税额）	300
贷：银行存款	5 300

注：一般纳税人支出职工教育经费时，取得专票可按规定抵扣进项税额。

【实例4-13】执行《小企业会计准则》的某企业，2021年5月工资总额为100 000元，计提工会经费2 000元，其中40%上缴上级工会，其他60%划拨公司工会。该企业的账务处理如下。

（1）如企业成立了工会组织：

借：管理费用——工会经费	2 000
贷：应付职工薪酬——工会经费（单位工会）	1 200
——工会经费（上级工会）	800
借：应付职工薪酬——工会经费（单位工会）	1200
——工会经费（上级工会）	800
贷：银行存款	2 000

（2）如企业未成立工会组织：

借：管理费用——工会经费	2 000
贷：应付职工薪酬——工会经费	2 000
借：应付职工薪酬——工会经费	2 000
贷：银行存款	2 000

（5）企业按照国家有关规定缴纳社会保险费和住房公积金，借记"应付职工薪酬"科目，贷记"银行存款"科目。

（6）企业因解除与职工的劳动关系向职工给予的补偿，借记"应付职工薪酬"科目，贷记"银行存款""库存现金"等科目。

（7）企业以其自产产品发放给职工，借记"应付职工薪酬"科目，贷记"主营业务收入""应交税费——应交增值税（销项税额）"等科目，同时，还应结转产成品的成本，借记"主营业务成本"科目，贷记"库存商品"科目。

【实例4-14】执行《小企业会计准则》的某企业为一般纳税人，共有职工100人。2021年1月1日，企业以其生产成本为3 000元的电视机作为福利发放给职工，该电视机的市场售价为每台4 000元，增值税税率为13%。在企业的100名职工中，有80名为直接参加生产的职工，20名为总部管理人员。该企业的账务处理如下。

应计入生产成本的金额=(4 000×100)×(1+13%)×80%=361 600(元)

应计入管理费用的金额=(4 000×100)×(1+13%)×20%=90 400(元)

借：生产成本　　　　　　　　　　　　　　　　　　　361 600
　　管理费用　　　　　　　　　　　　　　　　　　　　90 400
　　贷：应付职工薪酬——非货币性福利　　　　　　　　　　452 000
借：应付职工薪酬——非货币性福利　　　　　　　　　　452 000
　　贷：主营业务收入　　　　　　　　　　　　　　　　　400 000
　　　　应交税费——应交增值税(销项税额)　　　　　　　52 000

结转成本时：

借：主营业务成本　　　　　　　　　　　　　　　　　300 000
　　贷：库存商品　　　　　　　　　　　　　　　　　　　300 000

4.7　2221 应交税费

应交税费是指企业按照税法等规定计算应缴纳的各种税费，包括增值税、消费税、资源税、土地增值税、城市维护建设税、教育费附加、企业所得税、城镇土地使用税、房产税、车船税、矿产资源补偿费、排污费、企业代扣代缴的个人所得税等。

企业应设置"应交税费"总账科目，进行总分类核算，按应交的税费项目进行明细核算。该科目贷方登记应缴纳的各种税费，借方登记已缴纳的各种税费；期末余额在贷方，表示尚未缴纳的各种税金；期末余额在借方，表示当期多缴或尚未抵扣的税费。

4.7.1　应交增值税概述

增值税是以商品（含应税劳务）在流转过程中产生的增值额为计税依据而征收的一种流转税。增值税的征税对象是商品生产、流通、劳务服务中多个环节的新增价值或商品的附加值。

1. 纳税人

增值税的纳税人是在我国境内销售货物、进口货物，或提供加工、修理修配劳务的单位和个人。我国增值税的纳税人依据一定的标准划分为一般纳税人和小规模纳税人。

2. 增值税税率

增值税税率适用于一般纳税人，且按照一般计税方法计算增值税（销项税额）。一般计税方法下，增值税应纳税额＝销项税额－进项税额。

增值税的征税范围及税率如表 4-1 所示。

表 4-1　增值税的征税范围及税率

征税范围	税率
销售或进口货物（适用 9% 低税率的除外）、提供加工修理修配劳务	13%
有形动产租赁（营改增之前购入有形动产租赁可以简易计税，适用 3% 征收率）	
销售、进口下列货物： （1）农产品（含粮食等）、食用植物油、食用盐 （2）自来水、暖气、冷气、热水、煤气、石油液化气、天然气、二甲醚、沼气、居民用煤炭制品 （3）图书、报纸、杂志、音像制品、电子出版物 （4）饲料、化肥、农药、农机、农膜 （5）国务院规定的其他货物	9%
（1）销售交通运输服务、邮政服务、基础电信服务、建筑服务、不动产（含土地使用权）租赁服务（营改增老项目可以简易计税，适用 5% 征收率） （2）销售土地使用权（营改增老项目可以简易计税，适用 5% 征收率） （3）销售不动产（营改增老项目可以简易计税，适用 5% 征收率）	
（1）电信服务（不含基础电信服务）、金融服务、现代服务（不含租赁服务）、生活服务 （2）技术、商标、著作权、商誉、自然资源使用权（不含土地使用权）和其他权益性无形资产	6%
纳税人出口货物，境内单位和个人跨境销售国务院规定范围内的服务、无形资产	0
小规模纳税人	3%、5%（征收率）

3. 纳税人常用的增值税发票

纳税人常用的增值税发票包括增值税专用发票、增值税普通发票、增值税电子普通发票、机动车销售统一发票等。增值税专用发票的概念是相对于增值税普通发票而言的，这两者是企业经营中较常见的增值税发票。

（1）增值税专用发票是使用一般计税办法的增值税一般纳税人取得进项税额的合法有效抵扣凭证，可以通过发票勾选确认进行进项税额抵扣。

增值税小规模纳税人不涉及进项抵扣，所以不需要取得增值税专用发票和进行勾选确认工作。

（2）增值税普通发票包含增值税普通发票（纸质）、增值税电子普通发票、门票、过路（过桥）费发票、定额发票、客运发票和二手车销售统一发票。

（3）增值税一般纳税人取得增值税普通发票可以用于抵扣进项税额的情况如下。

①购进农产品，可按照农产品收购发票或者销售发票上注明的农产品买价和9%的扣除率计算进项税额。销售发票是指农业生产者销售自产农产品适用免征增值税政策而开具的普通发票。

②一般纳税人支付的道路、桥、闸通行费，暂凭取得的通行费发票（不含财政票据）上注明的收费金额，按照相关公式计算可抵扣的进项税额。

（4）增值税专用发票和普通发票都是企业所得税税前扣除的合法凭证，专用发票允许扣除的成本费用是不含税金额，普通发票允许扣除的是含税总额。

（5）增值税一般纳税人可以自行开具增值税专用发票和增值税普通发票、增值税电子普通发票。

增值税小规模纳税人只能自行开具增值税普通发票、增值税电子普通发票，若对方需要增值税专用发票，需要向税务机关申请代开。

其他纳税人如自然人，同样只能通过代开方式开具增值税专用发票和增值税普通发票。

（6）增值税专用发票只能开具给除自然人外的增值税纳税人，而增值税普通发票可以开具给所有的受票对象。

4.7.2 增值税征收率

增值税小规模纳税人以及采用简易计税方式的一般纳税人计算税款时，可使用征收率，目前增值税征收率一共有四档：0.5%、1%、3%和5%。一般征收率为3%，财政部和国家税务总局另有规定的除外。简易计税方法下增值税应纳税额＝销售额（不含税）×征收率。

增值税征收率及适用范围如表4-2所示。

表4-2 增值税征收率及适用范围

征收率	适用范围
3%	此属于一般征收率，若无特殊情形，皆适用于此
5%	（1）销售土地使用权、不动产（营改增老项目） （2）租赁土地使用权（营改增老项目，不含个人出租住房）、不动产（营改增老项目） （3）劳务派遣以及人力资源服务且适用差额计税 （4）公路桥闸通行费
0.5%	自2020年5月1日至2023年12月31日，从事二手车经销的纳税人销售其收购的二手车，由原按照简易计税办法依3%征收率减按2%征收增值税，改为减按0.5%征收增值税

(续表)

征收率	适用范围
依3%征收率减按2%征收	适用于销售旧货、法定不得抵扣且未抵扣固定资产
依5%征收率减按1.5%征收	（1）出租住房，包括个体工商户、其他个人 （2）从2021年10月1日起，住房租赁企业向个人出租住房适用简易计税方法，按照5%征收率减按1.5%缴纳增值税
1%	《财政部 税务总局关于支持个体工商户复工复业增值税政策的公告》（财政部 税务总局公告2020年第13号）规定至2021年12月31日，增值税小规模纳税人适用3%征收率的应税销售收入，减按1%征收率征收增值税；适用3%预征率的预缴增值税项目，减按1%预征率预缴增值税
免征增值税	自2021年4月1日至2022年12月31日，对月销售额15万元以下（含本数）的增值税小规模纳税人免征增值税（财政部 税务总局公告2021年第11号）

以下情况视同销售货物征收增值税：

（1）将货物交付他人代销；

（2）销售代销货物；

（3）设有两个以上机构并实行统一核算的纳税人，将货物从一个机构移送至其他机构用于销售，但相关机构设在同一县（市）的除外；

（4）将自产或委托加工的货物用于非应税项目；

（5）将自产或委托加工的货物用于集体福利或个人消费；

（6）将自产、委托加工或购买的货物作为投资，提供给其他单位或个体经营者；

（7）将自产、委托加工或购买的货物分配给股东或投资者；

（8）将自产、委托加工或购买的货物无偿赠送他人等。

纳税人兼营不同税率的项目，应当分别核算不同税率项目的销售额；未分别核算销售额的，从高适用税率。

4.7.3 一般纳税人增值税的科目设置

企业应设置"应交税费——应交增值税""应交税费——未交增值税"科目，核算企业应交增值税的发生、抵扣、进项转出、计提、缴纳、退还等情况。

1."应交税费——应交增值税"明细账

一般纳税人在"应交税费——应交增值税"明细账的借、贷方设置分析项目，在借方分析栏内设"进项税额""已交税金""减免税款""出口抵减内销产品应纳税额""转出未交增值税"等项目；在贷方分析栏内设"销项税额""出口退税""进项税额转出""转出多交增值税"等项目。

（1）"进项税额"专栏，记录企业购入货物或接受应税劳务而支付的、准予从销项税额中抵扣的增值税额。企业购入货物或接受应税劳务支付的进项税额，用蓝字登记；退回所购货物应冲销的进项税额，用红字登记。

（2）"已交税金"专栏，记录企业已缴纳的增值税额。企业已缴纳的增值税额用蓝字登记，退回多交的增值税额用红字登记。

（3）"减免税款"专栏，记录企业按规定享受直接减免的增值税款。

（4）"出口抵减内销产品应纳税额"专栏，记录企业按规定退税率计算的出口货物的当期抵免税额。

（5）"转出未交增值税"专栏，记录企业月终转出应交未交的增值税。月终，企业转出当月发生的应交未交的增值税额用蓝字登记。

（6）"销项税额"专栏，记录企业销售货物或提供应税劳务应收取的增值税额。企业销售货物或提供应税劳务应收取的销项税额，用蓝字登记；退回销售货物应冲销的销项税额，用红字登记。

（7）"出口退税"专栏，记录企业出口适用零税率的货物，向海关办理报关出口手续后，凭出口报关单等有关凭证，向税务机关申报办理出口退税而收到退回的税款。出口货物退回的增值税额，用蓝字登记；出口货物办理退税后发生退货或者退关而补交已退的税款，用红字登记。

（8）"进项税额转出"专栏，记录企业的购进货物、在产品、产成品等发生非正常损失以及其他原因而不应从销项税额中抵扣，按规定转出的进项税额。

（9）"转出多交增值税"专栏，记录企业月终转出本月多交的增值税。月终，企业转出本月多交的增值税额用蓝字登记；收到退回本月多交的增值税额用红字登记。

2. 设置"未交增值税"明细账

一般纳税人在"应交税费"下设置"未交增值税"明细账，该科目专门用来核算未交或多交的增值税，平时无发生额，月末结账时，当"应交税费——应交增值税"为贷方余额时，为应交增值税，应转入该科目的贷方，反映企业未交的增值税；当"应交税费——应交增值税"为多交增值税时，应将其多交的增值税转入该科目的借方，反映企业多交的增值税。

当期未交增值税额＝当期销项税额－（进项税额－进项税额转出额）－以前期间留抵税额

4.7.4 一般纳税人增值税的账务处理

1. 采购原材料、库存商品等

企业采购原材料、库存商品等，按照应计入采购成本的金额，借记"材料采购""在途物资""原材料""库存商品"等科目；按照税法规定可抵扣的增值税进项税额，借记"应交税费——应交增值税（进项税额）"；按照应付或实际支付的金额，贷记"应付账款""银行存款"等科目。购入物资发生退货的，做相反的会计分录。

（1）企业购进免征增值税货物，一般不能够抵扣增值税销项税额。

（2）企业购进免税农业产品，取得（开具）农产品销售发票或收购发票的，按照农产品收购发票或者销售发票上注明的农产品买价和9%的扣除率计算进项税额（买价×扣除率），借记"应交税费——应交增值税（进项税额）"科目；按照买价减去根据税法规定计算的增值税进项税额后的金额，借记"材料采购""在途物资"等科目；按照应付或实际支付的价款，贷记"应收账款""库存现金""银行存款"等科目。

【实例4-15】执行《小企业会计准则》的某企业为一般纳税人，2020年1月购入一批原材料，收到的增值税专用发票上注明的价款为200 000元，增值税税额为26 000元，材料已验收入库，款项尚未支付。4月销售一批商品，取得100 000元的收入，销项税额为13 000元，款项已取得并存入银行，该批商品成本为80 000元。5月收购一批免税农产品，实际支付价款10 000元，依据相关规定可以按9%的税率计算进项税额，并准予从销项税额中抵扣。该批农产品已入库，款项通过银行支付。相关账务处理如下。

（1）2020年1月，购入原材料时：

借：原材料　　　　　　　　　　　　　　　　　　　　　　　　　200 000
　　应交税费——应交增值税（进项税额）　　　　　　　　　　　 26 000
　　贷：应付账款　　　　　　　　　　　　　　　　　　　　　　　226 000

（2）2020年4月，销售商品时：

借：银行存款　　　　　　　　　　　　　　　　　　　　　　　　 113 000
　　贷：主营业务收入　　　　　　　　　　　　　　　　　　　　　100 000
　　　　应交税费——应交增值税（销项税额）　　　　　　　　　　 13 000
借：主营业务成本　　　　　　　　　　　　　　　　　　　　　　　 80 000
　　贷：库存商品　　　　　　　　　　　　　　　　　　　　　　　 80 000

（3）2020年5月，收购免税农产品时：

借：原材料——农产品 9 100
　　应交税费——应交增值税（进项税额） 900
　贷：银行存款 10 000

（3）一般纳税人购入原材料等按照税法规定不得从增值税销项税额中抵扣的进项税额，其进项税额应计入材料等的成本，借记"材料采购""在途物资"等科目，贷记"银行存款"等科目，不通过"应交税费——应交增值税（进项税额）"核算。

【实例 4-16】执行《小企业会计准则》的某企业为一般纳税人，2020 年 1 月购入一批原材料，收到的增值税普通发票上注明的含税价款为 20 000 元，相关账务处理如下：

借：原材料 20 000
　贷：银行存款 20 000

2. 销售商品（提供劳务）

销售商品（提供劳务），按照收入金额和应收取的增值税销项税额，借记"应收账款""银行存款"等科目；按照税法规定应缴纳的增值税销项税额，贷记"应交税费——应交增值税（销项税额）"科目；按照确认的营业收入金额，贷记"主营业务收入""其他业务收入"等科目。发生销售退回的，做相反的会计分录。

【实例 4-17】执行《小企业会计准则》的某企业为一般纳税人，2020 年 1 月销售一批库存商品，不含税价款为 200 000 元，已开具增值税专用发票，货款约定下月支付，该批库存商品成本为 16 000 元。相关账务处理如下：

借：应收账款 226 000
　贷：主营业务收入 200 000
　　　应交税费——应交增值税（销项税额） 26 000
借：主营业务成本 16 000
　贷：库存商品 16 000

随同商品出售但单独计价的包装物，应当按照实际收到或应收的金额，借记"银行存款""应收账款"等科目；按照税法规定应缴纳的增值税销项税额，贷记"应交税费——应交增值税（销项税额）"科目；按照确认的其他业务收入金额，贷记"其他业务收入"科目。同时，按照包装物的账面价值结转成本，借记"其他业务成本"科目，贷记"周转材料"科目。

3. 出口退税

有出口产品的企业，其出口退税的账务处理如下。

（1）实行"免、抵、退"管理办法的企业，按照税法规定计算的当期出口产品不予免征、抵扣和退税的增值税额，借记"主营业务成本"科目，贷记"应交税费——应交增值税（进项税额转出）"科目。按照税法规定计算的当期应予抵扣的增值税额，借记"应交税费——应交增值税——出口抵减内销产品应纳税额"科目，贷记"应交税费——应交增值税——出口退税"科目。出口产品按照税法规定应予退回的增值税款，借记"其他应收款"科目，贷记"应交税费——应交增值税——出口退税"科目。

【实例4-18】执行《小企业会计准则》的某进出口企业为一般纳税人，实行"免、抵、退"管理办法。2021年4月出口甲产品40件，价款折合人民币为80 000元，尚未收到；出口产品所耗原材料价值50 000元，进项税额为6 500元，申报退税后，应退回税款6 500元。相关账务处理如下：

借：应收账款　　　　　　　　　　　　　　　　　　　　　　　　　　80 000
　　贷：主营业务收入　　　　　　　　　　　　　　　　　　　　　　　80 000
借：主营业务成本　　　　　　　　　　　　　　　　　　　　　　　　　50 000
　　贷：库存商品　　　　　　　　　　　　　　　　　　　　　　　　　50 000
借：其他应收款　　　　　　　　　　　　　　　　　　　　　　　　　　 6 500
　　贷：应交税费——应交增值税（出口退税）　　　　　　　　　　　　 6 500

（2）未实行"免、抵、退"管理办法的企业，出口产品实现销售收入时，应当按照应收的金额，借记"应收账款"等科目；按照税法规定应收的出口退税，借记"其他应收款"科目；按照税法规定不予退回的增值税额，借记"主营业务成本"科目；按照确认的销售商品收入，贷记"主营业务收入"科目，按照税法规定应缴纳的增值税额，贷记"应交税费——应交增值税（销项税额）"科目。

4. 将自产的产品等用作福利发放给职工

将自产的产品等用作福利发放给职工，应视同产品销售计算应交增值税，借记"应付职工薪酬"科目，贷记"主营业务收入""应交税费——应交增值税（销项税额）"等科目。

【实例4-19】执行《小企业会计准则》的某企业为一般纳税人，2021年4月，将自产的产品用于企业职工个人消费，该批产品的成本价为10 000元，市场售价为15 000元。相关账务处理如下：

借：应付职工薪酬——职工福利费　　　　　　　　　　　　　　　　　 16 950
　　贷：主营业务收入　　　　　　　　　　　　　　　　　　　　　　　15 000
　　　　应交税费——应交增值税（销项税额）　　　　　　　　　　　　 1 950

借：主营业务成本	10 000
贷：库存商品	10 000

5. 不得抵扣进项税额的处理

购进的物资、在产品、产成品因盘亏、毁损、报废、被盗及购进物资改变用途等，按照税法规定不得从增值税销项税额中抵扣的进项税额，应转入有关科目，借记"待处理财产损溢"等科目，贷记"应交税费——应交增值税（进项税额转出）"科目。

6. 以旧换新

以旧换新是指购货方用已经使用过的物品换取销售方的新产品。采取以旧换新方式销售货物的，应按新货物的同期销售价格确定销售额，不得冲减旧货物的收购价格。

取得旧商品后，企业一般先将其作为存货管理，根据不同情况按其抵价金额记入"原材料"或"库存商品"科目。由于难以取得旧商品相应的增值税发票，因此不能计算抵扣进项税额。

【实例 4-20】执行《小企业会计准则》的某企业为一般纳税人，2021 年 6 月，采用以旧换新方式促销电视机，每台旧电视机作价 390 元，消费者支付 3 000 元现金就可以取得一台新电视机。上述款项已通过现金结算，收回的旧电视机已验收入库。同类电视机平均售价为每台 3 390 元，当月采用此方式销售电视机 1 000 台，每台成本为 2 800 元。

电视机的售价为含税售价，销售收入 = 含税售价 ÷（1+ 增值税税率）=3 390×1 000÷（1+13%）=3 000 000（元）。

借：库存商品——旧电视机	390 000
库存现金	3 000 000
贷：主营业务收入	3 000 000
应交税费——应交增值税（销项税额）	390 000
借：主营业务成本	2 800 000
贷：库存商品——新电视机	2 800 000

7. 月末账务处理

月份终了，企业应将当月发生的应交未交增值税额自"应交税费——应交增值税"科目转入"应交税费——未交增值税"明细科目，借记"应交税费——应交增值税——转出未交增值税"科目，贷记"应交税费——未交增值税"科目。将当月多交的增值税自"应交税费——应交增值税"科目转入"应交税费——未交增值税"明细科目，借记

"应交税费——未交增值税"科目，贷记"应交税费——应交增值税——转出多交增值税"科目。

企业缴纳增值税时，应借记"应交税费——应交增值税——已交税金"科目，贷记"银行存款"科目。

4.7.5 小规模纳税人增值税的账务处理

小规模纳税人只需在"应交税费"科目下设置"应交增值税"明细科目。小规模纳税人销售货物或者提供应税劳务，一般情况下，只能开具普通发票，不能开具增值税专用发票。

小规模纳税人销售货物或提供应税劳务，实行简易办法计算应纳税额的，按照销售额的一定比例计算。需要注意的是，小规模纳税人的销售收入应按不含税价格计算，如果小规模纳税人采用销售额和应纳税额合并定价方法，那么应换算成不含税销售额，公式如下：

$$销售额 = 含税销售额 \div (1+征收率)$$
$$应交增值税 = 销售额 \times 征收率$$

小规模纳税人购入材料及接受劳务时，即使具有增值税专用发票，也不得作为进项税额抵扣，应计入购入材料及接受劳务的成本。

【**实例4-21**】执行《小企业会计准则》的某企业为小规模纳税人，2021年4月，购入原材料，收到增值税专用发票上记载的原材料价款为100 000元，增值税税额为13 000元，企业开出商业承兑汇票，原材料已到达并验收入库。该企业本期销售产品，销售总额为90万元（含税），适用3%的征收率。假定符合收入确认条件，货款尚未收到，该批产品成本为78万元，则相关账务处理如下。

（1）购进原材料时：

借：原材料　　　　　　　　　　　　　　　　　　　　　　　　113 000
　　贷：应付票据　　　　　　　　　　　　　　　　　　　　　113 000

（2）销售货物时：

不含税销售额 =900 000÷（1+3%）=873 786（元）

应交增值税 =873 786×3%=26 214（元）

借：应收账款　　　　　　　　　　　　　　　　　　　　　　　900 000
　　贷：主营业务收入　　　　　　　　　　　　　　　　　　　873 786
　　　　应交税费——应交增值税　　　　　　　　　　　　　　 26 214

借：主营业务成本 780 000
　　贷：库存商品 780 000

4.7.6 应交消费税概述

消费税是对在我同境内销售、委托加工和进口应税消费品的单位和个人征收的一种税。

1. 消费税的纳税环节

（1）生产环节：大多数应税消费品。

（2）进口环节：进口应税消费品，在报关进口时纳税。

（3）零售环节：金银铂钻，超豪华小汽车加征。

2. 消费税的征收方式

（1）从价计税：主要是指根据销售额来确定应纳税额。销售额是指纳税人销售应税消费品向购买方收取的全部价款和价外费用，含消费税税款（价内税），但不含增值税税款（价外税）；价外费用的内容与增值税规定相同。大部分应税消费品均适用从价定率的税率形式。应纳税额的计算公式如下：

$$应纳税额 = 销售额或组成计税价格 \times 比例税率$$

（2）从量计税：主要是指根据销售数量来确定应纳税额。啤酒、黄酒和成品油都适用从量定额的税率形式。应纳税额的计算公式如下：

$$应纳税额 = 销售数量 \times 定额税率$$

（3）复合计税：综合运用从价定率和从量定额，白酒、卷烟适用复合计税方式。

$$应纳税额 = 销售额或组成计税价格 \times 比例税率 + 销售数量 \times 定额税率$$

3. 允许扣除的范围

税法规定用外购或委托加工的特定已税消费品连续生产消费品的，在销售时可按当期生产领用数量计算准予扣除的外购、委托加工收回已纳消费税。允许扣除的范围如下：

（1）烟丝生产卷烟的；

（2）鞭炮、焰火生产鞭炮、焰火的；

（3）杆头、杆身和握把生产高尔夫球杆的；

（4）木制一次性筷子生产木制一次性筷子的；

（5）实木地板生产实木地板的；

（6）石脑油、燃料油生产成品油的；

（7）汽油、柴油、润滑油分别生产汽油、柴油、润滑油的；

（8）集团内部企业间用啤酒液生产啤酒的；

（9）葡萄酒生产葡萄酒的；

（10）高档化妆品生产高档化妆品的。

已纳消费税税款抵扣的管理办法由国家税务总局另行制定。

4. 用于连续生产应税消费品的扣税计算

用于连续生产应税消费品的，按当期生产领用数量扣除其已纳消费税，除以上第（6）、（7）、（8）项外，上述准予抵扣的情形仅限于进口或从同税目纳税人购进的应税消费品。

（1）外购从价征收的应税消费品已纳税款扣除

当期准予扣除的外购应税消费品已纳税款 = 当期准予扣除的外购应税消费品买价 × 消费税税率

当期准予扣除的外购应税消费品买价 = 当期准予扣除的外购应税消费品数量 × 外购应税消费品单价

注意

纳税人用外购的已税珠宝玉石生产的、在零售环节征收消费税的金银首饰（含镶嵌首饰）、钻石首饰，在计税时一律不得扣除外购珠宝玉石的已纳税款。

（2）外购从量征收的应税消费品已纳税款扣除

当期准予扣除的外购应税消费品已纳税款 = 当期准予扣除的外购应税消费品数量 × 外购应税消费品的适用税额

当期准予扣除的外购应税消费品数量 = 期初库存外购 + 当期购进 − 期末库存

当期投入生产的原材料可抵扣的已纳消费税大于当期应纳消费税不足抵扣的部分，可以在下期继续抵扣。

注意

外购、进口和委托加工收回的汽油、柴油、石脑油、燃料油、润滑油用于连续生产应税成品油的，应凭通过增值税发票选择确认平台确认的成品油专用发票、海关进口消费税专用缴款书，以及税收缴款书（代扣代收专用），按规定计算扣除已纳消费税税款，其他凭证不得作为消费税扣除凭证。

5. 委托加工的应税消费品

委托加工的应税消费品，受托方在交货时已代收代缴消费税，委托方收回后直接销售的，不再征收消费税。委托方以高于受托方的计税价格出售的，不属于直接出售，需按照规定申报缴纳消费税，在计税时准予扣除受托方已代收代缴的消费税。企业按照受托方的同类消费品销售价格计算纳税，没有同类消费品销售价格的，按组成计税价格计算纳税。

$$组成计税价格 = (材料成本 + 加工费) \div (1 - 消费税税率)$$
$$应纳税额 = 组成计税价格 \times 适用税率$$

6. 进口应税消费品

进口应税消费品，按照组成计税价格计算纳税。

$$组成计税价格 = (关税完税价格 + 关税) \div (1 - 消费税税率)$$
$$应纳税额 = 组成计税价格 \times 消费税税率$$

7. 零售金银首饰

零售金银首饰的纳税人在计税时，应将含税的销售额换算为不含税的销售额。

$$金银首饰的应税销售额 = 含增值税的销售额 \div (1 + 增值税税率或征收率)$$
$$组成计税价格 = 购进原价 \times (1 + 利润率) \div (1 - 金银首饰消费税税率)$$
$$应纳税额 = 组成计税价格 \times 金银首饰消费税税率$$

8. 生产、批发、零售单位用于馈赠、赞助、集资、广告、样品、职工福利、奖励等方面或未分别核算销售的

对生产、批发、零售单位用于馈赠、赞助、集资、广告、样品、职工福利、奖励等方面或未分别核算销售的，按照组成计税价格计算纳税。

4.7.7 应交消费税的账务处理

1. 销售需要缴纳消费税的物品

企业销售需要缴纳消费税的物品，其应交的消费税，借记"税金及附加"等科目，贷记"应交税费——应交消费税"科目。

【实例4-22】执行《小企业会计准则》的某企业为一般纳税人，2021年4月销售摩托车10辆，每辆不含税售价为15 000元，增值税税额为19 500元，货款尚未收到，摩

托车每辆成本 8 000 元。适用的消费税税率为 10%,相关账务处理如下:

应交消费税 =15 000×10×10%=15 000(元)

借:应收账款	169 500
贷:主营业务收入	150 000
应交税费——应交增值税(销项税额)	19 500
借:税金及附加	15 000
贷:应交税费——应交消费税	15 000
借:主营业务成本	80 000
贷:库存商品	80 000

2. 以生产的产品用于在建工程、非生产机构等

以生产的产品用于在建工程、非生产机构等,按照税法规定应缴纳的消费税,借记"在建工程""管理费用"等科目,贷记"应交税费——应交消费税"科目。

【实例 4-23】执行《小企业会计准则》的某企业为一般纳税人,2020 年 2 月,将自产的一辆汽车用于在建工程,同类汽车不含税销售价格为 20 万元,该汽车成本为 14 万元,适用消费税税率为 5%,增值税税率为 13%。账务处理如下:

应交消费税 =200 000×5%=10 000(元)

应交增值税 =200 000×13%=26 000(元)

借:在建工程	176 000
贷:库存商品	140 000
应交税费——应交消费税	10 000
——应交增值税(销项税额)	26 000

3. 随同商品出售但单独计价的包装物

随同商品出售但单独计价的包装物,按照税法规定应缴纳的消费税,借记"税金及附加"科目,贷记"应交税费——应交消费税"科目。出租、出借包装物逾期未收回没收的押金应交的消费税,借记"税金及附加"科目,贷记"应交税费——应交消费税"科目。

4. 需要缴纳消费税的委托加工物资

需要缴纳消费税的委托加工物资,由受托方代收代缴税款(除受托加工或翻新改制金银首饰按照税法规定由受托方缴纳消费税外)。企业(受托方)按照应交税款金额,借

记"应收账款""银行存款"等科目，贷记"应交税费——应交消费税"科目。

委托加工物资收回后，直接用于销售的，企业（委托方）应将代收代缴的消费税计入委托加工物资的成本，借记"委托加工物资"等科目，贷记"应付账款""银行存款"等科目；委托加工物资收回后用于连续生产，按照税法规定准予抵扣的，按照代收代缴的消费税，借记"应交税费——应交消费税"科目，贷记"应付账款""银行存款"等科目。

【实例 4-24】执行《小企业会计准则》的某企业为一般纳税人，2020 年 4 月，委托外单位加工材料（非金银首饰）一批，原材料价款为 40 000 元，加工费用为 20 000 元，收到增值税普通发票一张，注明增值税税额 600 元，由受托方代收代缴的消费税为 3 000 元，材料已经加工完毕并已入库，加工费用已经支付。原材料按实际成本核算。相关账务处理如下。

（1）收回加工后的材料用于继续生产应税消费品时：

借：委托加工物资 40 000
　贷：原材料 40 000
借：委托加工物资 20 600
　　应交税费——应交消费税 3 000
　贷：银行存款 23 600
借：原材料 60 600
　贷：委托加工物资 60 600

（2）收回加工后的材料直接对外销售时：

借：委托加工物资 40 000
　贷：原材料 40 000
借：委托加工物资 23 600
　贷：银行存款 23 600
借：原材料 63 600
　贷：委托加工物资 63 600

【实例 4-25】执行《小企业会计准则》的某企业为一般纳税人。2021 年 5 月，将生产的化妆品、护肤护发品、小工艺品等组成成套消费品销售。每套消费品由下列产品组成：化妆品包括一瓶香水（30 元）、一瓶指甲油（10 元）、一支口红（15 元），护肤护发品包括一瓶浴液（25 元）、一瓶洗发水（8 元）、一块香皂（2 元），化妆工具及小工艺品

（10元），塑料包装盒（5元）。化妆品消费税税率为15%，护肤护发品不征消费税，上述价格均不含税。按照习惯做法，将产品包装后再销售给商家。

（1）上述产品成套出售，每套应纳消费税：

应交消费税=（30+10+15+25+8+2+10+5）×15%=15.75（元）

（2）上述产品先分别销售给商家，再由商家包装后对外销售（注：实际操作中，只是换了个包装地点，并将产品分别开具发票，账务上分别核算销售收入即可）。

应交消费税=（30+10+15）×15%=8.25（元）

根据上述两种结果可知，每套化妆品节税额为：7.5（15.75-8.25）元。

注：企业销售带包装的产品，除税法规定的各种酒、酸以及烧碱、焦油、漂白粉等产品可以按扣除包装的销售收入征税外，其余产品都应按带包装销售收入征税。

4.7.8 应交附加税概述

附加税是按照主税种一定比例加征的税收，一般包括城市建设维护税、教育费附加和地方教育附加，通常以增值税和消费税税额为计税依据。

城市维护建设税、教育费附加、地方教育附加是为了加强城市维护建设以及扶持教育事业发展而征收的税种，以纳税人实际缴纳的增值税、消费税税额为征收依据。

1. 附加税应纳税额

在中华人民共和国境内缴纳增值税、消费税的单位和个人，为城市维护建设税的纳税人，应当依照本法规定缴纳城市维护建设税。城市维护建设税按照所在地的不同，税率分别为市区7%，县城、镇5%，不在市区、县城或镇的为1%；教育费附加税率为3%；地方教育附加税率为2%。

$$应纳税额=（实际缴纳的增值税+实际缴纳的消费税）\times 适用税率$$

2. 附加税优惠政策

（1）小规模纳税人月销售额不到15万元、季度销售额不到45万元的，免征增值税，所以城市维护建设税、教育费附加、地方教育附加全免了。

（2）自2019年1月1日起，纳入产教融合型企业建设培育范围的试点企业，兴办职业教育的投资符合规定的，可按投资额30%的比例抵免该企业当年应缴教育费附加和地方教育附加。注意：不抵免城市维护建设税。

（3）《财政部 税务总局关于实施小微企业普惠性税收减免政策的通知》（财税〔2019〕

13号)规定,由省、自治区、直辖市人民政府根据本地区实际情况,以及宏观调控需要确定,对增值税小规模纳税人可以在50%的税额幅度内减征资源税、城市维护建设税、房产税、城镇土地使用税、印花税(不含证券交易印花税)、耕地占用税和教育费附加、地方教育附加。

4.7.9 应交附加税的账务处理

企业按规定计算出的城市维护建设税和教育费附加,借记"税金及附加"等科目,贷记"应交税费——应交城市维护建设税""应交税费——应交教育费附加"等科目;实际上交时,借记"应交税费——应交城市维护建设税""应交税费——应交教育费附加"等科目,贷记"银行存款"科目。

【实例4-26】执行《小企业会计准则》的某企业为一般纳税人,2021年4月,发生销售摩托车业务,增值税专用发票上记载的价款为100 000元,增值税税额为13 000元,消费税为5 000元。适用的城市维护建设税税率为7%,教育费附加为3%,地方教育附加为2%。相关账务处理如下。

应交的城市维护建设税=(13 000+5 000)×7%=1 260(元)

应交的教育费附加=(13 000+5 000)×3%=540(元)

应交的地方教育附加=(13 000+5 000)×2%=360(元)

(1)计提附加税时:

借:税金及附加	2 160
贷:应交税费——应交城市维护建设税	1 260
——应交教育费附加	540
——应交地方教育附加	360

(2)缴纳附加税时:

借:应交税费——应交城市维护建设税	1 260
——应交教育费附加	540
——应交地方教育附加	360
贷:银行存款	2 160

4.7.10 应交资源税概述

资源税是以各种应税自然资源为课税对象,为了调节资源级差收入并体现国有资源有偿使用而征收的一种税。

1. 资源税纳税人

在中华人民共和国领域和中华人民共和国管辖的其他海域开发应税资源的单位和个人为资源税的纳税人。

2. 资源税的税目税率

《中华人民共和国资源税法》所附的《资源税税目税率表》中列明了能源矿产、金属矿产、非金属矿产、水气矿产和盐共五大类税目。

3. 资源税的计税方法

（1）资源税按照应税产品的课税数量和规定的单位税额计算，公式为：

$$应纳税额 = 课税数量 \times 单位税额$$

课税数量是指开采或者生产应税产品销售的，以销售数量为课税数量；开采或者生产应税产品自用的，以自用数量为课税数量。

（2）资源税按照应税产品的销售额和适用税率计算，公式为：

$$应纳税额 = 销售额 \times 适用税率$$

资源税应税产品的销售额，按照纳税人销售应税产品向购买方收取的全部价款确定，不包括增值税税款。计入销售额中的相关运杂费，凡取得增值税发票或者其他合法有效凭据的，准予从销售额中扣除。

4. 资源税的税收优惠政策

（1）对青藏铁路公司及其所属单位运营期间自采自用的砂、石等材料免征资源税。开采原油以及在油田范围内运输原油过程中用于加热的原油、天然气免征资源税。

（2）自2019年1月1日至2021年12月31日，对增值税小规模纳税人可以在50%的税额幅度内减征资源税。

（3）自2014年12月1日至2023年8月31日，对充填开采置换出来的煤炭，资源税减征50%。

4.7.11 应交资源税的账务处理

应交资源税的账务处理如下。

（1）企业按规定计算出的销售应税产品应缴纳的资源税，借记"税金及附加"科目，贷记"应交税费——应交资源税"科目；企业计算出的自产自用的应税产品应缴纳的资源税，借记"生产成本""制造费用"等科目，贷记"应交税费——应交资源税"科目。

（2）收购未税矿产品的单位为资源税的扣缴义务人，应以收购未税矿产品实际支付的收购款及代扣代缴的资源税作为收购矿产品的成本，将代扣代缴的资源税记入"应交税费——应交资源税"科目。

企业收购未税矿产品时，按照实际支付的价款，借记"材料采购""在途物资"等科目，贷记"银行存款"等科目；按照代扣代缴的资源税，借记"材料采购""在途物资"等科目，贷记"应交税费——应交资源税"科目。

（3）企业外购液体盐加工固体盐的，所购入液体盐缴纳的资源税可以抵扣。企业购入液体盐时，按所允许抵扣的资源税，借记"应交税费——应交资源税"科目；按外购价款扣除允许抵扣资源税后的数额，借记"材料采购"等科目；按应支付的全部价款，贷记"银行存款""应付账款"等科目。

企业将上述液体盐加工成固体盐后，在销售时，按计算出的销售固体盐应交的资源税，借记"税金及附加"科目，贷记"应交税费——应交资源税"科目；将销售固体盐应纳的资源税抵扣液体盐已纳资源税后的差额上交时，借记"应交税费——应交资源税"科目，贷记"银行存款"科目。

（4）企业缴纳资源税时，借记"应交税费——应交资源税"，贷记"银行存款"等科目。

【实例4-27】执行《小企业会计准则》的某企业为一般纳税人，其位于广东省，从事高岭土原矿开采。2020年11月销售高岭土原矿，取得销售收入300 000元（不含运杂费）。根据当地资源税税目税率表，高岭土的计征方式为从价计征，高岭土原矿资源税税率为4%。相关账务处理如下：

资源税税额 = 销售额 × 资源税税率 =300 000 × 4%=12 000（元）

借：税金及附加　　　　　　　　　　　　　　　　　　　　　　　　12 000
　　贷：应交税费——应交资源税　　　　　　　　　　　　　　　　12 000

4.7.12 应交土地增值税概述

土地增值税是指在中华人民共和国境内转让房地产并取得收入的单位和个人，以转让所取得的收入（包括货币收入、非货币收入）减去法定扣除项目金额后的增值额为计税依据，向国家缴纳的一种税赋，不包括以继承、赠予方式无偿转让房地产的行为。

1. 土地增值税的纳税义务人

土地增值税的纳税义务人为在中华人民共和国境内转让房地产并取得收入的单位和个人。

2. 土地增值税的税率

土地增值税采用四级超率累进税率，最低税率为30%，最高税率为60%。

在确定适用税率时，首先需要确定征税对象数额的相对率，即以增值额与扣除项目金额的比率（增值率）从低到高划分为四个级次：

（1）增值额未超过扣除项目金额50%的部分，适用30%的税率；

（2）增值额超过扣除项目金额50%，未超过100%的部分，适用40%的税率；

（3）增值额超过扣除项目金额100%，未超过200%的部分，适用50%的税率；

（4）增值额超过扣除项目金额200%的部分，适用60%的税率。

土地增值税四级超率累进税率中每级增值额未超过扣除项目金额的比率，均包括本比率数。

3. 增值额

土地增值税按照转让时所取得的增值额和规定的税率计算征收。这里的增值额，是指转让所取得的收入减去规定扣除项目金额后的余额。

$$土地增值税税额 = 增值额 \times 土地增值税税率$$

$$增值额 = 销售收入 - 扣除项目金额$$

4. 土地增值额的扣除项目

土地增值额的扣除项目包括以下几项：

（1）取得土地使用权所支付的金额；

（2）开发土地的成本、费用；

（3）新建房屋及配套设施的成本、费用，或者旧房及建筑物的评估价格；

（4）与转让房地产有关的税金。

4.7.13 应交土地增值税的账务处理

土地增值税的账务处理如下。

（1）主营或者兼营房地产业务的企业，应由当期营业收入负担的土地增值税，借记"税金及附加"科目，贷记"应交税费——应交土地增值税"科目。

（2）企业转让的国有土地使用权与其地上建筑物及其附着物一并在"固定资产"或

"在建工程"科目核算的，转让时应缴纳的土地增值税，借记"固定资产清理""在建工程"科目，贷记"应交税费——应交土地增值税"科目。

（3）企业转让的土地使用权在"无形资产"科目核算的，按照实际收到的金额，借记"银行存款"科目；按照应缴纳的土地增值税，贷记"应交税费——应交土地增值税"科目；按照已计提的累计摊销，借记"累计摊销"科目；按照其成本，贷记"无形资产"科目；按照其差额，贷记"营业外收入——非流动资产处置净收益"科目或借记"营业外支出——非流动资产处置净损失"科目。

（4）企业在项目全部竣工结算前转让房地产取得的收入，按税法规定预交的土地增值税，借记"应交税费——应交土地增值税"科目，贷记"银行存款"科目；待该项房地产销售收入实现时，再按销售业务的会计处理方法进行处理。

企业项目全部竣工、办理结算后进行清算，收到退回多交的土地增值税时，借记"银行存款"科目，贷记"应交税费——应交土地增值税"科目，补交的土地增值税做相反的会计分录。

（5）企业缴纳土地增值税时，借记"应交税费——应交土地增值税"科目，贷记"银行存款"科目。

【实例4-28】某企业将开发的一栋写字楼出售，取得的销售收入总额为2 000万元，支付开发写字楼的地价款（包含契税）400万元；开发过程中支付拆迁补偿费100万元，供水供电基础设施费80万元，建筑工程费用520万元；房地产开发费用80万元，开发过程中向金融机构借款500万元，借款期限1年，年利率5%；该企业销售写字楼缴纳的印花税、城市维护建设税、教育费附加共计110万元。计算该项目应交土地增值税税额。

（1）收入=2 000（万元）

（2）扣除项：

取得土地使用权所支付的金额=400（万元）

房地产开发成本=100+80+520=700（万元）

房地产开发费用为80万元，其中，利息支出=500×5%=25（万元），其他支出=80-25=55（万元）。

税金=110（万元）

扣除项目金额=400+700+80+110=1 290（万元）

（3）增值额=2 000-1 290=710（万元）

（4）税率：

增值额÷扣除项目金额=710÷1 290=55%>50%，故适用税率为40%。

（5）应交土地增值税税额=710×40%=284（万元）

借：税金及附加 2 840 000

贷：应交税费——应交土地增值税 2 840 000

4.7.14 应交企业所得税概述

企业所得税是指对中华人民共和国境内的企业（居民企业及非居民企业）和其他取得收入的组织以其生产经营所得为课税对象所征收的一种所得税。纳税人包括国有企业、集体企业、私营企业、联营企业、股份制企业、有生产经营所得和其他所得的其他组织。对个人独资企业及合伙企业，只征收个人所得税。

企业所得税的征税对象为纳税人取得的所得，包括销售货物所得、提供劳务所得、转让财产所得、股息红利所得、利息所得、租金所得、特许权使用费所得、接受捐赠所得和其他所得。计算公式为：

企业应纳所得税额 = 当期应纳税所得额 × 适用税率

当期应纳税所得额 = 当期收入总额 − 准予扣除项目金额

企业所得税税率如表4-3所示。

表4-3 企业所得税税率

税率	适用情况
25%	基本税率
20%	自2019年1月1日至2021年12月31日，对小型微利企业年应纳税所得额超过100万元但不超过300万元的部分，减按50%计入应纳税所得额，按20%的税率缴纳企业所得税。自2021年1月1日至2022年12月31日，对小型微利企业年应纳税所得额不超过100万元的部分，减按12.5%计入应纳税所得额，按20%的税率缴纳企业所得税。上述小型微利企业是指从事国家非限制和禁止行业，且同时符合年度应纳税所得额不超过300万元、从业人数不超过300人、资产总额不超过5 000万元等三个条件的企业
15%	（1）对国家需要重点扶持的高新技术企业，减按15%的税率征收企业所得税 （2）对经认定的技术先进型服务企业，减按15%的税率征收企业所得税 （3）自2021年1月1日至2030年12月31日，对设在西部地区的鼓励类产业企业减按15%的税率征收企业所得税。本条所称鼓励类产业企业，是指以《西部地区鼓励类产业目录》中规定的产业项目为主营业务，且其主营业务收入占企业收入总额60%以上的企业 （4）对集成电路线宽小于0.25微米或投资额超过80亿元的集成电路生产企业，经认定后，减按15%的税率征收企业所得税 （5）自2019年1月1日起至2021年12月31日，对符合条件的从事污染防治的第三方企业减按15%的税率征收企业所得税
10%	国家鼓励的重点集成电路设计企业和软件企业，自获利年度起，第二年至第五年免征企业所得税，接续年度可减按10%的税率征收企业所得税

4.7.15 应交企业所得税的账务处理

企业应缴纳的所得税，借记"所得税费用"等科目，贷记"应交税费——应交企业所得税"科目。

【**实例 4-29**】某企业执行《小企业会计准则》，2020 年第二季度应缴纳 10 000 元企业所得税，7 月用银行存款支付。相关账务处理如下。

2020 年 6 月 30 日：

借：所得税费用　　　　　　　　　　　　　　　　　　　　　　　　10 000

　　贷：应交税费——应交企业所得税　　　　　　　　　　　　　　　10 000

2020 年 7 月 1 日：

借：应交税费——应交企业所得税　　　　　　　　　　　　　　　　10 000

　　贷：银行存款　　　　　　　　　　　　　　　　　　　　　　　　10 000

4.7.16 应交印花税概述

《中华人民共和国印花税法》经 2021 年 6 月 10 日第十三届全国人民代表大会常务委员会第二十九次会议通过，本法自 2022 年 7 月 1 日起施行。

印花税是对经济活动和经济交往中书立、领受具有法律效力的凭证的行为所征收的一种税。

1. 印花税的征税对象

在中华人民共和国境内书立应税凭证、进行证券交易的单位和个人，为印花税的纳税人，应当依法缴纳印花税。

2. 印花税的计税依据

印花税的计税依据如下所述。

（1）应税合同的计税依据为合同所列的金额，不包括列明的增值税税款。

（2）应税产权转移书据的计税依据为产权转移书据所列的金额，不包括列明的增值税税款。

（3）应税营业账簿的计税依据为账簿记载的实收资本（股本）、资本公积合计金额。

（4）证券交易的计税依据为成交金额。

（5）应税合同、产权转移书据未列明金额的，印花税的计税依据按照实际结算的金额确定。

（6）同一应税凭证载有两个以上税目事项并分别列明金额的，按照各自适用的税目税率分别计算应纳税额；未分别列明金额的，从高适用税率。

（7）已缴纳印花税的营业账簿，以后年度记载的实收资本（股本）、资本公积合计金额比已缴纳印花税的实收资本（股本）、资本公积合计金额增加的，按照增加部分计算应纳税额。

3. 印花税税目及税率

印花税税目及税率如表4-4所示。

表4-4 印花税税目及税率

	税目	税率	备注
合同（指书面合同）	借款合同	借款金额的万分之零点五	指银行业金融机构、经国务院银行业监督管理机构批准设立的其他金融机构与借款人（不包括同业拆借）的借款合同
	融资租赁合同	租金的万分之零点五	
	买卖合同	价款的万分之三	指动产买卖合同（不包括个人书立的动产买卖合同）
	承揽合同	报酬的万分之三	
	建设工程合同	价款的万分之三	
	运输合同	运输费用的万分之三	指货运合同和多式联运合同（不包括管道运输合同）
	技术合同	价款、报酬或者使用费的万分之三	不包括专利权、专有技术使用权转让书据
合同（指书面合同）	租赁合同	租金的千分之一	
	保管合同	保管费的千分之一	
	仓储合同	仓储费的千分之一	
	财产保险合同	保险费的千分之一	不包括再保险合同
产权转移书据	土地使用权出让书据	价款的万分之五	
	土地使用权、房屋等建筑物和构筑物所有权转让书据（不包括土地承包经营权和土地经营权转移）	价款的万分之五	转让包括买卖（出售）、继承、赠与、互换、分割
	股权转让书据（不包括应缴纳证券交易印花税的）	价款的万分之五	
	商标专用权、著作权、专利权、专有技术使用权转让书据	价款的万分之三	

（续表）

税目	税率	备注
营业账簿	实收资本（股本）、资本公积合计金额的万分之二点五	
证券交易	成交金额的千分之一	

4.应交印花税的账务处理

企业缴纳的印花税，计提时，借记"税金及附加"科目，贷记"应交税费——应交印花税"科目；实际缴纳时，借记"应交税费——应交印花税"科目，贷记"银行存款"科目。

4.7.17 应交个人所得税概述

个人所得税是国家对本国公民、居住在本国境内的个人的所得和境外个人来源于本国的所得征收的一种所得税。

个人所得税实行源泉控制，由支付人履行代扣代缴义务。代扣代缴是指按照税法规定负有扣缴税款义务的单位或个人，在向个人支付应纳税所得时，从所得中扣除应纳税款并缴入国库，同时向税务机关报送扣缴个人所得税报表。

代扣代缴个人所得税的范围如下：

（1）工资、薪金所得，是指个人因任职或受雇而取得的工资、薪金、奖金、年终加薪、劳动分红、津贴、补贴以及与任职或受雇有关的其他所得；

（2）对企事业单位的承包经营、承租经营所得；

（3）劳务报酬所得；

（4）稿酬所得；

（5）特许权使用费所得；

（6）利息、股息、红利所得；

（7）财产租赁所得；

（8）财产转让所得；

（9）偶然所得；

（10）经国务院财政部门确定征税的其他所得。

居民个人的综合所得，应纳税所得额的计算公式为：

应纳税所得额 = 月度收入 − 5 000元（起征点）− 专项扣除（三险一金等）− 专项附加扣除 − 依法确定的其他扣除

4.7.18 应交个人所得税的账务处理

企业按规定计算应代扣代缴的职工个人所得税，借记"应付职工薪酬"科目，贷记"应交税费——应交个人所得税"科目；上缴时，借记"应交税费——应交个人所得税"科目，贷记"银行存款"科目。

【**实例 4-30**】执行《小企业会计准则》的某企业于 2020 年 3 月 31 日代扣代缴当月职工的个人所得税 5 000 元，2020 年 4 月 1 日用银行存款缴纳。相关账务处理如下：

2020 年 3 月 31 日：

 借：应付职工薪酬   5 000

  贷：应交税费——应交个人所得税   5 000

2020 年 4 月 1 日：

 借：应交税费——应交个人所得税   5 000

  贷：银行存款   5 000

4.8 2231 应付利息

4.8.1 应付利息概述

应付利息是指企业按照合同约定应支付的利息，包括吸收存款、分期付息到期还本的长期借款、企业债券等应支付的利息。

1. 应付利息的科目设置

"应付利息"科目主要核算企业按照合同约定应支付的利息费用。期末余额在贷方，反映企业应付未付的利息费用。该科目可按贷款人等进行明细核算。

2."应付利息"科目的核算项目

"应付利息"科目的核算项目如表 4-5 所示。

表 4-5 "应付利息"科目的核算项目

项目	是否在本科目核算
1. 计提的短期借款利息	是
2. 计提的分期付息到期还本的长期借款利息	是

（续表）

项目	是否在本科目核算
3.计提的一次还本付息的长期借款利息	否，应在"长期借款——应计利息"科目核算
4.计提的分期付息到期还本应付债券	是
5.计提的一次还本付息的应付债券	否，应在"应付债券——应计利息"科目核算
6.计提的带息应付票据	否，应在"应付票据"科目核算

4.8.2 应付利息的账务处理

在应付利息日，企业应当按照合同利率计算确定的利息费用，借记"财务费用""在建工程"等科目，贷记"应付利息"科目。实际支付利息时，借记"应付利息"科目，贷记"银行存款"等科目。

【实例4-31】执行《小企业会计准则》的某企业，2020年1月1日向银行借入一笔生产经营用短期借款，共计120 000元，期限为9个月，年利率为8%。根据与银行签署的借款协议，该项借款的本金到期后一次归还；利息分月预提，按季支付。该企业的账务处理如下。

（1）2021年1月1日借入短期借款时：

借：银行存款　　　　　　　　　　　　　　　　　　　　　　　120 000
　　贷：短期借款　　　　　　　　　　　　　　　　　　　　　　120 000

（2）2021年1月31日，计提1月应计利息时：

借：财务费用　　　　　　　　　　　　　　　　　　　　　　　　　800
　　贷：应付利息　　　　　　　　　　　　　　　　　　　　　　　　800

本月应计提的利息=120 000×8%÷12=800（元）

（3）2月末，计提2月利息费用的处理与1月相同。

（4）3月31日，支付第一季度银行借款利息时：

借：应付利息　　　　　　　　　　　　　　　　　　　　　　　　1 600
　　财务费用　　　　　　　　　　　　　　　　　　　　　　　　　800
　　贷：银行存款　　　　　　　　　　　　　　　　　　　　　　2 400

（5）第二、三季度的会计处理同上。

（6）2021年10月1日偿还银行借款本金时：

借：短期借款　　　　　　　　　　　　　　　　　　　　　　　120 000
　　贷：银行存款　　　　　　　　　　　　　　　　　　　　　　120 000

4.9 2232 应付利润

4.9.1 应付利润概述

应付利润是指企业在接受投资或联营、合作期间,按协议或合同约定应支付给投资者或者合作伙伴的利润。该项利润在尚未实际支付前,构成企业的一项流动负债。

"应付利润"科目主要核算企业向投资者分配的利润。该科目的贷方表示企业应付给投资者的利润,借方表示企业已经支付给投资者的利润。期末贷方余额,反映企业应付未付的利润。本科目应按照投资者进行明细核算。

4.9.2 应付利润的账务处理

企业应根据规定或协议确定的应分配给投资者的利润,借记"利润分配"科目,贷记"应付利润"科目。向投资者实际支付利润时,借记"应付利润"科目,贷记"库存现金""银行存款"等科目。

【**实例4-32**】某企业执行《小企业会计准则》,2019年12月31日根据协议应付给A股东利润50 000元。该企业的账务处理如下:

借:利润分配　　　　　　　　　　　　　　　　　　　　　　50 000
　　贷:应付利润——A股东　　　　　　　　　　　　　　　　　50 000
实际支付利润时:
借:应付利润——A股东　　　　　　　　　　　　　　　　　　50 000
　　贷:银行存款　　　　　　　　　　　　　　　　　　　　　50 000

4.10 2241 其他应付款

4.10.1 其他应付款概述

其他应付款是指企业除应付账款、预收账款、应付职工薪酬、应交税费、应付利息、应付利润等以外的其他各项应付、暂收的款项,包括应付租入固定资产和包装物的租金、存入保证金等。

"其他应付款"科目主要核算企业除应付账款、预收账款、应付职工薪酬、应交税费、应付利息、应付利润等以外的其他各项应付、暂收的款项。该科目贷方登记企业发生的各项应付、暂收款项的增加额,借方登记企业发生的各项应付、暂收款项的减少额。期末贷方余额,反映企业应付未付的其他应付款项。本科目应按照其他应付款的项目和对方单位(或个人)进行明细核算。

4.10.2 其他应付款的账务处理

其他应付款的账务处理如下。

(1)企业发生的其他各种应付、暂收款项,借记"管理费用"等科目,贷记"其他应付款"科目。

(2)支付的其他各种应付、暂收款项,借记"其他应付款"科目,贷记"银行存款"等科目。

(3)企业无法支付的其他应付款,借记"其他应付款"科目,贷记"营业外收入"科目。

(4)企业采用售后回购方式融入的资金,按照实际收到的金额,借记"银行存款"科目,贷记"其他应付款"科目;回购价格与销售价格之间的差额,在售后回购期间按期计提利息费用,借记"财务费用"科目,贷记"其他应付款"科目。按照合同约定回购商品时,企业应按实际支付的金额,借记"其他应付款"科目,贷记"银行存款"科目。

【实例 4-33】执行《小企业会计准则》的某企业于 2021 年 1 月 4 日租入一台生产用机器设备,应支付租金 12 000 元,款项用银行存款支付。1 月 17 日,出租一批包装箱给 A 公司,并收到包装箱押金 30 000 元,存入银行。1 月 30 日,收到 A 公司退还的包装箱,并将押金 30 000 元退还 A 公司。该企业的账务处理如下。

(1)2021 年 1 月 4 日,支付机器设备租金时:

借:生产成本 12 000
　　贷:其他应付款——设备租金 12 000
借:其他应付款——设备租金 12 000
　　贷:银行存款 12 000

(2)2021 年 1 月 17 日,收到 A 公司的包装箱押金:

借:银行存款 30 000

贷：其他应付款——包装箱押金　　　　　　　　　　　　　　30 000
（3）2021年1月30日，退还A公司的包装箱押金：
　　借：其他应付款——包装箱押金　　　　　　　　　　　　　　30 000
　　　贷：银行存款　　　　　　　　　　　　　　　　　　　　　30 000

4.11　2401 递延收益

4.11.1　递延收益概述

递延收益是指尚待确认的收入或收益，也可以说是暂时未确认的收益，它是权责发生制在收益确认上的运用。"递延收益"科目应按照相关项目进行明细核算。

"递延收益"科目主要核算企业已经收到、应在以后期间计入损益的政府补助。本科目贷方登记企业已经收到的、尚待以后期间确认的政府补助，借方登记企业在以后期间已确认的政府补助。期末贷方余额，反映企业已经收到，但应在以后期间计入损益的政府补助。

> **注意**
> 企业在当期损益中确认的政府补助，在"营业外收入"科目核算，不在本科目核算。所谓政府补助，是指企业从政府无偿取得货币性资产或非货币性资产，但不含政府作为企业所有者投入的资本。政府补助的主要形式有财政拨款、财政贴息、税收返还、无偿划拨非货币性资产。

企业取得的政府补助为非货币性资产的，应先确认一项资产和递延收益，然后在相关资产的使用寿命内平均分摊递延收益。需要注意的是，递延收益分摊的起点是"相关资产可供使用时"，分摊的终点是"资产使用寿命结束或资产被处置时（孰早）"。

相关资产在使用寿命结束前被出售、转让、报废或发生毁损的，应当将尚未分配的相关递延收益余额转入资产处置当期的损益。

4.11.2　递延收益的账务处理

1. 收到的与资产相关的政府补助

企业收到与资产相关的政府补助，按应收或收到的金额，借记"银行存款"等科目，贷记"递延收益"科目。在相关的资产的使用寿命内分配递延收益时，借记"递延收益"科目，贷记"营业外收入"科目；处置该资产时，将该资产对应的递延收益科目余额转入资产处置收益（营业外收入）科目。

2. 收到的其他政府补助

企业收到的其他政府补助，用于补偿本企业以后期间的相关费用或亏损的，应当按照收到的金额，借记"银行存款"等科目，贷记"递延收益"科目。在发生相关费用或亏损的未来期间，应当按照应补偿的金额，借记"递延收益"科目，贷记"营业外收入"科目。

用于补偿本企业已发生的相关费用或亏损的，应当按照收到的金额，借记"银行存款"等科目，贷记"营业外收入"科目。

3. 政府补助为货币性资产

企业收到的政府补助为货币性资产的，应当按照收到的金额计量。政府补助为非货币性资产，且提供了有关凭据的，应当按照凭据上标明的金额计量；政府没有提供有关凭据的，应当按照同类或类似资产的市场价格或评估价值计量。

【实例 4-34】执行《小企业会计准则》的某企业于 2021 年 1 月 1 日建造一项环保工程，向银行贷款 1 000 000 元，期限 3 年，年利率 6%。当地政府按照贷款额 1 000 000 元向该企业提供年利率 3% 的财政贴息，共计 90 000 元。2021 年 1 月 15 日，收到财政贴息资金。2021 年 6 月 1 日工程完工，预计使用年限为 10 年。相关账务处理如下。

（1）2021 年 1 月 15 日收到财政贴息时：

借：银行存款　　　　　　　　　　　　　　　　　　　　　　　　90 000
　　贷：递延收益　　　　　　　　　　　　　　　　　　　　　　　　90 000

（2）2021 年 6 月 1 日该项环保工程完工，开始分配递延收益。从 2021 年 6 月 1 日起，在该环保项目工程的 10 年寿命期内，每月确定的政府补助及相关账务处理如下：

每月政府补助 =90 000÷（10×12）=750（元）

借：递延收益　　　　　　　　　　　　　　　　　　　　　　　　　750
　　贷：营业外收入　　　　　　　　　　　　　　　　　　　　　　　　750

【实例 4-35】执行《小企业会计准则》的某企业为增值税一般纳税人，其于 2012 年 1 月 1 日收到政府财政拨款 480 000 元，用于购买科研设备。该企业于 1 月 29 日购入无需安装的科研设备一台并交付使用，实际成本为 600 000 元（当年增值税税率为 17%），其中用自有资金支付 222 000 元。该设备使用寿命为 10 年，用直线法计提折旧，无残值。2020 年 2 月 1 日出售该设备，收到价款 150 000 元（增值税税率为 13%）。该企业的账务处理如下。

（1）2012 年 1 月 1 日收到财政拨款时：

借：银行存款　　　　　　　　　　　　　　　　　　　　　　　　480 000
　　贷：递延收益　　　　　　　　　　　　　　　　　　　　　　　480 000

（2）2012 年 1 月 29 日购入该设备时：

借：固定资产　　　　　　　　　　　　　　　　　　　　　　　　600 000
　　应交税费——应交增值税（进项税额）　　　　　　　　　　　102 000
　　贷：银行存款　　　　　　　　　　　　　　　　　　　　　　　702 000

（3）自 2012 年 2 月起于每个资产负债表日计提折旧：

每月计提折旧 =600 000÷10÷12=5 000（元）

借：研发支出　　　　　　　　　　　　　　　　　　　　　　　　5 000
　　贷：累计折旧　　　　　　　　　　　　　　　　　　　　　　　5 000

每月应摊销的递延收益 =480 000÷10÷12=4 000（元）

借：递延收益　　　　　　　　　　　　　　　　　　　　　　　　4 000
　　贷：营业外收入——政府补助利得　　　　　　　　　　　　　　4 000

（4）2021 年 2 月 1 日出售该设备，同时转销该递延收益余额：

应转入的固定资产清理 = 固定资产原值 – 累计折旧 =600 000–480 000=120 000（元）

其中，累计折旧 =5 000×12×8=480 000（元）。

借：固定资产清理　　　　　　　　　　　　　　　　　　　　　　120 000
　　累计折旧　　　　　　　　　　　　　　　　　　　　　　　　480 000
　　贷：固定资产　　　　　　　　　　　　　　　　　　　　　　　600 000

借：银行存款　　　　　　　　　　　　　　　　　　　　　　　　150 000
　　贷：固定资产清理　　　　　　　　　　　　　　　　　　　　　120 000
　　　　营业外收入——非流动资产处置损益　　　　　　　　　　　30 000

未摊销递延收益 =480 000–384 000=96 000（元）

其中，已摊销递延收益 =4 000×12×8=384 000（元）。

借：递延收益　　　　　　　　　　　　　　　　　　　　　　　　96 000
　　贷：营业外收入——政府补助利得　　　　　　　　　　　　　　96 000

4.12 2501 长期借款

4.12.1 长期借款概述

长期借款是指企业向银行或其他金融机构借入的期限在 1 年以上的各项借款本金。

1. 科目设置

"长期借款"科目主要核算企业向银行或其他金融机构借入的期限在 1 年以上的各项借款本金。本科目贷方发生额表示企业借入的长期借款数额，借方发生额表示企业已偿还的长期借款本金。期末贷方余额，反映企业尚未偿还的长期借款本金。本科目应按照借款种类、贷款人和币种进行明细核算。

2. 借款费用的处理

长期借款的借款费用有资本化和费用化之分，具体如下所述：

（1）为购建固定资产而发生的，予以资本化，计入所建造的固定资产的价值；

（2）为建造固定资产，在固定资产交付使用并办理了竣工决算后所发生的长期借款费用，直接计入当期损益；

（3）与固定资产或无形资产无关的，如为例行生产而筹集的长期借款筹资成本，作为财务费用，直接计入当期损益；

（4）为投资而发生的借款费用，直接计入当期损益；

（5）在筹建期间发生的长期借款费用（除为购建固定资产而发生的借款费用外），计入开办费；

（6）在清算期间发生的长期借款费用，计入清算损益。

3. 长期借款的分类

长期借款可分为分期付息到期还本长期借款、到期一次还本付息长期借款和分期偿还本息长期借款。

4.12.2 长期借款的账务处理

长期借款的账务处理如下：

（1）企业借入长期借款，借记"银行存款"科目，贷记"长期借款"科目；

（2）在应付利息日，应当按照借款本金和借款合同利率计提利息费用，借记"财务费用""在建工程"等科目，贷记"应付利息"科目；

（3）偿还长期借款本金，借记"长期借款"科目，贷记"银行存款"科目。

【实例4-36】 2018年1月1日，执行《小企业会计准则》的某企业为新建大型车间向银行借入为期两年的长期专门借款500 000元，款项存入银行，当天支付工程价款100 000元。此次借款年利率为8%，每年付息一次，两年后一次性还清本金。2019年1月1日，支付了剩余的工程款400 000元。该车间于2019年6月底完工，达到预定可使用状态。此处无需考虑专门借款资金存款的利息收入或者投资收益。该企业的账务处理如下。

（1）2018年1月1日，借入款项时：

借：银行存款　　　　　　　　　　　　　　　　　　　　　　　500 000
　　贷：长期借款——××银行　　　　　　　　　　　　　　　　　500 000
借：在建工程　　　　　　　　　　　　　　　　　　　　　　　100 000
　　贷：银行存款　　　　　　　　　　　　　　　　　　　　　　100 000

（2）2018年12月31日，该企业计算并支付长期借款利息：

借款利息=500 000×8%=40 000（元）

借：在建工程　　　　　　　　　　　　　　　　　　　　　　　40 000
　　贷：应付利息　　　　　　　　　　　　　　　　　　　　　　40 000
借：应付利息　　　　　　　　　　　　　　　　　　　　　　　40 000
　　贷：银行存款　　　　　　　　　　　　　　　　　　　　　　40 000

（3）2019年1月1日，支付剩余工程款：

借：在建工程　　　　　　　　　　　　　　　　　　　　　　　400 000
　　贷：银行存款　　　　　　　　　　　　　　　　　　　　　　400 000

（4）2019年6月30日，该生产线达到预定可使用状态：

2019年应资本化的借款利息=500 000×8%÷12×6=20 000（元）

借：在建工程　　　　　　　　　　　　　　　　　　　　　　　20 000
　　贷：应付利息　　　　　　　　　　　　　　　　　　　　　　20 000
借：固定资产　　　　　　　　　　　　　　　　　　　　　　　560 000
　　贷：在建工程　　　　　　　　　　　　　　　　　　　　　　560 000

（5）2019年7月1日至2019年12月31日，核算应计入财务费用的利息：

2019年应费用化的借款利息=500 000×8%÷12×6=20 000（元）

借：财务费用 20 000
　　贷：应付利息 20 000
（6）2019年12月31日，支付借款利息：
借：应付利息 40 000
　　贷：银行存款 40 000
（7）2020年1月1日，偿还长期借款本金：
借：长期借款——××银行 500 000
　　贷：银行存款 500 000

4.13 2701 长期应付款

4.13.1 长期应付款概述

长期应付款是指企业除长期借款以外的其他各种长期应付款项，包括采用融资租赁方式租入固定资产所形成的应付租赁费、以分期付款方式购入固定资产发生的应付款项等。

融资租入的固定资产应该视同租入方固定资产管理，在"固定资产"科目下单独设置"融资租入固定资产"明细科目，同时，融资租入固定资产的融资租赁费形成了一笔长期负债，这笔负债在"长期应付款"科目下设置"融资租入固定资产应付款"明细科目进行核算。

企业应设置"长期应付款"科目，用于核算企业除长期借款以外的其他各种长期应付款项。本科目贷方发生额表示企业发生的长期应付款项，借方发生额表示企业偿还的长期应付款项。期末贷方余额，反映企业应付未付的长期应付款项。本科目应按照长期应付款的种类和债权人进行明细核算。

4.13.2 长期应付款的账务处理

1. 融资租入固定资产

企业融资租入固定资产，在租赁期开始日，按照租赁合同约定的付款总额和在签订租赁合同过程中发生的相关税费等，借记"固定资产""在建工程"科目，贷记"长期应付款"科目。

2. 以分期付款方式购入固定资产

以分期付款方式购入固定资产,应当按照实际支付的购买价款和相关税费(不包括按照税法规定可抵扣的增值税进项税额),借记"固定资产""在建工程"科目,按照税法规定可抵扣的增值税进项税额,借记"应交税费——应交增值税(进项税额)"科目,贷记"长期应付款"科目。

【实例 4-37】执行《小企业会计准则》的某企业为一般纳税人,2020 年 1 月 1 日,以分期付款方式购入一条生产线,购买价款为 180 000 元,税率为 13%,约定 3 年期等额付款,每年年末支付。增值税专用发票上注明的增值税税额为 23 400 元,已支付。另外用银行存款支付了运输费、途中保险费、调试费等共计 4 000 元。该企业的账务处理如下。

(1)购入机器设备时:

借:固定资产　　　　　　　　　　　　　　　　　　　　　　184 000
　　应交税费——应交增值税(进项税额)　　　　　　　　　 23 400
　　贷:长期应付款　　　　　　　　　　　　　　　　　　　 180 000
　　　　银行存款　　　　　　　　　　　　　　　　　　　　　27 400

(2)每年末偿还该长期应付款项时:

借:长期应付款　　　　　　　　　　　　　　　　　　　　　60 000
　　贷:银行存款　　　　　　　　　　　　　　　　　　　　　60 000

第 5 章 经营期间所有者权益类科目的账务处理

5.1 所有者权益概述

5.1.1 所有者权益的定义和分类

所有者权益是指企业资产扣除负债后，由所有者享有的剩余权益。所有者权益在数量上通过对会计恒等式的变形来表示，即：资产 – 负债 = 所有者权益。

1. 所有者权益的内容

所有者权益涉及的科目包括"3001 实收资本（或股本）""3002 资本公积""3101 盈余公积""3103 本年利润""3104 利润分配"。

实收资本和资本公积是所有者直接投入到企业中的资产，而盈余公积和未分配利润是企业在生产经营过程中的利润留存，因此两者合称为留存收益。

2. 所有者权益的来源

所有者权益的来源包括所有者投入的资产、直接计入所有者权益的利得和损失、留存收益等。

3. 所有者权益的特征

（1）所有者权益产生于权益性投资行为，是企业投资人对企业净资产的所有权。它包括所有者对投入资产的所有权、使用权、处置权和收益分配权。但所有者权益是一种剩余权益，在企业破产清算时，只有负债的要求权得到清偿后，剩余财产的所有者权益才能够按股东出资比例进行分配。

（2）所有者权益包含所有者以其出资额的比例分享的企业利润。与此同时，所有者也必须以其出资额承担企业的经营风险。

（3）所有者权益还意味着所有者有法定的管理企业和委托他人管理企业的权利，但这种权利来自投资者投入的可供企业长期使用的资源。

（4）所有者权益具有长期特性。所有者权益作为剩余权益，并不存在确切的、约定的偿付期限。

（5）所有者权益计量的间接性。所有者权益除了投资者投入的资本能够直接计量外，在企业存续期内任一时点都不是直接计量的，而是通过计量资产和负债来间接计量。

5.1.2 所有者权益与负债的区别

所有者权益与负债的区别如下。

（1）债权人对企业资产的要求权优于所有者权益，所有者只享有对剩余财产的要求权。

（2）在企业持续经营的情况下，除按法律程序减资外，一般不能提前撤回投资；而负债一般都有规定的偿还期限，必须于一定时期偿还。

（3）企业的投资者以股利或利润的形式参与企业的利润分配，而债权人的债权只能按规定的条件得到偿付并获取利息收入。

（4）企业所有者有权行使企业的经营管理权，或者授权管理人员行使经营管理权，但债权人并不享有企业的经营管理权。

（5）企业的所有者对企业的债务和亏损负有无限的责任或有限的责任，而债权人与企业的其他债务无关，一般也不承担企业的亏损。

5.2 3001 实收资本

5.2.1 实收资本概述

实收资本是指投资者按照合同协议约定或相关规定投入到企业、构成企业注册资本的部分。

1. 实收资本的科目设置

"实收资本"科目主要核算企业收到投资者按照合同协议约定或相关规定投入的、构成企业注册资本的部分。该科目贷方登记实收资本的增加额，借方登记实收资本的减少额;期末贷方余额,反映企业实收资本总额。

"实收资本"科目应按照投资者进行明细核算。企业(中外合作经营)根据合同规定在合作期间归还投资者的投资,应在本科目设置"已归还投资"明细科目进行核算。

股份有限公司应当将本科目的名称改为"3001 股本"科目。企业收到投资者出资超过其在注册资本中所占份额的部分,作为资本溢价,在"资本公积"科目核算,不在"实收资本"科目核算。

2. 投资者的投资方式

投资者可以用现金投资,也可以用现金以外的其他有形资产投资,符合国家规定比例的,还可以用无形资产投资。实收资本的构成比例即投资者的出资比例或股东的股份比例,通常是确定所有者在企业所有者权益中所占的份额和参与企业财务经管决策的基础,也是企业进行利润分配或股利分配的依据,同时还是企业清算时确定所有者对净资产要求权的依据。

5.2.2 实收资本的账务处理

1. 企业收到投资者的出资

企业收到投资者的出资,借记"银行存款""固定资产""原材料""无形资产"等科目,按照其在注册资本中所占的份额,贷记"实收资本"(或"股本",下同)科目,按照其差额,贷记"资本公积"科目。

【实例 5-1】A 有限责任公司于 2019 年 6 月登记成立,注册资本为 200 万元,由甲和乙两个人发起,公司章程规定甲出资 120 万元并于 2020 年 5 月 1 日投入公司,甲到期实际投资 140 万元;乙出资 80 万元并于 2021 年 1 月 1 日投入公司。A 有限责任公司的账务处理如下。

(1)2019 年 6 月登记成立,不需要做任何账务处理,实收资本为 0。

(2)2020 年 5 月 1 日,甲股东实际投资 140 万元:

借:银行存款 1 400 000
　　贷:实收资本——甲股东 1 200 000
　　　　资本公积——甲股东(资本溢价) 200 000

(3)2020 年 5 月 31 日,计提印花税。

(4)2020 年 6 月 1 日,缴纳印花税。

(5)2021 年 1 月 1 日,乙股东出资 80 万元:

借：银行存款　　　　　　　　　　　　　　　　　　　　　　800 000
　　贷：实收资本——乙股东　　　　　　　　　　　　　　　800 000

（6）2021年1月31日，计提印花税。

（7）2021年2月1日，缴纳印花税。

【**实例5-2**】B股份有限公司于2019年6月登记成立，注册股本为100万元，由甲和乙两个人发起，执行《小企业会计准则》，公司章程规定甲出资60万元并于2020年5月1日投入公司，甲到期实际投资70万元；乙出资40万元并于2021年1月1日投入公司。该企业的账务处理如下。

（1）2019年6月登记成立，不需要做任何账务处理，股本为0。

（2）2020年5月1日，甲股东实际投资70万元：

借：银行存款　　　　　　　　　　　　　　　　　　　　　　700 000
　　贷：股本——甲股东　　　　　　　　　　　　　　　　　600 000
　　　　资本公积——甲股东（股本溢价）　　　　　　　　　100 000

（3）2020年5月31日，计提印花税。

（4）2020年6月1日，缴纳印花税。

（5）2021年1月1日，乙出资40万元：

借：银行存款　　　　　　　　　　　　　　　　　　　　　　400 000
　　贷：股本——乙股东　　　　　　　　　　　　　　　　　400 000

（6）2021年1月31日，计提印花税。

（7）2021年2月1日，缴纳印花税。

2. 企业根据有关规定增加注册资本的账务处理

企业增加注册资本的途径有所有者直接投入、将资本公积转为实收资本或股本、将盈余公积转为实收资本。

（1）所有者（包括原企业所有者和新投资者）直接投入。企业接受投资者投入的资本，借记"银行存款""固定资产""无形资产""长期股权投资"等科目，贷记"实收资本"（有限责任公司）或"股本"（股份有限公司）科目。

（2）将资本公积转为实收资本或者股本，借记"资本公积——资本溢价"或"资本公积——股本溢价"科目，贷记"实收资本"或"股本"科目。

（3）将盈余公积转为实收资本，借记"盈余公积"科目，贷记"实收资本"或"股本"科目。

【**实例 5-3**】2020 年 1 月 1 日，甲、乙、丙共同投资设立 A 有限责任公司（执行《小企业会计准则》），注册资本为 2 000 000 元，甲、乙、丙持股比例分别为 60%、25% 和 15%。按照章程规定，甲、乙、丙投入资本分别为 1 200 000 元、500 000 元和 300 000 元。A 有限责任公司已如期收到各投资者一次缴足的款项。2021 年 1 月 1 日，丁准备加入，协议出资 500 000 元，其中注册资本为 250 000 元，相关账务处理如下：

借：银行存款　　　　　　　　　　　　　　　　　　　　　　500 000
　　贷：实收资本——丁　　　　　　　　　　　　　　　　　　250 000
　　　　资本公积——资本溢价　　　　　　　　　　　　　　　250 000

【**实例 5-4**】2021 年 2 月 1 日，执行《小企业会计准则》的某有限责任公司为扩大经营规模，经批准按原出资比例将资本公积 1 000 000 元转增资本，其中，原甲、乙、丙三股东各占 12.5%、50%、37.5% 的股份，相关账务处理如下：

借：资本公积——资本溢价　　　　　　　　　　　　　　　1 000 000
　　贷：实收资本——甲　　　　　　　　　　　　　　　　　125 000
　　　　　　　　——乙　　　　　　　　　　　　　　　　　500 000
　　　　　　　　——丙　　　　　　　　　　　　　　　　　375 000

3. 企业注册资本减少的账务处理

企业根据有关规定减少注册资本时，借记"实收资本""股本""资本公积"等科目，贷记"库存现金""银行存款"等科目。

企业（中外合作经营）根据合同规定在合作期间归还投资者的投资，应当按照实际归还投资的金额，借记"实收资本——已归还投资"科目，贷记"银行存款"等科目；同时，借记"利润分配——利润归还投资"科目，贷记"盈余公积——利润归还投资"科目。

【**实例 5-5**】执行《小企业会计准则》的某责任有限公司，截至 2020 年 12 月 31 日实收资本账面余额为 1 200 000 元，根据有关规定减少注册资本 200 000 元，该公司的账务处理如下：

借：实收资本　　　　　　　　　　　　　　　　　　　　　　200 000
　　贷：银行存款　　　　　　　　　　　　　　　　　　　　200 000

5.3 3002 资本公积

5.3.1 资本公积概述

《小企业会计准则》规定,资本公积是指小企业收到的投资者出资超过其在注册资本中所占份额的部分。

1. 资本公积的科目设置

"资本公积"科目的贷方发生额表示企业资本公积的增加数额,借方发生额表示企业资本公积的减少数额。期末贷方余额,反映企业的资本公积总额。资本公积不得出现借方余额的情况,即资本公积的结转至零为止。

2. 资本公积的特点

(1)资本公积是由投资者投入但不构成实收资本的、所有者享有的资金。

(2)资本公积由企业全体投资者共同享有,其形成有特定来源,即企业投资者的投入,因此与企业的生产经营所得(净利润)无关。它不是一个利润实现的过程,而是与实收资本共同反映了企业与其投资者之间出资和资本投入的关系。

(3)企业用资本公积转增资本,应当冲减资本公积。

(4)企业的资本公积不得用于弥补亏损。

5.3.2 资本公积的账务处理

企业收到投资者的出资,借记"银行存款""其他应收款""固定资产""无形资产"等科目;按照其在注册资本中所占的份额,贷记"实收资本"科目;按照其差额,贷记"资本公积"科目。

企业用资本公积转增资本,借记"资本公积"科目,贷记"实收资本"科目。

企业根据有关规定减少注册资本,借记"实收资本""资本公积"等科目,贷记"库存现金""银行存款"等科目。

【实例5-6】沿用【实例5-1】,A有限责任公司用资本公积转增实收资本时的账务处理如下:

借:资本公积——资本溢价　　　　　　　　　　　　　　　200 000
　　贷:实收资本　　　　　　　　　　　　　　　　　　　　　　　200 000

5.4 3101 盈余公积

5.4.1 盈余公积概述

盈余公积是指企业按照法律规定在税后利润中提取的法定公积金和任意公积金。法定盈余公积以国家的法律或行政规章为依据提取；任意盈余公积则由企业自行决定提取。外商投资企业按照法律规定在税后利润中提取储备基金和企业发展基金的，也在本科目核算。

1. 盈余公积的科目设置

"盈余公积"科目主要核算企业（公司制）按照《公司法》规定在税后利润中提取的法定盈余公积金和任意盈余公积金。该科目贷方发生额表示企业按照规定提取的各项盈余公积的数额，借方发生额表示企业盈余公积的减少和使用情况；期末贷方余额，反映公司制企业的法定盈余公积金和任意盈余公积金总额，外商投资企业的储备基金和企业发展基金总额。

"盈余公积"科目应当分别按"法定盈余公积""任意盈余公积"进行明细核算，外商投资企业还应当分别按"储备基金""企业发展基金"进行明细核算。中外合作经营企业根据合同约定在合作期间归还投资者的投资，应在本科目下设置"利润归还投资"明细科目进行核算。

2. 企业提取盈余公积的用途

企业提取盈余公积的用途如下。

（1）弥补亏损。

（2）转增资本。企业提取的盈余公积，无论是用于弥补亏损，还是用于转增资本，都不会引起企业所有者权益总额的变动。

（3）扩大企业生产经营。

3. 盈余公积的提取顺序

首先，提取法定盈余公积金。公司制企业的法定盈余公积金按照税后利润10%的比例提取（非公司制企业也可以按照超过10%的比例提取），在计算提取法定盈余公积的基数时，不应包括企业年初未分配利润。当企业法定盈余公积金累计额达到公司注册资本的 50% 时，可以不再提取法定盈余公积金。

其次，提取任意盈余公积金。企业从税后利润中提取法定盈余公积金后，还可以从税后利润中提取任意盈余公积金。

5.4.2 盈余公积的账务处理

公司制企业按照《公司法》的规定提取法定盈余公积金和任意盈余公积金，借记"利润分配——提取法定盈余公积""利润分配——提取任意盈余公积"科目，贷记"盈余公积——法定盈余公积""盈余公积——任意盈余公积"科目。

外商投资企业按照规定提取储备基金、企业发展基金、职工奖励及福利基金，借记"利润分配——提取储备基金""利润分配——提取企业发展基金""利润分配——提取职工奖励及福利基金"科目，贷记"盈余公积——储备基金""盈余公积——企业发展基金""应付职工薪酬"科目。

用盈余公积弥补亏损或者转增资本，借记"盈余公积"科目，贷记"利润分配——盈余公积补亏"或"实收资本"科目。

中外合作经营企业根据合同规定在合作期间归还投资者的投资，应当按照实际归还投资的金额，借记"实收资本——已归还投资"科目，贷记"银行存款"等科目；同时，借记"利润分配——利润归还投资"科目，贷记"盈余公积——利润归还投资"科目。

【实例 5-7】执行《小企业会计准则》的某企业，2020 年实现税后利润 10 000 000 元，分别按 10% 的比例提取法定盈余公积金和任意盈余公积金。同时，决定提取 300 000 元作为储备基金。该企业的账务处理如下。

（1）提取法定及任意盈余公积金：

借：利润分配——提取法定盈余公积　　　　　　　　　　　1 000 000
　　　　　　　——提取任意盈余公积　　　　　　　　　　　1 000 000
　贷：盈余公积——法定盈余公积　　　　　　　　　　　　　1 000 000
　　　　　　　——任意盈余公积　　　　　　　　　　　　　1 000 000

（2）提取储备基金：

借：利润分配——提取储备基金　　　　　　　　　　　　　　300 000
　贷：盈余公积——储备基金　　　　　　　　　　　　　　　　300 000

【实例 5-8】执行《小企业会计准则》的某中外合作经营企业于 2020 年归还 A 公司投资额，共计 800 000 元，用银行存款支付。该企业的账务处理如下：

借：实收资本——已归还投资　　　　　　　　　　　　　　　　　　　800 000
　　贷：银行存款　　　　　　　　　　　　　　　　　　　　　　　　　800 000

5.5　3103 本年利润

5.5.1　本年利润概述

本年利润是指企业当期实现的净利润（或发生的净亏损）。

1. 本年利润的科目设置

"本年利润"科目主要核算企业当期实现的净利润（或发生的净亏损）。年度终了，企业应当将当年实现的净利润或发生的净亏损转入"利润分配"科目，结转后"本年利润"科目无余额。

2. 利润的涵盖范围

依据《小企业会计准则》第六十七条的规定，利润是指小企业在一定会计期间的经营成果，包括营业利润、利润总额和净利润。

（1）营业利润是指营业收入减去营业成本、税金及附加、销售费用、管理费用、财务费用，加上投资收益（或减去投资损失）后的金额。公式为：

营业利润＝营业收入－营业成本－税金及附加－销售费用－管理费用－财务费用＋投资收益（－投资损失）

（2）利润总额是指营业利润加上营业外收入，减去营业外支出后的金额。公式为：

利润总额＝营业利润＋营业外收入－营业外支出

（3）净利润是指利润总额减去所得税费用后的净额。公式为：

净利润＝利润总额－所得税费用

5.5.2　本年利润的账务处理

企业期（月）末结转利润时，相关账务处理如下。

（1）将"主营业务收入""其他业务收入""营业外收入"科目的余额转入"本年利润"科目，借记"主营业务收入""其他业务收入""营业外收入"科目，贷记"本年利润"科目。

（2）将"主营业务成本""其他业务成本""税金及附加""销售费用""管理费用""财务费用""营业外支出""所得税费用"科目的余额转入"本年利润"科目，借记"本年利润"科目，贷记"主营业务成本""其他业务成本""税金及附加""销售费用""管理费用""财务费用""营业外支出""所得税费用"科目。

（3）将"投资收益"科目的贷方余额转入"本年利润"科目，借记"投资收益"科目，贷记"本年利润"科目；如为借方余额，做相反的会计分录。

（4）结转后"本年利润"科目的贷方余额为当期实现的净利润，借方余额为当期发生的净亏损。

（5）年度终了，企业应当将本年收入和支出相抵后结出的本年实现的净利润转入"利润分配"科目，借记"本年利润"科目，贷记"利润分配——未分配利润"科目；如为净亏损，做相反的会计分录。结转后，"本年利润"科目应无余额。

【**实例 5-9**】执行《小企业会计准则》的某企业在编制利润表时，采用表结法年末一次结转损益类科目，2020年有关损益类科目的年末余额如下表所示。

损益类科目年末余额表

单位：元

科目名称	余额方向	结账前科目余额
主营业务收入	贷	2 160 000
其他业务收入	贷	1 400
投资收益	贷	0
营业外收入	贷	0
主营业务成本	借	1 620 000
其他业务成本	借	800
税金及附加	借	140 000
销售费用	借	10 000
管理费用	借	21 200
财务费用	借	8 000
营业外支出	借	0

（1）结转各项费用：

借：本年利润 　　　　　　　　　　　　　　　　　　　　　　　1 800 000
　　贷：主营业务成本 　　　　　　　　　　　　　　　　　　　1 620 000
　　　　其他业务成本 　　　　　　　　　　　　　　　　　　　　　 800

税金及附加	140 000
销售费用	10 000
管理费用	21 200
财务费用	8 000

（2）结转各项收入：

借：主营业务收入	2 160 000
其他业务收入	1 400
贷：本年利润	2 161 400

（3）结转本年利润：

借：本年利润	361 400
贷：利润分配——未分配利润	361 400

5.6　3104 利润分配

5.6.1　利润分配概述

利润分配是指企业根据国家有关规定和企业章程、投资者的决议等，对企业当年可供分配的利润所进行的分配。

1. 利润分配的科目设置

"利润分配"科目主要核算企业利润的分配（或亏损的弥补）和历年分配（或弥补）后的余额。

"利润分配"科目下应当分别设置"应付利润""未分配利润"等二级科目进行核算。

2. 利润分配的顺序

企业当年实现的利润总额应按国家有关税法的规定做相应的调整，然后依法缴纳所得税，税后净利润按以下顺序分配。

第 1 步，弥补以前年度的亏损。

第 2 步，提取法定盈余公积金。

第 3 步，提取任意盈余公积金。

第 4 步，向投资者分配利润。企业弥补亏损和提取盈余公积金后所余税后利润，有限责任公司股东按照实缴的出资比例分取红利,但全体股东约定不按照出资比例分取红利的除外;股份有限公司按照股东持有的股份比例分配,但股份有限公司章程规定不按持股比例分配的除外。

3. 未分配利润的处理

未分配利润是指企业实现的净利润,经过弥补以前年度的亏损、提取法定盈余公积金和任意盈余公积金、向投资者分配利润后,留存在本企业的、历年结存的利润。未分配利润是期初未分配利润,加上本期实现的净利润,减去提取的各种盈余公积和分配利润后的余额。企业对未分配利润的使用有较大的自主权。

5.6.2 利润分配的账务处理

按照我国《公司法》的有关规定,利润分配的账务处理顺序如下。

1. 计算可供分配的利润

将本年净利润(或亏损)与年初未分配利润(或亏损)合并,计算出可供分配的利润。如果可供分配的利润为负数(即亏损),则不能进行后续分配;如果可供分配的利润为正数(即本年累计盈利),则进行后续分配。

将本年利润转入利润分配时,借记"本年利润"科目,贷记"利润分配——未分配利润"科目。

2. 计提法定盈余公积金

企业应按抵减年初累计亏损后的本年净利润计提法定盈余公积金,不能用资本发放股利,也不能在没有累计盈余的情况下提取盈余公积金。

3. 计提任意盈余公积金

企业计提任意盈余公积金时,借记"利润分配——提取任意盈余公积"科目,贷记"盈余公积——任意盈余公积"科目。

4. 向股东(投资者)支付股利(分配利润)

分配股利(根据董事会决议)时,借记"利润分配——应付现金股利"科目,贷记"应付股利"科目。

5. 结转利润分配

借记"利润分配——未分配利润"科目,贷记"利润分配——提取法定盈余公积""利润分配——提取任意盈余公积""利润分配——应付现金股利"科目。

【**实例**5-10】执行《小企业会计准则》的某企业,2021年初未分配利润为600 000元,本年实现净利润2 200 000元,本年提取法定盈余公积220 000元,宣告发放现金股利240 000元。该企业的账务处理如下。

(1) 结转本年利润:

借:本年利润	2 200 000
贷:利润分配——未分配利润	2 200 000

(2) 提取法定盈余公积、宣告发放现金股利:

借:利润分配——提取法定盈余公积	220 000
——应付现金股利	240 000
贷:盈余公积——法定盈余公积	220 000
应付股利	240 000
借:利润分配——未分配利润	460 000
贷:利润分配——提取法定盈余公积	220 000
——应付现金股利	240 000

第6章 经营期间成本类科目的账务处理

6.1 成本类科目概述

在市场经济条件下,产品成本是衡量生产消耗的补偿尺度,企业必须以产品销售收入抵补产品生产过程中的各项支出后的余额来判断是否盈利,因此在企业成本管理中,生产成本的控制是一项极其重要的工作。

生产成本法是企业普遍采用的一种成本计算方法,它只将生产经营过程中发生的直接材料费用、直接人工费用和制造费用计入产品成本,而管理费用、财务费用和销售费用不计入产品成本,而是作为当期费用直接计入当期损益。

成本类科目是反映成本费用和支出的,用于核算成本的发生和归集情况,提供成本相关会计信息的会计科目。成本科目期末可以有余额。成本类科目包括"4001生产成本""4101制造费用""4301研发支出""4401工程施工""4403机械作业"。该科目借方表示增加,贷方表示减少。

6.2 4001 生产成本

6.2.1 生产成本概述

1. 生产成本的科目设置

"生产成本"科目主要核算企业生产各种产品(包括产成品、自制半成品等)、自制材料、自制工具、自制设备等所发生的生产成本。本科目期末借方余额,反映企业尚未加工完成的各项在产品的成本。

"生产成本"科目应设置"基本生产成本""辅助生产成本"两个明细科目。

（1）"基本生产成本"科目用以核算生产产品的基本生产车间发生的费用。

"基本生产成本"明细科目应按照基本生产车间和成本核算对象（如产品的品种、类别、订单、批别、生产阶段等）设立三级明细，并按规定的成本项目（直接人工、直接材料、制造费用）在各三级明细中设立专栏核算。

（2）"辅助生产成本"科目用以核算动力、修理、运输等为生产服务的辅助生产车间发生的费用。

"辅助生产成本"明细科目应以辅助生产提供的劳务和产品（如动力、修理、运输、自制工具、自制材料等）为成本计算对象，设立三级明细，并按规定的成本项目（直接人工、直接材料、制造费用）在各三级明细中设立专栏核算。

2. 生产成本的内容

生产成本包括各项直接支出和制造费用。

（1）直接支出包括直接材料费用（如原材料、辅助材料、备品备件、燃料及动力等）、直接人工费用（如生产人员的工资、补贴）及其他直接支出（如福利费）。

（2）制造费用是指企业内的分厂、车间为组织和管理生产所发生的各项费用，包括分厂、车间管理人员的工资，折旧费及其他制造费用（如办公费、差旅费、劳保费等）。制造费用在未计入各产品成本计算对象之前，应先在制造费用账户中进行归集核算，然后按一定标准分配计入各产品成本中。

本期发生的生产费用加上期初在产品成本，减去期末在产品成本，便能计算出本期完工产品成本。公式为：

$$本期完工产品成本 = 本期发生的生产费用 + 期初在产品成本 - 期末在产品成本$$

6.2.2 生产成本的账务处理

"生产成本"账户是成本计算类账户，借方登记生产经营过程中某阶段所发生的应计入成本的全部费用，贷方登记转出已结束生产经营某个阶段的实际成本。

农业企业进行农业生产发生的各项生产成本，可将"生产成本"科目改为"农业生产成本"科目，并按种植业、畜牧养殖业、林业和水产业分别确定成本核算对象（消耗性生物资产、生产性生物资产、公益性生物资产和农产品）和成本项目，进行费用的归集和分配。

房地产开发企业可将本科目改为"开发成本"科目。

1. 企业发生的各项直接生产成本

企业发生的各项直接生产成本,借记"生产成本——基本生产成本""生产成本——辅助生产成本"科目,贷记"原材料""库存现金""银行存款""应付职工薪酬"等科目。

各生产车间应负担的制造费用,借记"生产成本——基本生产成本""生产成本——辅助生产成本"科目,贷记"制造费用"科目。

辅助生产车间为基本生产车间、企业管理部门和其他部门提供的劳务和产品,期（月）末按照一定的分配标准分配给各受益对象,借记"生产成本——基本生产成本""管理费用""销售费用""其他业务成本""在建工程"等科目,贷记"生产成本——辅助生产成本"科目。

企业已经生产完成并已验收入库的产成品及入库的自制半成品,应于期（月）末,借记"库存商品"等科目,贷记"生产成本——基本生产成本"科目。

2. 生产性生物资产在产出农产品过程中发生的各项费用

生产性生物资产在产出农产品过程中发生的各项费用,借记"农业生产成本"科目,贷记"库存现金""银行存款""原材料""应付职工薪酬""生产性生物资产累计折旧"等科目。

农业生产过程中发生的应由农产品、消耗性生物资产、生产性生物资产和公益性生物资产共同负担的费用,借记"农业生产成本——共同费用"科目,贷记"库存现金""银行存款""原材料""应付职工薪酬""农业生产成本"等科目。

期（月）末,可按一定的分配标准对上述共同负担的费用进行分配,借记"农业生产成本——农产品""消耗性生物资产""生产性生物资产""公益性生物资产"等科目,贷记"农业生产成本——共同费用"科目。

应由生产性生物资产收获的农产品负担的费用,应当采用合理的方法在农产品各品种之间进行分配;如有尚未收获的农产品,还应当在已收获和尚未收获的农产品之间进行分配。

生产性生物资产收获的农产品验收入库时,按其实际成本,借记"农产品"科目,贷记"农业生产成本——农产品"科目。

【实例 6-1】执行《小企业会计准则》的某企业,2021 年 4 月"发料凭证汇总表"上记录 A 材料的消耗（计划成本）为:基本生产车间领用 1 000 000 元、辅助生产车间领用 300 000 元、车间管理部门领用 200 000 元，企业行政管理部门领用 50 000 元。相关账务处理如下：

  借：生产成本——基本生产成本   1 000 000
      ——辅助生产成本   300 000
    制造费用   200 000
    管理费用   50 000
    贷：原材料——A 材料   1 550 000

6.3 4101 制造费用

6.3.1 制造费用概述

1. 制造费用的科目设置

"制造费用"科目主要核算企业生产车间（部门）为生产产品和提供劳务而发生的各项间接费用。除季节性的生产性企业外，本科目期末应无余额。"制造费用"科目可按不同的生产车间、部门和费用项目进行明细核算。

2. 制造费用的内容

制造费用包括间接材料费用、间接人工费用、折旧费、低值易耗品及其他支出。

（1）间接材料费用

间接材料是指企业生产单位在生产过程中耗用的，但不能或无法归入某一特定产品的材料，如机器的润滑油、修理备件等。间接材料费用的归集一般可以根据材料费用分配表等原始记录进行，记入制造费用的总账和明细账。

（2）间接人工费用

间接人工费用是指企业生产单位中不直接参与产品生产或其他不能归入直接人工的那些人工成本，如修理工人及管理人员的工资等。企业发生的间接人工费用，应根据工资及福利费用分配表中确定的数额，记入有关制造费用明细账，并编制记账凭证，据以记入"制造费用"账户。

（3）折旧费

折旧费是指固定资产在使用过程中由于损耗而转移到成本费用中的那部分价值。

（4）低值易耗品

生产单位耗用的低值易耗品，采用一次摊销法时，领用低值易耗品的价值一般可以与领用其他材料一起汇总编制材料费用分配表，直接计入有关成本费用；采用分次摊销法时，领用低值易耗品的价值要按其使用期限分月摊入有关成本费用。

（5）其他支出

企业生产单位的其他支出是指上述各项支出以外的支出，如水电费、差旅费、运输费、办公费、设计制图费、劳动保护费等。在发生这些支出时，企业应根据有关的原始凭证逐笔编制记账凭证，记入制造费用总账及明细账。

通过"制造费用"账户核算各项制造费用的生产单位，对生产过程中发生的各项制造费用，应根据有关费用分配表及凭证登记"制造费用"账户及所属的明细账。

6.3.2 制造费用的账务处理

企业发生的制造费用的账务处理如下。

（1）生产车间发生的机物料消耗和固定资产修理费，借记"制造费用"科目，贷记"原材料"等科目。

（2）生产车间发生的管理人员的工资等职工薪酬，借记"制造费用"科目，贷记"应付职工薪酬"科目。

（3）生产车间计提的固定资产折旧，借记"制造费用"科目，贷记"累计折旧"科目。

（4）生产车间支付的办公费、水电费等，借记"制造费用"科目，贷记"银行存款"等科目。

（5）发生的季节性和修理期间的停工损失，借记"制造费用"科目，贷记"原材料""应付职工薪酬""银行存款"等科目。

（6）将制造费用分配计入有关的成本核算对象，借记"生产成本——基本生产成本""生产成本——辅助生产成本"等科目，贷记"制造费用"科目。

（7）季节性生产企业制造费用全年实际发生额与分配额的差额，除其中属于为下一年开工生产做准备的可留待下一年分配的数额外，其余部分实际发生额大于分配额的差额，借记"生产成本——基本生产成本"科目，贷记"制造费用"科目；实际发生额小于分配额的差额，做相反的会计分录。

（8）企业经过1年期以上的制造才能达到预定可销售状态的产品，在制造完成之前发生的借款利息，在应付利息日根据借款合同利率计算确定的利息费用，借记"制造费用"科目,贷记"应付利息"科目;制造完成后发生的利息费用,借记"财务费用"科目,贷记"应付利息"科目。

【实例6-2】 执行《小企业会计准则》的某企业,2021年4月,基本生产车间A产品机器工时为40 000小时,B产品机器工时为30 000小时,本月发生制造费用700 000元。要求在A、B产品之间分配制造费用,并编制会计分录。

企业按机器工时比例法分配制造费用:

制造费用分配率=700 000÷(40 000+30 000)=10

A产品应负担的制造费用=40 000×10=400 000(元)

B产品应负担的制造费用=30 000×10=300 000(元)

借:生产成本——基本生产成本——A产品　　　　　　400 000

　　　　　　　　　　　　　　——B产品　　　　　　300 000

　贷:制造费用　　　　　　　　　　　　　　　　　　700 000

6.4 4301 研发支出

6.4.1 研发支出概述

1. 研发支出的科目设置

"研发支出"科目用于核算企业进行研究与开发无形资产过程中发生的各项支出,期末借方余额,反映企业正在进行的无形资产开发项目满足资本化条件的支出。

"研发支出"科目应依据研究开发项目,分别按"费用化支出""资本化支出"进行明细核算。

2. 制造业企业的研发费用

制造业企业开展研发活动中实际发生的研发费用,未形成无形资产计入当期损益的,在按规定据实扣除的基础上,再按照实际发生额的100%于税前加计扣除;形成无形资产的,按照无形资产成本的200%在税前摊销。

注意

以制造业业务为主营业务,当年主营业务收入占收入总额50%以上的,属于制造业企业;制造业收入占收入总额的比例低于50%的,为其他企业。

3. 其他企业的研发费用

除制造业外,且不属于烟草制造业、住宿和餐饮业、批发和零售业、房地产业、租赁和商务服务业、娱乐业的企业,研发费用按75%加计扣除。

依据国家政策,企业开展研发活动实际发生的研发费用,未形成无形资产计入当期损益的,在2023年12月31日前,可在按规定据实扣除的基础上,再按照实际发生额的75%于税前加计扣除;形成无形资产的,在上述期间按照无形资产成本的175%于税前摊销。

4. 研发费用加计扣除的范围

研发费用加计扣除的范围包括研发活动人员的人工费用及直接投入费用。企业应对研发费用和生产经营费用分别核算,准确、合理归集各项费用支出,对划分不清的,不得实行加计扣除。

(1)人工费用。人工费用包括直接从事研发活动人员的工资薪金、基本养老保险费、基本医疗保险费、失业保险费、工伤保险费、生育保险费和住房公积金,以及外聘研发人员的劳务费用。

(2)直接投入费用。直接投入费用包括以下几项:

①研发活动直接消耗的材料、燃料和动力费用;

②用于中间试验和产品试制的模具、工艺装备开发及制造费,不构成固定资产的样品、样机及一般测试手段购置费,试制产品的检验费;

③用于研发活动的仪器与设备的运行维护、调整、检验、维修等费用,以及通过经营租赁方式租入的用于研发活动的仪器与设备租赁费。

(3)折旧费用。用于研发活动的仪器与设备的折旧费。

(4)无形资产摊销。用于研发活动的软件、专利权、非专利技术(包括许可证、专有技术、设计和计算方法等)的摊销费用。

(5)新产品设计费、新工艺规程制定费、新药研制的临床试验费、勘探开发技术的现场试验费。

(6)其他相关费用。与研发活动直接相关的其他费用,如技术图书资料费、资料翻译费、专家咨询费、高新科技研发保险费,研发成果的检索、分析、评议、论证、鉴定、评审、评估及验收费用,知识产权的申请费、注册费、代理费,以及差旅费、会议费等。此项费用总额不得超过可加计扣除研发费用总额的10%。

(7)财政部和国家税务总局规定的其他费用。

6.4.2 研发支出的账务处理

企业发生的研发支出的账务处理如下。

（1）企业自行研究开发无形资产发生的研发支出，不满足资本化条件的，借记"研发支出——费用化支出"科目；满足资本化条件的，借记"研发支出——资本化支出"科目，贷记"原材料""银行存款""应付职工薪酬""应付利息"等科目。

（2）研究开发项目达到预定用途形成无形资产的，应按"研发支出——资本化支出"科目的余额，借记"无形资产"科目，贷记"研发支出——资本化支出"科目。

（3）研发失败的，把前期计入无形资产的支出全部转费用，借记"管理费用——研发费用"科目，贷记"无形资产"科目。

（4）月末，应将本科目归集的费用化支出金额转入"管理费用"科目，借记"管理费用"科目，贷记"研发支出——费用化支出"科目。

企业在一个纳税年度内进行多项研发活动的，应按照不同研发项目分别归集可加计扣除的研发费用。

【实例6-3】执行《小企业会计准则》的某企业，2021年5月1日，决定自行研发一项产品专利技术，研究开发过程中发生材料费216 000元、开发人员工资90 000元、其他费用22 000元。其中，符合资本化条件的费用为130 000元。8月30日，该项专利技术达到预定用途。相关账务处理如下。

（1）2021年5月1日，发生研发支出：

借：研发支出——费用化支出　　　　　　　　　　　　　　　　130 000
　　　　　　——资本化支出　　　　　　　　　　　　　　　　198 000
　　贷：原材料　　　　　　　　　　　　　　　　　　　　　　216 000
　　　　应付职工薪酬——职工工资　　　　　　　　　　　　　　90 000
　　　　银行存款　　　　　　　　　　　　　　　　　　　　　　22 000

（2）2021年8月30日，该项专利技术达到预定用途：

借：无形资产　　　　　　　　　　　　　　　　　　　　　　　198 000
　　管理费用　　　　　　　　　　　　　　　　　　　　　　　130 000
　　贷：研发支出——费用化支出　　　　　　　　　　　　　　130 000
　　　　　　　——资本化支出　　　　　　　　　　　　　　　198 000

【实例6-4】执行《小企业会计准则》的某科技型企业于2020年开展甲项目的研发工作，在此期间，发生如下费用：研发活动直接消耗的材料、燃料和动力费20万元；直接从事研发活动的本企业在职人员的人工费 30 万元；用于研发活动的有关折旧费、租赁费、运行维护费 15 万元；用于研发活动的有关无形资产摊销费 10 万元；中间试验和产品试制的有关费用，样品、样机及一般测试手段购置费 5 万元；研发成果论证、评审、验收、鉴定费 5 万元；勘探开发技术的现场试验费、新药研制的临床试验费 5 万元；设计、制定、资料和翻译费 5 万元。企业共投入 95 万元。最终符合资本化条件的有 45 万元，其余 50 万元费用化处理。

在整体投入中，有 40 万元资金来源于财政拨款（符合不征税收入条件并已做不征税收入处理），其中 10 万元符合资本化条件、30 万元进行了费用化处理。

以往年度研发形成无形资产 50 万元，当年加计摊销额为 5 万元。研发形成的无形资产均按直线法 10 年摊销。

本年度研发费用加计扣除额计算过程如下：

（1）年度研发费用 =95（万元）

（2）可加计扣除的研发费用 = 年度研发费用合计 – 作为不征税收入处理的财政性资金用于研发的部分 =95–40=55（万元）

（3）费用化处理的加计扣除额 = 计入本年损益的金额 ×75%=（50–30）×75%=15（万元）

（4）资本化处理的加计扣除额 = 本年形成无形资产加计摊销额 + 以前年度形成无形资产本年加计摊销额 =（45–10）×75%÷10+5=7.625（万元）

（5）本年研发费用加计扣除额 = 计入本年研发费用加计扣除额 + 无形资产本年加计摊销额 =15+7.625=22.625（万元）

（6）本年研发费用扣除额 =55+22.625=77.625（万元）

6.5 4401 工程施工

执行《小企业会计准则》的建筑业企业，应设置"工程施工"和"机械作业"科目，分别核算企业实际发生的各种工程成本，企业及其内部独立核算的施工单位、机械站和运输队使用自有施工机械和运输设备进行机械作业（含机械化施工和运输作业等）所发生的各项费用。

6.5.1 工程施工概述

1. 科目设置

"工程施工"科目主要核算建筑业企业实际发生的各种工程成本。本科目期末借方余额,反映企业尚未完工的建造合同成本和合同毛利。

"工程施工"科目应按照建造合同项目分别设置"合同成本"和"间接费用"明细科目进行明细核算。

2. 成本费用包括的项目

(1)材料费:指施工过程中耗用的构成工程实体的原材料、辅助材料、构配件、零件、半成品的费用和周转材料的摊销及租赁费用。

(2)人工费:指企业从事建筑安装工程施工人员的工资、奖金、职工福利费、工资性质的津贴、劳动保护费等。

(3)机械使用费:指施工过程中使用自有施工机械所发生的机械使用费和租用外单位施工机械的租赁费,以及施工机械安装、拆卸和进出场费。

(4)其他直接费用:指施工过程中发生的材料二次搬运费、临时设施摊销费、生产工具用具使用费、检验试验费、工程定位复测费、工程点交费、场地清理费等。

(5)间接费用:指企业各施工单位(如工程处、施工队、工区等)为组织和管理施工生产活动所发生的各项支出,包括施工单位管理人员的工资、奖金、职工福利费,行政管理用固定资产折旧费及修理费,物料消耗,低值易耗品摊销,取暖费,水电费,办公费,差旅费,财产保险费,检验试验费,工程保修费,劳动保护费,排污费及其他费用。

其中,材料费、人工费、机械使用费和其他直接费用属于直接成本,直接计入有关工程成本,间接费用可先在本科目下设置"间接费用"明细科目进行核算,月度终了,再按一定分配标准,分配计入有关工程成本。

6.5.2 工程施工的账务处理

1. 合同建造时

企业进行合同建造时发生的人工费、材料费、机械使用费,以及施工现场材料的二次搬运费、生产工具和用具使用费、检验试验费、临时设施折旧费等其他直接费用,借记"工程施工——合同成本"科目,贷记"应付职工薪酬""原材料"等科目。

发生的施工、生产单位管理人员职工薪酬、财产保险费、工程保修费、固定资产折旧费等间接费用，借记"工程施工——间接费用"科目，贷记"累计折旧、银行存款"等科目。

期（月）末，将间接费用分配计入有关合同成本，借记"工程施工——合同成本"科目，贷记"工程施工——间接费用"科目。

2. 确认合同收入和合同费用时

企业在确认合同收入和合同费用时，借记"应收账款""预收账款"等科目，贷记"主营业务收入"科目；按照应结转的合同成本，借记"主营业务成本"科目，贷记"工程施工——合同成本"科目。

【实例6-5】执行《小企业会计准则》的某建筑公司签订了一项总金额为900 000元（不含税）的建造合同，承建一座桥梁。工程于2018年7月开工，2020年10月完工。各年度相关资料如下：

（1）截至2018年年底，已发生成本200 000元，完成合同尚需发生成本600 000元；

（2）截至2019年年底，已发生成本583 200元，完成合同尚需发生成本226 800元；

（3）2020年10月，该项工程完工时，累计已发生成本810 000元。

根据上述资料，该企业各年度的相关账务处理如下。

（1）2018年的完工进度计算与账务处理

2018年的完工进度=200 000÷（200 000+600 000）×100%=25%

2018年应确认合同收入=900 000×25%–0=225 000（元）

2018年应确认合同费用=800 000×25%–0=200 000（元）

2018年12月31日，做如下账务处理：

借：应收账款　　　　　　　　　　　　　　　　　　　　　225 000
　　贷：主营业务收入　　　　　　　　　　　　　　　　　　225 000

结转成本确认费用：

借：主营业务成本　　　　　　　　　　　　　　　　　　　200 000
　　贷：工程施工——合同成本　　　　　　　　　　　　　　200 000

（2）2019年的完工进度计算与账务处理

2019年的完工进度=583 200÷（583 200+226 800）×100%=72%

2019年应确认合同收入=900 000×72%–225 000=423 000（元）

2019年应确认合同费用=810 000×72%–200 000=383 200（元）

2019 年 12 月 31 日，做如下账务处理：

借：应收账款   423 000
　　贷：主营业务收入   423 000

结转成本确认费用：

借：主营业务成本   383 200
　　贷：工程施工——合同成本   383 200

（3）2020 年的完工进度计算与账务处理

2020 年的完工进度 =810 000÷810 000×100%=100%

2020 年应确认合同收入 =900 000×100%–648 000=252 000（元）

2020 年应确认合同费用 =810 000×100%–583 200=226 800（元）

2020 年 12 月 31 日，做如下账务处理：

借：应收账款   252 000
　　贷：主营业务收入   252 000

结转成本确认费用：

借：主营业务成本   226 800
　　贷：工程施工——合同成本   226 800

6.6 4403 机械作业

6.6.1 机械作业概述

1. 科目设置

"机械作业"科目主要用于核算建筑业企业及其内部独立核算的施工单位、机械站和运输队使用自有施工机械和运输设备进行机械作业（含机械化施工和运输作业等）所发生的各项费用。本科目期末无余额。

"机械作业"科目应按照施工机械或运输设备的种类等进行明细核算。

企业及其内部独立核算的施工单位，从外单位或本企业其他内部独立核算的机械站租入施工机械发生的机械租赁费，在"工程施工"科目核算，不在本科目核算。

2.成本项目

企业内部独立核算的机械施工、运输单位使用自有施工机械或运输设备进行机械作业所发生的各项费用，应按照成本核算对象和成本项目进行归集。

成本项目一般包括职工薪酬、燃料及动力费、折旧及修理费、其他直接费用、间接费用（为组织和管理机械作业生产所发生的费用）。

6.6.2 机械作业的账务处理

企业发生的机械作业支出的相关账务处理如下：

（1）企业发生机械作业支出时，借记"机械作业"科目，贷记"原材料""应付职工薪酬""累计折旧"等科目。

（2）期（月）末，企业及其内部独立核算的施工单位、机械站和运输队为本企业承包的工程进行机械化施工和运输作业的成本，应转入承包工程的成本，借记"工程施工"科目，贷记"机械作业"科目。

（3）对外单位、专项工程等提供机械作业（含运输设备）的成本，借记"生产成本（或劳务成本）"科目，贷记"机械作业"科目。

第 7 章　经营期间损益类科目的账务处理

7.1 损益类科目概述

损益类科目是核算企业取得的收入和发生的成本费用的科目。

1. 损益类科目设置

（1）收入类科目："5001 主营业务收入""5051 其他业务收入""5111 投资收益"。

收入是指企业在日常生产经营活动中形成的、会导致所有者权益增加、与所有者投入资本无关的经济利益的总流入。

企业的收入应具备以下三个特点：

①收入是在企业日常经营活动中形成的；

②与收入相关的经济利益流入应当会导致所有者权益的增加；

③收入是与所有者投入资本无关的经济利益的总流入。

（2）成本费用类科目："5401 主营业务成本""5402 其他业务成本""5403 税金及附加""5601 销售费用""5602 管理费用""5603 财务费用""5801 所得税费用"。

费用是指企业在日常生产经营活动中发生的、会导致所有者权益减少、与向所有者分配利润无关的经济利益的总流出。

企业的费用应具备以下三个特点：

①费用是企业在日常生产经营活动中发生的经济利益的总流出；

②费用会导致所有者权益的减少；

③费用与所有者分配利润无关。

（3）直接计入当期利润的利得："5301 营业外收入"。

（4）直接计入当期利润的损失："5711 营业外支出"。

2. 损益类科目的性质

损益类科目是为核算"本年利润"服务的，在期末（月末、季末、年末），损益类科目余额应当结转入"本年利润"科目。结转后，损益类科目期末余额为零。

7.2 5001 主营业务收入

7.2.1 主营业务收入概述

1. 主营业务收入的科目设置

"主营业务收入"科目主要核算企业在销售商品、提供劳务等日常活动中产生的收入。月末，将本科目余额转入"本年利润"科目，本科目结转后无余额。

"主营业务收入"科目应按照主营业务的种类进行明细核算。

2. 不同行业企业的主营业务收入

工业企业的主营业务收入指"产品销售收入"、建筑企业的主营业务收入指"工程结算收入"、交通运输企业的主营业务收入指"运输收入"、批发零售贸易企业的主营业务收入指"商品销售收入"、房地产企业的主营业务收入指"房地产经营收入"、其他行业企业的主营业务收入指"经营（营业）收入"。

7.2.2 销售商品收入的账务处理

销售商品收入是指企业销售商品（或产成品、材料，下同）取得的收入。

1. 销售商品收入的确认

企业确认销售商品收入有两个条件：一是物权的转移，表现为发出商品；二是收到货款或者取得收款权利。这两个条件是经济利益能够流入企业的直接标志，企业销售商品时，需要同时满足这两个条件才可以确认销售收入。具体要求如下。

（1）销售商品采用托收承付方式的，在办妥托收手续时确认收入。

（2）销售商品采取预收款方式的，在发出商品时确认收入。

（3）销售商品采用分期收款方式的，在合同约定的收款日确认收入。

（4）销售商品需要安装和检验的，在购买方接受商品并安装和检验完毕时确认收入；安装程序比较简单的，可在发出商品时确认收入。

（5）销售商品采用支付手续费方式委托代销的，在收到代销清单时确认收入。

（6）销售商品以旧换新的，销售的商品作为商品销售处理，回收的商品作为购进商品处理。

（7）采取产品分成方式取得的收入，在分得产品之日按照产品的市场价格或评估价确定销售商品收入金额。

2. 通常情况下销售收入的账务处理

企业实现商品销售收入时，应该按照已经确定的合同或协议价款和增值税销项税额，借记"银行存款""应收账款""应收票据"等科目；按确定的收入金额，贷记"主营业务收入""应交税费——应交增值税（销项税额）"科目。在确定收入当时或者期末（月末），按已销商品的账面价值结转销售成本，借记"主营业务成本"科目，贷记"库存商品""原材料"等科目。

【实例7-1】执行《小企业会计准则》的某企业为一般纳税人，该企业于2021年1月1日向乙公司销售了一批库存商品，该库存商品的生产成本为500 000元，增值税专用发票上记载的金额为600 000元，增值税税额为78 000元。乙公司收到该商品并已验收入库，但尚未支付款项。该企业的账务处理如下：

借：应收账款——乙公司　　　　　　　　　　　　　　　　　　678 000
　　贷：主营业务收入　　　　　　　　　　　　　　　　　　　　600 000
　　　　应交税费——应交增值税（销项税额）　　　　　　　　　 78 000
借：主营业务成本　　　　　　　　　　　　　　　　　　　　　　500 000
　　贷：库存商品　　　　　　　　　　　　　　　　　　　　　　500 000

【实例7-2】执行《小企业会计准则》的某企业为小规模纳税人，2021年5月28日，该企业销售一批原材料（增值税征收率为3%），银行账户收入10 300元，相关账务处理如下：

借：银行存款　　　　　　　　　　　　　　　　　　　　　　　　10300
　　贷：其他业务收入　　　　　　　　　　　　　　　　　　　　10 000
　　　　应交税费——应交增值税　　　　　　　　　　　　　　　　　300

3. 涉及现金折扣、商业折扣、销售折让的账务处理

（1）现金折扣

现金折扣是指债权人为了鼓励债务人在规定的期限内付款而向债务人提供的债务折

扣。现金折扣一般用"折扣率/付款期限"表示，例如，"2/10，1/20，N/30"表示销货方允许客户最长的付款期限是30天，如果客户在10天内付款，销货方可按照商品售价给予客户2%的折扣；如果客户在11~20天付款，销货方可按照商品售价给予客户1%的折扣；如果客户在21~30天付款，将不能享受现金折扣。

销售商品涉及现金折扣的，应当按照扣除现金折扣前的金额确定销售商品收入金额。企业应按照收到的金额，借记"银行存款"科目；按照应给予的现金折扣，借记"财务费用"科目；按照应收的账款金额，贷记"应收账款""应收票据"等科目。

【实例7-3】执行《小企业会计准则》的某企业为一般纳税人，2021年1月1日向乙公司销售一批商品，合同规定的销售价款为200 000元，增值税销项税额为26 000元。该企业已经开出发票并发出商品。根据合同约定，商品赊销期限为30天，现金折扣条件为"2/10，1/20，N/30"，计算现金折扣时不包括增值税。该企业的账务处理如下。

（1）该企业于2021年1月1日确认销售收入：

借：应收账款——乙公司　　　　　　　　　　　　　　　　　　226 000
　　贷：主营业务收入　　　　　　　　　　　　　　　　　　　　　200 000
　　　　应交税费——应交增值税（销项税额）　　　　　　　　　　26 000

（2）如乙公司在10天内付款，可按照2%得到现金折扣。

现金折扣=200 000×2%=4 000（元）。

借：银行存款　　　　　　　　　　　　　　　　　　　　　　　222 000
　　财务费用　　　　　　　　　　　　　　　　　　　　　　　　4 000
　　贷：应收账款——乙公司　　　　　　　　　　　　　　　　　226 000

（3）如乙公司在10~20天付款，可按照1%得到现金折扣。

现金折扣=200 000×1%=2 000（元）。

借：银行存款　　　　　　　　　　　　　　　　　　　　　　　224 000
　　财务费用　　　　　　　　　　　　　　　　　　　　　　　　2 000
　　贷：应收账款——乙公司　　　　　　　　　　　　　　　　　226 000

（4）如乙公司在21~30天付款，将无法享受现金折扣。

借：银行存款　　　　　　　　　　　　　　　　　　　　　　　226 000
　　贷：应收账款——乙公司　　　　　　　　　　　　　　　　　226 000

（2）商业折扣

商业折扣是指企业为了促进商品销售而在商品标价上给予的价格折扣。

企业销售商品采用商业折扣的，应当按照扣除商业折扣后的金额确定销售商品收入金额，商业折扣业务并不影响销售业务的会计处理。

【实例7-4】执行《小企业会计准则》的某企业为一般纳税人，2021年1月1日，该企业促销一批A商品，原价为100元/件，如果一次性购买500件以上，将提供10%的商业折扣，增值税税率为13%。乙公司一次性购买了800件A商品，符合商业折扣的条件，则该企业开出的发票上的销售价格为72 000［800×100×（1–10%）］元，增值税销项税额为9 360（72 000×13%）元。该企业的账务处理如下：

借：应收账款——乙公司　　　　　　　　　　　　　　　　　　81 360
　　贷：主营业务收入　　　　　　　　　　　　　　　　　　　　72 000
　　　　应交税费——应交增值税（销项税额）　　　　　　　　　9 360

（3）销售折让

销售折让是指企业因出售的商品质量不合格等原因而在售价上给予的减让。发生在销售确认之前的折让，其处理方式相当于商业折扣，只要按扣除销售折让后的金额确认收入即可。企业已经确认销售商品收入的售出商品发生的销售折让，应当在发生时冲减当期销售商品收入。发生销售折让时，如按规定允许扣减当期销项税额的，应同时冲减"应交税费——应交增值税（销项税额）"科目。

【实例7-5】执行《小企业会计准则》的某企业为一般纳税人，2021年1月1日，该企业向乙公司销售了一批库存商品，增值税专用发票上注明的销售价格为100 000元，增值税税额为13 000元。乙公司在验收过程中发现部分商品不合格，要求该企业在价格上给予10%的折让，该企业同意其要求。该企业已确认销售收入，取得了税务机关开具的红字增值税专用发票，相关账务处理如下。

借：应收账款——乙企业　　　　　　　　　　　　　　　　　　113 000
　　贷：主营业务收入　　　　　　　　　　　　　　　　　　　　100 000
　　　　应交税费——应交增值税（销项税额）　　　　　　　　　13 000
借：应收账款——乙企业（红字）　　　　　　　　　　　　　　 11 300
　　贷：主营业务收入（红字）　　　　　　　　　　　　　　　　10 000
　　　　应交税费——应交增值税（销项税额）（红字）　　　　　1 300

4.涉及销售退回业务的账务处理

销售退回是指企业售出的商品由于质量、品种不符合要求等原因发生的退货。对于销售退回，应当分以下两种情况进行账务处理。

（1）企业尚未确认销售商品收入的，对于已发出商品的退回，不进行账务处理。

（2）企业已经确认销售商品收入的，对于售出商品发生的销售退回（不论属于本年度还是以前年度的销售），应当在发生时冲减当期销售商品收入、销售成本等。企业发生销售退回，应按冲减的销售收入额，贷记"主管业务收入"（红字）科目；按允许扣减当期增值税的销项税额，贷记"应交税费——应交增值税（销项税额）"（红字）科目；按已收或应收的金额，借记"应收账款"（红字）、"银行存款"（红字）、"应付账款"（红字）等科目。

本月发生的销售退回，应单独计算退回商品的成本，借记"主营业务成本"（红字）科目，贷记"库存商品"（红字）科目。如果本月销售商品尚未结转成本，也可以直接从本月的销售商品数量中减去。如果该项销售发生了现金折扣，应在退回当月一并处理。

【实例7-6】执行《小企业会计准则》的某企业为一般纳税人，2021年1月1日向乙公司销售一批A商品，增值税专用发票上注明的售价为100 000元，增值税税额为13 000元，销售成本为70 000元，货款已收到。2021年2月10日，A商品因质量问题被乙公司退回，该企业当日支付有关款项，开具增值税红字发票。该企业的账务处理如下。

（1）2021年1月1日销售实现时：

借：银行存款　　　　　　　　　　　　　　　　　　　　113 000
　　贷：主营业务收入　　　　　　　　　　　　　　　　　100 000
　　　　应交税费——应交增值税（销项税额）　　　　　　 13 000
借：主营业务成本　　　　　　　　　　　　　　　　　　 70 000
　　贷：库存商品　　　　　　　　　　　　　　　　　　　 70 000

（2）2021年2月10日发生销售退回时：

借：银行存款（红字）　　　　　　　　　　　　　　　　113 000
　　贷：主营业务收入（红字）　　　　　　　　　　　　　100 000
　　　　应交税费——应交增值税（销项税额）（红字）　　 13 000
借：主营业务成本（红字）　　　　　　　　　　　　　　 70 000
　　贷：库存商品（红字）　　　　　　　　　　　　　　　 70 000

5. 托收承付方式下的销售

托收承付是指企业根据购销合同发货后，委托开户银行向异地付款单位收取款项，由购货方验单或验货后向开户银行承诺付款的销售行为。企业办妥托收手续时，通常表明商品所有权上的主要风险和报酬已经转移给了购货方,因此,销货方应该在办妥托收手续时确认收入。

【实例 7-7】 执行《小企业会计准则》的某企业为一般纳税人,2021 年 1 月 1 日向乙公司销售一批 A 商品,生产成本为 20 000 元,销售价格为 30 000 元,增值税税额为 3 900 元,合同约定采用托收承付的结算方式。该企业按合同约定的品种和质量发出商品后,向银行办妥托收手续。该企业的账务处理如下:

借:应收账款——乙企业　　　　　　　　　　　　　　　　　　　　33 900
　　贷:主营业务收入　　　　　　　　　　　　　　　　　　　　　　30 000
　　　　应交税费——应交增值税(销项税额)　　　　　　　　　　　 3 900
借:主营业务成本　　　　　　　　　　　　　　　　　　　　　　　　20 000
　　贷:库存商品　　　　　　　　　　　　　　　　　　　　　　　　20 000

6. 涉及预收款的销售

预收款销售是指企业在商品交付之前,按合同约定先收取部分货款作为预收款的一种销售方式。企业在发出商品时确认收入,在此之前收到的货款应该确认为负债。

【实例 7-8】 执行《小企业会计准则》的某企业为一般纳税人,2021 年 1 月 1 日,采用预收款的方式向乙公司销售一批商品,该批商品的实际成本为 50 000 元。根据协议约定,该批商品的销售价格为 80 000 元,增值税税额为 10 400 元;乙公司在 2021 年 1 月 1 日预付了 50% 的货款,剩余的 50% 货款于 2021 年 3 月 1 日支付。该企业会在收到全部货款后给乙公司开具增值税专用发票,相关账务处理如下。

(1) 2021 年 1 月 1 日,预收 50% 货款时:

借:银行存款　　　　　　　　　　　　　　　　　　　　　　　　　　45 200
　　贷:预收账款——乙公司　　　　　　　　　　　　　　　　　　　45 200

(2) 2021 年 3 月 1 日,收到剩余货款并发出商品时:

借:预收账款——乙公司　　　　　　　　　　　　　　　　　　　　　45 200
　　银行存款　　　　　　　　　　　　　　　　　　　　　　　　　　45 200
　　贷:主营业务收入　　　　　　　　　　　　　　　　　　　　　　80 000
　　　　应交税费——应交增值税(销项税额)　　　　　　　　　　　10 400
借:主营业务成本　　　　　　　　　　　　　　　　　　　　　　　　50 000
　　贷:库存商品　　　　　　　　　　　　　　　　　　　　　　　　50 000

7. 委托代销方式下的销售

（1）视同买断

视同买断是指委托方和受托方签订合同或协议，委托方按合同或协议收取代销的货款，实际售价由受托方自定，实际售价与合同或协议价之间的差额归受托方所有。如果受托方和委托方之间的协议明确标明受托方在取得代销商品后，无论能否卖出与获利，均与委托方无关，那么委托方和受托方之间的代销商品交易就与委托方直接销售商品给受托方没有实质区别。在符合销售收入确认条件时，委托方应确认相关销售商品收入。

如果委托方与受托方之间的协议明确标明受托方可以将未出售的商品退回给委托方，或受托方因代销商品出现，毁损时可以要求委托方赔偿，那么委托方在交付商品时，通常不确认收入，受托方也不做购进商品处理，待受托方将商品出售后，按实际售价确认销售收入，并向委托方开具代销清单，委托方收到代销清单时，再确认本企业的销售收入。

【实例7-9】执行《小企业会计准则》的某企业为一般纳税人，2021年1月1日，该企业委托甲公司销售商品200件，协议价是300元/件，成本为200元/件。代销协议规定，甲公司在取得代销商品后，无论是否卖出与获利，均与该企业无关。这批商品均已发出，货款尚未收到。该企业开出的增值税专用发票上注明的增值税税额为7 800元。该企业的账务处理如下：

借：应收账款——甲公司　　　　　　　　　　　　　　　　　　　67 800
　　贷：主营业务收入　　　　　　　　　　　　　　　　　　　　60 000
　　　　应交税费——应交增值税（销项税额）　　　　　　　　　 7 800
借：主营业务成本　　　　　　　　　　　　　　　　　　　　　　40 000
　　贷：库存商品　　　　　　　　　　　　　　　　　　　　　　40 000

（2）支付手续费方式

支付手续费方式是指受托方根据代销商品的数量向委托方收取手续费的销售方式。受托方收取的手续费属于劳务收入。在这种销售方式下，委托方应在收到受托方交付的商品代销清单时确认销售收入；受托方则按应收取的手续费确认收入。

【实例7-10】执行《小企业会计准则》的某企业为一般纳税人，2021年1月1日，该企业委托甲公司销售商品200件，商品已发出，每件成本100元。合同约定应按每件150元对外销售，甲公司按不含增值税售价的10%收取手续费。2021年2月1日，甲公司实际对外销售100件，开出的增值税专用发票上注明的销售价款为15 000元，增值税税额为1 950元。该企业收到甲公司开具的代销清单时，向甲公司开具了一张相同金额的增值税专用发票，并收到货款。该企业的账务处理如下。

（1）2021年1月1日，发出商品时不需要核算。

（2）2021年2月1日，收到代销清单时：

借：应收账款——甲公司　　　　　　　　　　　　　　　　　16 950
　　贷：主营业务收入　　　　　　　　　　　　　　　　　　15 000
　　　　应交税费——应交增值税（销项税额）　　　　　　　 1 950
借：主营业务成本　　　　　　　　　　　　　　　　　　　　10 000
　　贷：库存商品　　　　　　　　　　　　　　　　　　　　10 000
借：销售费用　　　　　　　　　　　　　　　　　　　　　　 1 500
　　贷：应收账款——甲企业　　　　　　　　　　　　　　　 1 500

（3）收到甲公司支付的货款时：

借：银行存款　　　　　　　　　　　　　　　　　　　　　　15 450
　　贷：应收账款　　　　　　　　　　　　　　　　　　　　15 450

8. 涉及以旧换新的销售

销售的商品作为商品销售处理，回收的商品作为购进商品处理。销售货物与收回旧货是两项不同的业务活动，销售额与收购额不能相互抵减。

【**实例7-11**】执行《小企业会计准则》的某企业为一般纳税人，2021年1月，企业开展家电的以旧换新业务，共回收100台旧型号冰箱，每台旧冰箱的回收价格是452元（含增值税），同时换出洗衣机100台，每台不含增值税销售价格为3 000元，每台销售成本为2 200元。差价均已收付。该企业的账务处理如下。

（1）2021年1月，换出洗衣机100台：

借：银行存款　　　　　　　　　　　　　　　　　　　　　339 000
　　贷：主营业务收入　　　　　　　　　　　　　　　　　300 000
　　　　应交税费——应交增值税（销项税额）　　　　　　 39 000
借：主营业务成本　　　　　　　　　　　　　　　　　　　220 000
　　贷：库存商品——洗衣机　　　　　　　　　　　　　　220 000

（2）2021年1月，回收100台旧冰箱：

借：原材料　　　　　　　　　　　　　　　　　　　　　　 40 000
　　应交税费——应交增值税（进项税额）　　　　　　　　 5 200
　　贷：银行存款　　　　　　　　　　　　　　　　　　　 45 200

9. 特殊方式下的销售

（1）采用产品分成方式销售

产品分成即多家企业在合作生产经营的过程中，合作各方对生产出的产品按照约定进行分配，并以此作为生产经营收入。

采取产品分成方式取得收入的，按照企业分得产品的日期确认收入的实现，其收入额按照产品的公允价值确定。

（2）分期收款

分期收款是指商品已经销售，但货款按期收回。销售商品采用分期收款方式的，应当在合同约定的收款日期确认收入。

企业可以按照约定的收款日期分期确认销售收入。

（3）商品需要安装检验

如果企业销售的商品需要安装检验，那么应在购买方接受商品及安装检验完毕时确认收入。如果安装程序比较简单，可以在发出商品时确认收入。

7.2.3 提供劳务收入的账务处理

劳务收入是指企业从事建筑安装、修理修配、交通运输、仓储租赁、邮电通信、咨询经纪、文化体育、科学研究、技术服务、教育培训、餐饮住宿、中介代理、卫生保健、社区服务、旅游、娱乐、加工及其他劳务服务活动取得的收入。

1. 劳务收入的确认

企业劳务收入的确认原则与销售商品确认收入的原则基本相同。

同年完成的劳务，应当在提供劳务交易完成且收到款项或取得收款权利时，确认主营业务收入，确认金额通常为已收或应收的合同或协议价款。

企业在取得收入时，应按已收或应收的金额，借记"银行存款""应收账款"等科目；按实现的劳务服务收入，贷记"主营业务收入"科目；按应缴纳的增值税，贷记"应交税费——应交增值税（销项税额）"科目，同时结转成本。

【实例7-12】执行《小企业会计准则》的某企业为一般纳税人，2021年1月1日，该企业接受一项安装任务，合同总价款为150 000元，实际发生的安装成本为100 000元，均为职工薪酬。该企业的账务处理如下：

借：应收账款　　　　　　　　　　　　　　　　　　　　　　163 500

　　贷：主营业务收入　　　　　　　　　　　　　　　　　　　　150 000

应交税费——应交增值税（销项税额） 13 500
借：主营业务成本 100 000
　　贷：应付职工薪酬 100 000

2. 跨年度完成的劳务

跨年度完成的劳务是指其劳务的开始和完成在不同的年度。

劳务的开始和完成分属不同会计年度的，应当按照完工进度确认提供劳务收入。年度资产负债表日，按照提供劳务收入总额乘以完工进度并扣除以前年度累计已确认提供劳务收入后的金额，确认本年度提供的劳务收入；同时，按照估计的提供劳务成本总额乘以完工进度并扣除以前会计年度累计已确认劳务成本后的金额，结转本年度劳务成本。公式为：

$$劳务的完工进度 = 本年实际发生的成本费用 \div 完工总费用 \times 100\%$$

$$本年确认的收入 = 劳务总收入 \times 截至本年末劳务的完工进度 - 以前年度已确认的收入$$

$$本年确认的费用 = 劳务总成本 \times 截至本年末劳务的完工进度 - 以前年度已确认的成本$$

在跨年度的情况下，企业应按计算确定的提供劳务收入的金额，借记"应收账款""银行存款"等科目，贷记"主营业务收入"科目。结转提供劳务成本时，借记"主营业务成本"科目，贷记相关科目。

【实例7-13】执行《小企业会计准则》的某企业为一般纳税人，2020年12月1日接受了一项设备安装服务，并于当天开始安装设备。根据合同规定，设备安装费用总额为140 000元。12月实际发生安装成本40 000元，其中支付安装人员薪酬16 000元，领用库存原材料24 000元。2021年1月31日，设备安装完成。1月发生安装成本24 000元，其中支付安装人员薪酬12 000元，领用库存原材料12 000元。该企业按实际发生的劳务成本占总劳务成本的比例确定完工进度，相关账务处理如下。

（1）2020年12月31日，根据劳务完工进度，确认收入并结转成本：

劳务完工进度 =40 000÷（40 000+24 000）×100%=62.5%

应确认的劳务收入 =140 000×62.5%=87 500（元）

应结转的劳务成本 =（40 000+24 000）×62.5%=40 000（元）

借：应收账款 87 500
　　贷：主管业务收入 87 500
借：主营业务成本 40 000

贷：应付职工薪酬	16 000
原材料	24 000

（2）2021年1月31日，确认剩余收入并结转成本：

应确认的劳务收入=140 000×（1–62.5%）=52 500（元）

应确认的劳务成本=24 000（元）

借：应收账款	52 500
贷：主营业务收入	52 500
借：主营业务成本	24 000
贷：应付职工薪酬	12 000
原材料	12 000

3. 既销售商品又提供劳务

企业与其他单位签订的合同或协议包含销售商品和提供劳务的，对能够区分且能够单独计量的部分，应当分别作为销售商品和提供劳务处理；对不能区分，或虽能区分但不能单独计量的部分，应当作为销售商品处理。

【**实例7-14**】执行《小企业会计准则》的某企业为一般纳税人，2021年1月1日，该企业向乙公司销售一部电梯并负责安装。该企业开出的增值税专用发票上注明的价款合计为200 000元，合同中规定的电梯销售价格为194 000元、增值税税额为25 220元；安装费为6 000元，增值税税额为540元。电梯的成本为140 000元。电梯安装过程中发生的安装费为4 000元，均为安装人员薪酬。销售业务增值税税率为13%，安装业务增值税税率为9%。该企业的账务处理如下：

借：应收账款	225 760
贷：主营业务收入	200 000
应交税费——应交增值税（销项税额）	25 760
借：主营业务成本	144 000
贷：库存商品	140 000
应付职工薪酬	4 000

既涉及服务又涉及货物的，为混合销售。从事货物的生产、批发或者零售的单位和个体工商户的混合销售行为，按照销售货物缴纳增值税；其他单位和个体工商户的混合销售行为，按照销售服务缴纳增值税。

纳税人销售活动板房、机器设备、钢结构件等自产货物的同时提供建筑、安装服务的，应分别核算货物和建筑服务的销售额，适用不同的税率或者征收率。

7.3 5051 其他业务收入

7.3.1 其他业务收入概述

其他业务收入是指企业为了完成生产经营目标而从事与经常性活动相关的活动所实现的收入，如材料物资及包装物销售、无形资产转让、固定资产出租、包装物出租、运输及废旧物资出售等收入。

1. 其他业务收入的科目设置

"其他业务收入"科目主要核算企业除主营业务收入以外的其他销售或其他业务的收入。月末，将本科目余额转入"本年利润"科目，本科目结转后无余额。

2. 其他业务收入的特点

其他业务收入是企业从事除主营业务以外的其他业务活动所取得的收入，具有不经常发生、每笔业务金额较小、占收入的比重较低等特点。一般来说，营业执照上的兼营就是其他业务收入。

7.3.2 其他业务收入的账务处理

其他业务收入的账务处理如下。

（1）企业销售材料，按售价和应收的增值税，借记"银行存款""应收账款"等科目；按实现的营业收入，贷记"其他业务收入"科目；按专用发票上注明的增值税税额，贷记"应交税费——应交增值税（销项税额）"科目。

（2）月度终了，按出售原材料的实际成本，借记"其他业务成本"科目，贷记"原材料"科目。

（3）收到出租包装物的租金，借记"现金""银行存款"等科目；按实现的收入金额，贷记"其他业务收入"科目；按专用发票上注明的增值税税额，贷记"应交税费——应交增值税（销项税额）"科目。

（4）出租无形资产所取得的租金收入，借记"银行存款"等科目，贷记"其他业务收入"科目；结转出租无形资产的成本时，借记"其他业务成本"科目，贷记"累计摊销"等科目。

【实例7-15】执行《小企业会计准则》的某企业为小规模纳税人，2021年5月28日，销售原材料一批，银行账户收入10 300元。该批原材料的实际成本为8 000元，相关账务处理如下。

（1）销售原材料时：

借：银行存款　　　　　　　　　　　　　　　　　　　　　　　　　10 300
　　贷：其他业务收入　　　　　　　　　　　　　　　　　　　　　　10 000
　　　　应交税费——应交增值税　　　　　　　　　　　　　　　　　　　300

（2）结转已售原材料的实际成本时：

借：其他业务成本　　　　　　　　　　　　　　　　　　　　　　　　8 000
　　贷：原材料　　　　　　　　　　　　　　　　　　　　　　　　　　8 000

【实例7-16】执行《小企业会计准则》的某企业为一般纳税人，销售不需要的原材料一批，增值税专用发票上注明价款5 000元、增值税税额650元，款项已收到。该批原材料的实际成本为3 000元，相关账务处理如下。

（1）销售原材料时：

借：银行存款　　　　　　　　　　　　　　　　　　　　　　　　　5 650
　　贷：其他业务收入　　　　　　　　　　　　　　　　　　　　　　5 000
　　　　应交税费——应交增值税（销项税额）　　　　　　　　　　　　650

（2）结转已售原材料的实际成本时：

借：其他业务成本　　　　　　　　　　　　　　　　　　　　　　　　3 000
　　贷：原材料　　　　　　　　　　　　　　　　　　　　　　　　　　3 000

7.4　5111 投资收益

7.4.1　投资收益概述

投资收益由企业股权投资取得的现金股利（或利润）、债券投资取得的利息收入及处置股权投资和债券投资取得的处置价款扣除成本或账面余额、相关税费后的净额三部分构成。

1. 投资收益的科目设置

"投资收益"科目主要核算企业对外投资所取得的收益或发生的损失。月末,将"投资收益"科目余额转入"本年利润"科目,本科目结转后无余额。

"投资收益"科目应按照投资项目进行明细核算。

2. 投资收益的内容

投资收益包括以下内容:

(1) 企业出售短期持有的股票、债券或到期收回债券取得的收益或发生的损失;

(2) 长期股权投资采用成本法核算,被投资单位宣告发放的现金股利或分派的利润;

(3) 出售或收回长期股权投资或长期债权投资时取得的收益或发生的损失。

7.4.2 投资收益的账务处理

投资收益的账务处理如下。

(1) 对于短期股票投资、短期基金投资和长期股权投资,企业应当按照被投资单位宣告分派的现金股利或利润中属于本企业的部分,借记"应收股利"科目,贷记"投资收益"科目。

(2) 在长期债券投资或短期债券投资持有期间,在债务人应付利息日,按照分期付息、一次还本的长期债券投资或短期债券投资的票面利率计算的利息收入,借记"应收利息"科目,贷记"投资收益"科目;按照一次还本付息的长期债券投资票面利率计算的利息收入,借记"长期债券投资——应计利息"科目,贷记"投资收益"科目。

在债务人应付利息日,按照应分摊的债券溢折价金额,借记或贷记"投资收益"科目,贷记或借记"长期债券投资——溢折价"科目。

(3) 出售短期投资、处置长期股权投资和长期债券投资,应当按照实际收到的价款或收回的金额,借记"银行存款"或"库存现金"科目;按照其账面余额,贷记"短期投资""长期股权投资""长期债券投资"科目;按照尚未领取的现金股利或利润、债券利息收入,贷记"应收股利""应收利息"科目;按照其差额,贷记或借记"投资收益"科目。

(4) 月末,将"投资收益"科目余额转入"本年利润"科目,本科目结转后无余额。

7.5 5301 营业外收入

7.5.1 营业外收入概述

营业外收入是指与企业生产经营活动没有直接关系的各种收入。

1. 营业外收入的科目设置

"营业外收入"科目主要核算企业营业外收入的取得及结转情况。该科目贷方登记企业确认的各项营业外收入，借方登记期末结转入本年利润的营业外收入。月末，结转后该科目无余额。"营业外收入"科目应按项目进行明细核算。

2. 营业外收入的内容

营业外收入包括非流动资产处置净收益、政府补助、捐赠收益、盘盈收益、汇兑收益、出租包装物和商品的租金收入、逾期未退包装物押金收益、确实无法偿付的应付款项、已作坏账损失处理后又收回的应付款项、违约金收益等。

非流动资产处置净收益包括固定资产处置净收益和无形资产出售净收益。固定资产处置净收益是指企业出售固定资产所取得价款或报废固定资产的材料价值和变价收入等，扣除处置固定资产的账面价值、清理费用、处置相关税费后的净收益。无形资产出售净收益是指企业出售无形资产所取得的价款，扣除无形资产的账面价值、出售相关税费后的净收益。

捐赠收益是指企业接受捐赠产生的收益。

企业发生的存货毁损，应当按照处置收入、可收回的责任人赔偿和保险赔款，扣除其成本、相关税费后的净额，计入营业外收入或营业外支出。

7.5.2 营业外收入的账务处理

企业营业外收入的账务处理如下。

（1）企业确认捐赠收益时，借记"银行存款""固定资产"等科目，贷记"营业外收入"科目。

（2）企业确认盘盈收益时，应先按市场价格或评估价值（或评估净值），借记"原材料""固定资产"等科目，贷记"待处理财产损溢——待处理流动资产损溢""待处理财产损溢——待处理非流动资产损溢"科目；以后按批准权限经批准后处理，借记"待处理财产损溢——待处理流动资产损溢、待处理非流动资产损溢"科目，贷记"营业外收入"科目。

（3）企业确认政府补助收入时，用于补助即将发生的费用或购置资产的，先借记"银行存款"科目，贷记"递延收益"科目，之后在相应费用发生或相关资产折旧、摊销计提时，一次或分期计入当期损益，借记"递延收益"科目，贷记"营业外收入"科目；用于补助已发生的费用开支时，直接计入当期损益，借记"银行存款"科目，贷记"营业外收入"科目。

（4）企业确认汇兑收益时，借记"银行存款——外币存款""应收账款——外币应收款""应付账款—外币应付款"等科目，贷记"营业外收入"科目。

（5）企业发生已作坏账损失处理后又收回的应收款项，借记"银行存款"等科目，贷记"营业外收入"科目。

（6）企业确认收到的先征后退、先征后返还的企业所得税、消费税、增值税（不含出口退税）等，按照实际收到金额，借记"银行存款"等科目，贷记"营业外收入"科目。

（7）企业确认的出租包装物和商品租金收入、转销无法偿付的应付款项、违约金收益等，借记"银行存款""其他应付款""应付账款"等科目，贷记"营业外收入"科目。

（8）企业确认的逾期未退包装物押金收益，应当按照相关押金余额，借记"其他应付款"科目；按借出包装物已提摊销额，借记"周转材料——摊销"科目；按借出包装物原价，贷记"周转材料——在用"科目；按其差额，贷记"营业外收入"科目（如果包装物押金低于其账面价值，则按其差额借记"营业外支出"科目）。

（9）企业确认的非流动资产处置净收益，比照"固定资产清理"和无形资产转让等事项的相关规定进行账务处理。与最终确认营业外收入相关的税金及附加，按准则规定应纳入固定资产清理、无形资产处置等核算规范中。

（10）期末，应将"营业外收入"科目余额转入"本年利润"科目，借记"营业外收入"科目，贷记"本年利润"科目。

【实例7-17】执行《小企业会计准则》的某企业为一般纳税人，2021年1月1日，该企业有一台设备由于性能等原因决定提前报废，原价为500 000元，已计提折旧450 000元。报废时的残值变价收入为73 500元，报废清理过程中发生清理费用3 500元。有关收入、支出均通过银行存款办理结算，不考虑相关的税费。该企业的账务处理如下。

（1）将报废固定资产转入清理：

借：固定资产清理	50 000
累计折旧	450 000
贷：固定资产	500 000

（2）收回残值收入：

借：银行存款	73 500
贷：固定资产清理	73 500

（3）支付清理费用：

借：固定资产清理	3 500
贷：银行存款	3 500
借：固定资产清理	20 000
贷：营业外收入	20 000

7.6　5401 主营业务成本

7.6.1　主营业务成本概述

主营业务成本是指企业销售商品、提供劳务等主营业务收入应结转的成本。企业一般在销售商品、提供劳务等主营业务收入确认的同时或月末，将已销售商品、已提供劳务的成本转入主营业务成本。

"主营业务成本"科目主要核算企业确认销售商品或提供劳务等主营业务收入应结转的成本。月末，可将该科目的余额转入"本年利润"科目，结转后该科目无余额。

"主营业务成本"科目应按照主营业务的种类进行明细核算。

7.6.2　主营业务成本的账务处理

1. 月末处理

企业应根据本月销售各种商品、提供各种劳务等的实际成本，计算应结转的主营业务成本，借记"主营业务成本"科目，贷记"库存商品""生产成本""工程施工"等科目。

采用计划成本或售价核算库存商品的，平时的营业成本按计划成本或售价结转，月末，还应结转本月销售商品应分摊的产品成本差异或商品进销差价。

企业以库存商品进行非货币性资产交换（在非货币性资产交换具有商业实质且公允价值能够可靠计量的情况下）或债务重组，应按照该用于交换或抵债的库存商品的账面余额，借记"主营业务成本"科目，贷记"库存商品"科目。

2. 本期发生的销售退回

企业本期发生的销售退回，一般可以直接从本月的销售商品数量中减去，得出本月销售的净数量，然后计算出应结转的主营业务成本；也可以单独计算本月销售退回商品成本，借记"库存商品"等科目，贷记"主营业务成本"科目。如果该项销售已发生现金折扣，应在退回当月一并处理。

3. 期末处理

期末，可将本科目的余额转入"本年利润"科目，结转后本科目无余额。

【实例 7-18】执行《小企业会计准则》的某企业为一般纳税人，销售一批库存商品，增值税发票上注明售价 20 000 元，增值税税额 2 600 元。该批库存商品适用的消费税税率为 5%，生产成本为 16 000 元。该企业的账务处理如下：

借：银行存款	22 600
贷：主营业务收入	20 000
应交税费——应交增值税（销项税额）	2 600
借：税金及附加	1 000
贷：应交税费——应交消费税	1 000
借：主营业务成本	16 000
贷：库存商品	16 000

7.7 5402 其他业务成本

7.7.1 其他业务成本概述

"其他业务成本"科目主要核算企业确认的除主营业务活动以外的其他日常生产经营活动所发生的支出。月末，可将该科目的余额转入"本年利润"科目，结转后该科目无余额。

"其他业务成本"科目应按照其他业务成本的种类进行明细核算。

其他业务成本包括销售原材料的成本、出租固定资产的折旧额、出租无形资产的摊销额、出租包装物的成本或摊销额等。

7.7.2 其他业务成本的账务处理

企业发生的其他业务成本，借记"其他业务成本"科目，贷记"原材料""周转材料""累计折旧""累计摊销""银行存款"等科目。月末，其他业务成本需要结转入"本年利润"科目，借记"本年利润"科目，贷记"其他业务成本"科目。

【**实例7-19**】执行《小企业会计准则》的某企业为小规模纳税人，2021年5月28日，销售原材料一批，银行账户收入10 300元，增值税征收率为3%。该批原材料的实际成本为8 000元，相关账务处理如下：

借：银行存款 10 300
　　贷：其他业务收入 10 000
　　　　应交税费——应交增值税 300

结转已售原材料的实际成本：

借：其他业务成本 8 000
　　贷：原材料 8 000

7.8　5403 税金及附加

7.8.1 税金及附加概述

1. 税金及附加核算的项目

税金及附加是指企业开展日常生产经营活动应负担的消费税、城市维护建设税、资源税、土地增值税、城镇土地使用税、房产税、车船税、印花税和教育费附加、矿产资源补偿费、排污费等。

（1）消费税是指我国境内从事生产、委托加工和进口应税消费品的单位和个人就其应税消费品征收的一种税。

（2）城市维护建设税是为了加强城市的维护建设，扩大和稳定城市维护建设资金的来源而征收的，是对缴纳增值税、消费税的单位和个人征收的一种税。

（3）资源税是我国对在中华人民共和国领域和管辖的其他海域开采矿产品或者生产

盐的单位及个人征收的税种，属于对自然资源占用课税的范畴。

（4）土地增值税是指对在中华人民共和国境内转让房地产并取得收入的单位和个人征收的一种税，不包括以继承、赠与方式无偿转让房地产的行为。

（5）城镇土地使用税是以开征范围的土地为征税对象，以实际占用的土地面积为计税标准，按规定税额对拥有土地使用权的单位和个人征收的一种行为税。

（6）房产税是以房屋为征税对象，按房屋的计税余值或租金收入为计税依据，向产权所有人征收的一种财产税。

（7）车船税是对在我国境内应依法到公安、交通、农业、渔业、军事等管理部门办理登记的车辆、船舶，根据其种类，按照规定的计税依据和年税额标准计算征收的一种财产税。机动车所有人需要在投保交强险时缴纳车船税。

（8）印花税是指对在中华人民共和国境内书立应税凭证、进行证券交易的单位和个人征收的一种税。

（9）教育费附加是对缴纳增值税、消费税的单位和个人征收的一种附加费。其作用是为了发展地方性教育事业，扩大地方教育经费的资金来源。

2. 税金及附加的科目设置

"税金及附加"科目主要核算企业开展日常生产经营活动应负担的相关税费。月末，可将该科目的余额转入"本年利润"科目，结转后该科目无余额。

"税金及附加"科目应按照税费种类进行明细核算。

7.8.2 税金及附加的账务处理

企业按照规定计算确定的与其日常生产经营活动相关的税费，借记"税金及附加"科目，贷记"应交税费"等科目。月末，可将本科目余额转入"本年利润"科目，结转后本科目无余额。

【实例 7-20】执行《小企业会计准则》的某企业为一般纳税人，2021 年 1 月，该企业对外零售应税消费品，全部销售额为 90 400 元（含增值税）。增值税税率为 13%，应交增值税 10 400 元；消费税税率为 10%，应交消费税 8 888.89 元；城市维护建设税税率为 7%，应交城市维护建设税 1 350.22［(10 400+8 888.89)×7%］元；教育费附加的征收率为 3%，应交教育费附加 578.67［(10 400+8 888.89)×3%］元，销售收入通过银行划转。该企业的账务处理如下。

（1）销售实现时：

借：银行存款	90 400
贷：主营业务收入	80 000
应交税费——应交增值税（销项税额）	10 400

（2）计算相关税费时：

借：税金及附加	10 817.78
贷：应交税费——应交消费税	8 888.89
——应交城市维护建设税	1 350.22
——应交教育费附加	578.67

（3）缴纳各项税费时：

借：应交税费——应交消费税	10 817.78
——应交城市维护建设税	1 350.22
——应交教育费附加	578.67
贷：银行存款	10 817.78

（4）期末结转"税金及附加"时：

借：本年利润	10 817.78
贷：税金及附加	10 817.78

7.9　5601 销售费用

7.9.1　销售费用概述

销售费用是指企业在销售商品或提供劳务过程中发生的各种费用，包括销售人员的职工薪酬、商品维修费、运输费、装卸费、包装费、保险费、广告费、业务宣传费、展览费等费用。企业（批发业、零售业）在购买商品过程中发生的费用（包括运输费、装卸费、包装费、保险费、运输途中的合理损耗和入库前的挑选整理费等）也构成销售费用。

"销售费用"科目主要核算销售费用的发生和结转情况。期末，应将"销售费用"科目余额转入"本年利润"科目，结转后本科目无余额。

> **注意**
> 业务招待费不属于销售费用核算范围，应当计入管理费用。

7.9.2 销售费用的账务处理

销售费用的账务处理如下：

（1）企业在销售商品或提供劳务过程中发生的销售人员的职工薪酬、包装费、保险费、展览费和广告费、运输费、装卸费等费用，借记"销售费用"科目，贷记"库存现金""银行存款"等科目；

（2）为销售本企业商品而专设的销售机构发生的职工薪酬、业务费等经营费用，借记"销售费用"科目，贷记"应付职工薪酬""银行存款""累计折旧"等科目；

（3）期末，应将"销售费用"科目余额转入"本年利润"科目，结转后本科目无余额。

【实例 7-21】某企业执行《小企业会计准则》，2021 年 1 月，销售部发生费用 220 000 元，其中发生销售人员薪酬 100 000 元、销售部专用办公设备折旧费 50 000 元、业务费 70 000 元，均用银行存款支付。该企业的账务处理如下：

借：销售费用　　　　　　　　　　　　　　　　　　　　220 000
　　贷：应付职工薪酬　　　　　　　　　　　　　　　　　100 000
　　　　累计折旧　　　　　　　　　　　　　　　　　　　 50 000
　　　　银行存款　　　　　　　　　　　　　　　　　　　 70 000

【实例 7-22】执行《小企业会计准则》的某企业销售一批产品，销售过程中发生运输费 5 000 元、装卸费 2 000 元，均用银行存款支付。该企业的账务处理如下：

借：销售费用　　　　　　　　　　　　　　　　　　　　　 7 000
　　贷：银行存款　　　　　　　　　　　　　　　　　　　 7 000

7.10 5602 管理费用

7.10.1 管理费用概述

管理费用是指企业为组织和管理生产经营活动而发生的各种费用，包括企业在筹建期间发生的开办费，行政管理部门发生的固定资产折旧费、修理费、办公费、水电费、差旅费、管理人员的职工薪酬等，以及业务招待费、研究费用、技术转让费、相关长期待摊费用摊销、财产保险费、聘请中介机构费、咨询费（含顾问费）、诉讼费等。

"管理费用"科目主要核算企业管理费用的发生和结转情况。期末，应将"管理费用"科目余额转入"本年利润"科目，结转后本科目无余额。

7.10.2 管理费用的账务处理

管理费用的账务处理如下。

（1）企业在筹建期间发生的开办费（包括职工薪酬、办公费、培训费、差旅费、印刷费、注册登记费及不计入固定资产成本的借款费用等），在实际发生时，借记"管理费用"科目，贷记"银行存款"等科目。

（2）行政管理部门人员的职工薪酬，借记"管理费用"科目，贷记"应付职工薪酬"科目。行政管理部门计提的固定资产折旧，借记"管理费用"科目，贷记"累计折旧"科目。

（3）行政管理部门发生的办公费、水电费、业务招待费、聘请中介机构费、咨询费、诉讼费、技术转让费等，借记"管理费用"科目，贷记"银行存款"等科目。

（4）企业自行研发无形资产发生的研究费用，借记"管理费用"科目，贷记"研发支出"科目。

（5）月末，可将"管理费用"科目的余额转入"本年利润"科目，结转后本科目无余额。

【实例7-23】执行《小企业会计准则》的某企业，2021年1月发生以下管理费用：行政管理部门计提的固定资产折旧10万元，行政管理部门支付的办公费、修理费、水电费等合计11万元。款项均通过银行支付。期末，将"管理费用"科目的余额转入"本年利润"科目。该企业的账务处理如下。

（1）计提固定资产折旧：

借：管理费用——累计折旧　　　　　　　　　　　　　　　　　　　100 000

　　贷：累计折旧　　　　　　　　　　　　　　　　　　　　　　　　100 000

（2）支付办公费、修理费、水电费等：

借：管理费用　　　　　　　　　　　　　　　　　　　　　　　　　110 000

　　贷：银行存款　　　　　　　　　　　　　　　　　　　　　　　　110 000

（3）月末，结转"管理费用"：

借：本年利润　　　　　　　　　　　　　　　　　　　　　　　210 000
　　贷：管理费用　　　　　　　　　　　　　　　　　　　　　　210 000

7.11　5603 财务费用

7.11.1　财务费用概述

财务费用是指企业为筹集生产经营所需资金而发生的筹资费用，包括利息费用（减利息收入）、汇兑损失、银行相关手续费、企业给予的现金折扣（减享受的现金折扣）等费用。但在企业筹建期间发生的利息支出，应计入开办费；为购建或生产满足资本化条件的资产发生的应予以资本化的借款费用，在"在建工程""制造费用"等科目核算。企业发生的汇兑收益，在"营业外收入"科目核算，不在本科目核算。

"财务费用"科目主要核算企业财务费用的发生和结转情况。期末，应将"财务费用"科目余额转入"本年利润"科目，结转后本科目无余额。

7.11.2　财务费用的账务处理

财务费用的账务处理如下。

（1）企业发生的利息费用、汇兑损失、银行相关手续费、给予的现金折扣等，借记"财务费用"科目，贷记"应付利息""银行存款"等科目。

（2）持未到期的商业汇票向银行贴现，应当按照实际收到的金额（即减去贴现息后的净额），借记"银行存款"科目；按照贴现息，贷记"财务费用"科目；按照商业汇票的票面金额，贷记"应收票据"科目（银行无追索权的情况下）或"短期借款"科目（银行有追索权的情况下）。

（3）发生的应冲减财务费用的利息收入、享受的现金折扣等，借记"银行存款"等科目，贷记"财务费用"科目。

（4）期末，应将本科目余额转入"本年利润"科目，结转后本科目无余额。

【实例 7-24】执行《小企业会计准则》的某企业，2020 年 7 月 1 日向银行借入生产经营用短期借款 720 000 元，期限为 6 个月，年利率 5%，该借款本金到期后一次归还，利息分月预提，按季支付。当月，其中 240 000 元借款暂时作为闲置资金存入银行，并获得利息收入 800 元（假定所有利息均不符合利息资本化条件）。该企业的账务处理如下。

2020 年 7 月 31 日，预提当月应计利息：

当月应计利息 =720 000×5%÷12=3 000（元）

借：财务费用——利息支出　　　　　　　　　　　　　　　　　3 000

　　贷：应付利息　　　　　　　　　　　　　　　　　　　　　3 000

同时，用当月取得的利息收入 800 元冲减财务费用：

借：银行存款　　　　　　　　　　　　　　　　　　　　　　　800

　　贷：财务费用——利息支出　　　　　　　　　　　　　　　800

7.12　5711 营业外支出

7.12.1　营业外支出概述

营业外支出是指企业非日常生产经营活动发生的、应当计入当期损益、会导致所有者权益减少、与向所有者分配利润无关的经济利益的净流出。

1.营业外支出的科目设置

"营业外支出"科目主要核算企业发生的各项营业外支出。本科目应按照营业外支出项目进行明细核算。月末，可将本科目余额转入"本年利润"科目，结转后本科目无余额。

2.营业外支出的内容

营业外支出包括存货的盘亏、毁损、报废损失，非流动资产处置净损失，坏账损失，无法收回的长期债券投资损失、长期股权投资损失，自然灾害等不可抗力因素造成的损失，税收滞纳金，罚金，罚款，被没收财物的损失，捐赠支出，赞助支出等。

（1）存货盘亏是指企业在财产清查盘点中，存货的实际数量和价值低于存货账面数量和价值而发生的损失。对于存货盘亏，企业应当进行调查，查明原因后及时处理，其损失计入营业外支出。

（2）非流动资产处置净损失是指企业处置多余的、闲置的、不需用的非流动资产获得的收入不足以抵补处置费用和非流动资产净值所发生的损失。

（3）罚款是指企业由于违反经济合同、税收法规等规定而支付的各种罚款。

（4）捐赠支出是指企业对外捐赠的各种资产的价值。根据《企业所得税法》及相关政策规定，企业发生的公益性捐赠支出，在年度利润总额12%以内的部分，准予在计算应纳税所得额时扣除；超过年度利润总额12%的部分，准予结转以后三年内在计算应纳税所得额时扣除。

7.12.2 营业外支出的账务处理

营业外支出的账务处理如下。

（1）企业确认存货的盘亏、毁损、报废损失，非流动资产处置净损失，由自然灾害等不可抗力因素造成的损失，借记"营业外支出""生产性生物资产累计折旧""累计摊销"等科目，贷记"待处理财产损溢——待处理流动资产损溢""待处理财产损溢——待处理非流动资产损溢""固定资产清理""生产性生物资产""无形资产"等科目。

（2）确认实际发生的坏账损失、长期债券投资损失，应当按照可收回的金额，借记"银行存款"等科目；按照应收账款、预付账款、其他应收款、长期债券投资的账面余额，贷记"应收账款""预付账款""其他应收款""长期债券投资"等科目；按照其差额，借记"营业外支出"科目。

（3）确认实际发生的长期股权投资损失，按照可收回的金额，借记"银行存款"等科目，按照长期股权投资的账面余额，贷记"长期股权投资"科目，按照其差额，借记"营业外支出"科目。

（4）支付的税收滞纳金、罚金、罚款，借记"营业外支出"科目，贷记"银行存款"等科目。

（5）确认被没收财物的损失、捐赠支出、赞助支出，借记"营业外支出"科目，贷记"银行存款"等科目。

【实例7-25】执行《小企业会计准则》的某企业，2020年2月以银行存款缴纳税收滞纳金3 000元，3月通过符合条件的慈善组织向灾区捐款100 000元。该企业2020年度利润总额为800 000元，相关账务处理如下。

（1）2019年2月缴纳税收滞纳金时：

借：营业外支出　　　　　　　　　　　　　　　　　　　　　　　　3 000

　　贷：银行存款　　　　　　　　　　　　　　　　　　　　　　　　3 000

（2）2019年3月向灾区捐款时：

借：营业外支出　　　　　　　　　　　　　　　　　　　　　　　　100 000

　　贷：银行存款　　　　　　　　　　　　　　　　　　　　　　　　100 000

注：该企业缴纳的税收滞纳金 3 000 元不允许在税前扣除，应调增应纳税所得额；通过符合条件的慈善组织向灾区捐款 100 000 元，可以在税前扣除的金额为 96 000（800 000×12%）元，应调增应纳税所得额 4 000（100 000–96 000）元。所以，2020 年年终申报企业所得税时，该企业共应调增应纳税所得额 7 000 元。

7.13　5801 所得税费用

7.13.1　所得税费用概述

所得税费用是指企业按照税法规定计算的当期应向税务机关缴纳的所得税金额。

《小企业会计准则》第七十一条规定，小企业应当在利润总额的基础上，按照《企业所得税法》规定进行纳税调整，计算出当期应纳税所得额，按照应纳税所得额与适用所得税税率为基础计算确定当期应纳税额。

《小企业会计准则》要求企业采用应付税款法核算所得税，将计算的应缴所得税确认为所得税费用。应付税款法是将本期会计利润与纳税所得之间的差异造成的影响纳税的金额直接计入当期损益，而不递延到以后各期的会计处理方法。

企业采用应付税款法核算时，需要设置以下两个科目：

（1）"所得税费用"科目，核算企业从本期损益中扣除的所得税费用，本科目借方登记当期应纳税税额，贷方登记期末结转入"本年利润"的本科目余额，结转后本科目无余额；

（2）"应交税费——应交所得税"科目，核算企业应交的所得税。

企业根据《企业所得税法》补交的所得税，也通过"所得税费用"科目核算。企业按照规定实行企业所得税先征后返的，实际收到返还的企业所得税，在"营业外收入"科目核算。

7.13.2　所得税费用的账务处理

企业应当在利润总额的基础上，按照相关税法规定进行适当的纳税调整，计算出当期应纳税所得额，按照应纳税所得额与其适用的所得税税率计算出当期应缴纳所得税税额。根据当期应交所得税金额，借记"所得税费用"科目，贷记"应交税费——应交所得税"科目。年度终了，应将"所得税费用"科目的余额转入"本年利润"科目，结转后,"所得税费用"科目应无余额。

【实例7-26】执行《小企业会计准则》的某企业,2020年的税前会计利润为39 600 000元,所得税税率为25%。该企业全年实发工资4 000 000元,职工福利费600 000元,工会经费100 000元,职工教育经费200 000元。营业外支出中有240 000元为税款滞纳金。该企业的账务处理如下。

可以扣除的工资支出 =4 000 000(元)

可以扣除的职工福利费 =4 000 000×14%=560 000(元)(小于实际支出)

可以扣除的职工教育经费 =4 000 000×2.5%=100 000(元)(小于实际支出)

可以扣除的工会经费 =4 000 000×2%=80 000(元)(小于实际支出)

纳税调整额 =(600 000–560 000)+(200 000–100 000)+(100 000–80 000)+240 000
　　　　　=400 000(元)

应纳税所得额 =39 600 000+400 000=40 000 000(元)

当期应纳所得税额 =40 000 000×25%=10 000 000(元)

借:所得税费用　　　　　　　　　　　　　　　　　　　　10 000 000
　　贷:应交税费——应交所得税　　　　　　　　　　　　　　10 000 000

第 8 章 期末账务处理

8.1 月末清查

8.1.1 库存现金清查

企业的出纳人员每天要做资金日报表或者登记现金、银行存款日记账,以反映企业一天的资金出入明细情况。费用会计凭出纳人员交付的单据做账,做到日清日结,企业管理者及相关人员可以在财务软件中查看现金及银行存款明细清单。出纳人员应在每天下班前盘点自己负责的库存现金和有价票据,查看是否与库存现金日记账、票据备查簿上的记录一致,以便及时找到问题并进行处理。

月度最后一天,企业的财务经理或者主管会计要进行监盘,确保库存现金与账面余额相符,费用会计或相关会计人员必须在月度最后一天将与库存现金相关的原始单据录入完毕,出具库存现金盘点表并归档备案。账实不符的原因一般集中在账务没有及时处理上,所以库存现金、银行存款日记账一定要做到日清日结。

1. 库存现金的清查步骤

企业库存现金清查的主要方法为实地盘点法,即先通过实地盘点法来确定库存现金的实存数,再与现金日记账的账面余额相核对,确定账存与实存是否相等以及盈亏情况。实际工作中,除了应由出纳人员对现金进行经常性清查外,还应由清查小组对库存现金进行定期或不定期的清查。现金清查时,出纳人员必须在场,一般清查步骤如下。

(1)由现金出纳员将与现金收支有关的记账凭证登记入账,结出现金日记账余额。

(2)清点库存现金数量时,现金出纳员要在场,现钞应逐张查点。借条、收据一律不准抵冲库存现金,同时要查明库存现金是否超过库存限额,有无坐支现金的情况。

（3）盘点结束后，应将库存现金的实存数与现金日记账的账面余额相核对，查明盈亏情况，编制"库存现金盘点报告表"（见表8-1）。"库存现金盘点报告表"须由盘点人和出纳员共同签章方能生效，是重要的原始凭证。

表8-1 库存现金盘点报告表

客户：		编制人：	日期：		索引号：	
会计期间：		复核人：	日期：		页次：	
查证核对记录			现金盘点记录			
项目	币别：人民币	面额	币别：人民币		币别：人民币	
			张数	面额	张数	面额
一、盘点日账面库存余额						
盘点日未记账收入金额						
盘点日未记账支出金额						
盘点日账面应存余额						
二、盘点日库存实存余额						
盘点抵库金额						
盘点日实存现金余额						
三、盘点日应存与实存金额的差异						
四、追溯至报表日账面结存金额						
报表日至盘点日现金支出总额						
报表日至盘点日现金收入总额						
报表日应存金额						
报表日实存金额						
报表日应存与实存金额的差异						
五、报表日账面汇率			存放地点： 盘点日期： 盘点人： 出纳员： 会计主管：			
六、报表日余额折合本位币金额						
审计说明及调整分录：						
审计结论：						

2. 现金短缺或溢余的处理

如发现有待查明原因的现金短缺或溢余，应通过"待处理财产损溢"科目核算：

（1）属于现金短缺的，应按实际短缺的金额，借记"待处理财产损溢——待处理流动资产损溢"科目，贷记"库存现金"科目；

（2）属于现金溢余的，按实际溢余的金额，借记"库存现金"科目，贷记"待处理财产损溢——待处理流动资产损溢"科目。

待查明原因后分情况做出以下处理。

（1）如为现金短缺，属于应由责任人赔偿的部分，借记"其他应收款——应收现金短缺款"科目，贷记"待处理财产损溢——待处理流动资产损溢"科目；属于无法查明原因的部分，根据管理权限，经批准后处理，借记"管理费用——现金短缺"，贷记"待处理财产损溢——待处理流动资产损溢"科目。

（2）如为现金溢余，属于应支付给有关人员或单位的部分，借记"待处理财产损溢——待处理流动资产损溢"科目，贷记"其他应付款——应付现金溢余"科目；属于无法查明原因的现金溢余，经批准后处理，借记"待处理财产损溢——待处理流动资产损溢"科目，贷记"营业外收入——现金溢余"科目。

8.1.2 银行存款对账

月末，企业要将银行存款日记账和开户行出具的银行对账单进行核对，查看余额是否一致，若余额不一致，财务人员要查找原因，修改做错的凭证，漏做的进行补做，并向银行索要相关的单据入账。

如果企业有理财产品，如存入保证金、固定存款或者定期存款，那么要注意核对账面上的"其他货币资金"科目，并且需要到银行取回相关的银行保证金明细清单进行核对，确保二者一致。

企业与银行对账完毕，并且账务调整结束后，相关财务人员需要编制"银行存款余额调节表"（见表8-2），一个银行账户编制一张"银行存款余额调节表"，之后要把银行对账单附在调节表后面装订成册，进行归档。

表8-2 银行存款余额调节表

单位： 银行账号： ___年__月__日

银行对账单余额			调整后存款余额		企业银行存款日记账余额			调整后存款余额	
年	记账凭证号	摘要	加：企业已收账银行未收账的款项	减：企业已付账银行未付账的款项	年	记账凭证号	摘要	加：银行已收账企业未收账的款项	减：银行已付账企业未付账的款项
月 日					月 日				

8.1.3 有价票据盘点

票据一般是指商业上由出票人签发，无条件约定自己或要求他人支付一定金额，可流通转让的有价证券，持有人具有一定权力的凭证。它包括汇票、本票、支票、提单、存单、股票、债券等。电子银行承兑汇票是纸质银行承兑汇票的继承和发展，电子银行承兑汇票所体现的票据权利义务关系与纸质银行承兑汇票没有区别。

不论是电子版还是纸质，月末企业都要对这些有价证券进行盘点，根据票据的实存填制"有价票据盘点表"（见表 8-3），由财务人员进行复盘并签字。

表 8-3 有价票据盘点表

单位：　　　　　　　　　　　　　盘点日期：＿＿年＿月＿日

名称	票号	到期日	盘点张数	金额	备注
A					
B					
C					
D					
E					
实际盘点合计					
有价票据账面余额					
加：收入凭证未记账					
减：支出凭证未记账					
调整后有价票据账面余额					
实盘与账面差额					
处理意见：					

财务经理：　　　　　　　　监盘人员：　　　　　　　　出纳：

8.1.4 存货盘点

由于存货数量比较大，因此企业一般会在月底结账前，或者季末、年末组织盘点工作，有时是抽盘，有时是全盘，一般要求财务人员、仓库人员共同参与。存货盘点前要先在仓库的计算机中导出库存明细表，盘点完毕后需要财务人员编制汇总盘点报告，针对盘盈、盘亏找出原因，提出处理建议并报领导审批，进而做出账务处理。

企业的存货盘点表与汇总盘点报告表如表 8-4 和表 8-5 所示。

表 8-4 存货盘点表

单位：　　　　　　　　　　　　盘点时间：＿＿年＿月＿日

序号	商品名称	规格	单位	账面数量	实盘数量	备注
1						
2						
3						
4						
5						

财务经理：　　　　　　　监盘人：　　　　　　　盘点人：

注意

与仓库人员共同盘点的盘点表上是没有单价及金额的（以防止企业采购成本外漏），盘点结束后，财务人员依据存货盘点表编制汇总盘点报告，重点列示有差异的存货数量及金额，并附上存货盘盈/盘亏处理报告，上报领导审批。

表 8-5 汇总盘点报告表

单位：　　　　　　　　　　　　日期：＿＿年＿月＿日

序号	商品名称	规格	单位	账面数量	实盘数量	盘盈/盘亏	单价	（盘盈/盘亏）金额
1								
2								
3								
4								
合计								

【实例 8-1】执行《小企业会计准则》的某企业于年末对企业存货进行盘点，盘点情况如下：

（1）盘盈 A 材料 10 万元；

（2）由于收发过程中的差错导致 B 材料盘亏 20 万元，原进项税额 2.6 万元；

（3）由于变质导致 C 材料损失 30 万元，原进项税额 3.9 万元；

（4）由于洪灾导致 D 材料损失 40 万元，原进项税额 5.2 万元；

（5）由于管理不善，E 材料被盗损失 50 万元，原进项税额 6.5 万元。

相关账务处理如下。

（1）A 材料的账务处理：

借：原材料——A 材料 100 000
　　贷：待处理财产损溢 100 000
借：待处理财产损溢 100 000
　　贷：管理费用 100 000

（2）B 材料的账务处理：

借：待处理财产损溢 200 000
　　贷：原材料——B 材料 200 000
借：管理费用 200 000
　　贷：待处理财产损溢 200 000

（3）C 材料的账务处理：

借：待处理财产损溢 339 000
　　贷：原材料——C 材料 300 000
　　　　应交税费——应交增值税（进项税额转出） 39 000
借：管理费用 339 000
　　贷：待处理财产损溢 339 000

（4）D 材料的账务处理：

借：待处理财产损溢 400 000
　　贷：原材料——D 材料 400 000
借：营业外支出 400 000
　　贷：待处理财产损溢 400 000

（5）E 材料的账务处理：

借：待处理财产损溢 565 000
　　贷：原材料——E 材料 500 000
　　　　应交税费——应交增值税（进项税额转出） 65 000
借：管理费用 565 000
　　贷：待处理财产损溢 565 000

影响"应交税费——应交增值税（进项税额转出）"的金额 =3.9+6.5=10.4（万元）

影响管理费用的金额 =－10+20+33.9+56.5=100.4（万元）

影响营业外支出的金额 =40（万元）

8.2 月末账务处理

8.2.1 固定资产计提折旧

月末,财务人员要对企业需要计提折旧的固定资产进行折旧计提。

固定资产应当按月计提折旧,当月增加的固定资产,当月不计提折旧,从下月起计提折旧;当月减少的固定资产,当月仍计提折旧,从下月起停止计提折旧。

【实例8-2】执行《小企业会计准则》的某企业于2021年4月30日计提固定资产折旧15 184.20元,其中,管理部门7 003.70元、销售部门4 222.20元、制造车间3 958.30元。财务人员需要凭借原始单据(固定资产折旧明细表)入账。该企业的账务处理如下:

借:管理费用 7 003.70
  销售费用 4 222.20
  制造费用 3 958.30
 贷:累计折旧 15 184.20

8.2.2 无形资产计提摊销

企业应当于取得无形资产时分析判断其使用寿命。使用寿命有限的无形资产,其残值视为零,自可供使用(达到预定用途)当月起开始摊销,处置当月不再摊销。企业按月对无形资产进行摊销,其借方科目为费用类科目,贷方科目是资产类的备抵科目,即"累计摊销"。出租的无形资产,其摊销金额计入其他业务成本。

【实例8-3】执行《小企业会计准则》的某企业于2021年4月30日计提无形资产(软件费用)摊销额14 500元,财务需要凭借原始单据(无形资产摊销表)入账。该企业的账务处理如下:

借:管理费用——无形资产摊销 14 500
 贷:累计摊销 14 500

8.2.3 长期待摊费用摊销

企业进行长期待摊费用摊销时,通常使用年限平均摊销法计算摊销金额。各月摊销长期待摊费用时,应记入"管理费用""销售费用""制造费用"科目。

【实例8-4】执行《小企业会计准则》的某企业于2021年4月30日摊销办公楼装修

费 20 000 元，需要凭借原始单据（长期待摊费用摊销表）入账。该企业的账务处理如下：

借：管理费用——装修费 20 000

　　贷：长期待摊费用——装修费 20 000

8.2.4 计提工资

根据《企业所得税法》的规定，企业可以将所有的员工劳动报酬在计算企业所得税时作为成本予以扣除。

1. 工资总额包括的项目

工资总额包括计时工资、计件工资、奖金、津贴和补贴、加班加点工资及特殊情况下支付的工资等项目。

2. 工资总额不包括的项目

（1）根据国务院发布的有关规定颁发的创造发明奖、自然科学奖、科学技术进步奖及支付的合理化建议和技术改进奖的奖金，以及支付给运动员、教练员的奖金。

（2）有关劳动保险和职工福利方面的各项费用。

（3）有关离休、退休、退职人员待遇的各项支出。

（4）劳动保护的各项支出。

（5）稿费、讲课费及其他专门工作报酬。

（6）出差伙食补助费、误餐补助、调动工作的旅费和安家费。

（7）对自带工具、牲畜来企业工作职工所支付的工具、牲畜等的补偿费用。

（8）实行租赁经营单位的承租人的风险性补偿收入。

（9）对购买本企业股票和债券的职工所支付的股息（包括股金分红）和利息。

（10）劳动合同制职工解除劳动合同时，由企业支付的医疗补助费、生活补助费等。

（11）因录用临时工而在工资以外向提供劳动力单位支付的手续费或管理费。

（12）支付给家庭工人的加工费和按加工订货办法支付给承包单位的发包费用。

（13）支付给参加企业劳动的在校学生的补贴。

（14）计划生育独生子女补贴。

【实例 8-5】执行《小企业会计准则》的某企业于 2021 年 4 月 30 日计提 4 月工资 82 100 元，需要凭借原始单据，如经过领导审核的工资明细表、工资汇总分摊表（见下表）入账。该企业的账务处理如下：

2021 年 4 月工资汇总分摊表

编制单位：××机器设备有限公司　　　2021 年 4 月 30 日　　　　　　　单位：元

部门	费用科目	应付工资总额
总经办	管理费用——职工工资	10 400
行政部	管理费用——职工工资	7 000
财务部	管理费用——职工工资	12 300
采购部	管理费用——职工工资	5 400
仓储部	管理费用——职工工资	6 600
管理费用小计		41 700
销售部	销售费用——职工工资	18 100
厂部	制造费用——职工工资	9 700
生产车间	生产成本——直接人工	12 600
合计		82 100

审核人：××　　　　制单人：××

借：管理费用——职工工资　　　　　　　　　　　　　　　　　41 700
　　销售费用——职工工资　　　　　　　　　　　　　　　　　18 100
　　生产成本——直接人工　　　　　　　　　　　　　　　　　12 600
　　制造费用——职工工资　　　　　　　　　　　　　　　　　 9 700
　贷：应付职工薪酬——职工工资　　　　　　　　　　　　　　82 100

【实例 8-6】执行《小企业会计准则》的某企业于 2021 年 5 月 3 日发放 4 月工资 82 100 元，其中，代扣个人社保费 8 695.50 元、代扣个人住房公积金 6 568 元、应交个人所得税 36.50 元、通过银行实发工资 66 800 元。企业需要凭借原始单据（领导审核好的 4 月工资明细表、4 月工资汇总表、转账支票存根）入账，相关账务处理如下：

借：应付职工薪酬——职工工资　　　　　　　　　　　　　 82 100.00
　贷：其他应付款——代扣个人社保费　　　　　　　　　　　 8 695.50
　　　　　　　　——代扣个人住房公积金　　　　　　　　　 6 568.00
　　　应交税费——应交个人所得税　　　　　　　　　　　　　　36.50
　　　银行存款——××银行　　　　　　　　　　　　　　　66 800.00

8.2.5　结转收入、支出、费用

1. 结转材料的实际成本

企业需要在供应过程的核算中设置两个科目记录材料的实际成本：

（1）"在途物资"科目，主要核算企业购入尚未到达或尚未验收入库的各种材料物资的实际成本；

（2）"原材料"科目，主要核算企业库存材料实际成本的增减变动及结存情况。

企业在购入材料尚未到达或尚未验收入库时，应将其实际成本记入"在途物资"科目，验收入库后再结转材料的实际成本，即借记"原材料"等科目，贷记"在途物资"科目。

2. 结转制造费用

在制造成本法下，产品的成本包括直接费用和间接费用两部分。企业发生的各项直接生产费用，可直接记入"生产成本"科目；企业生产车间（部门）为生产产品而发生的各项间接费用，记入"制造费用"科目；期末，按一定标准分配计入产品的生产成本。期末结转制造费用时，借记"生产成本"的相关明细科目，贷记"制造费用"科目。

3. 结转完工产品成本

在会计核算中，"库存商品"科目主要用来核算企业库存的各种商品的成本。因此，当产品完工入库时，应将其成本从"生产成本"科目转入"库存商品"科目，结转完工产品成本，借记"库存商品"科目，贷记"生产成本"科目。"生产成本"科目期末余额反映的是未完工产品的成本。

4. 结转已销产品成本

企业应针对销售过程设置"主营业务成本"科目，核算企业确认的销售商品、提供劳务等主营业务收入应结转的成本。因此，已经确认销售的产品的成本，应借记"主营业务成本"科目，贷记"库存商品"科目。

5. 期末结转费用类科目

在会计核算中，企业需要通过设置"本年利润"科目来核算企业当期实现的净利润（或发生的净亏损）。

企业期（月）末结转利润时，应将损益类科目中的费用类科目的期（月）末余额全部转入"本年利润"科目，以计算企业的净利润（或发生的净亏损），即借记"本年利润"科目，贷记"主营业务成本""其他业务成本""税金及附加""营业外支出""管理费用""财务费用""销售费用""所得税费用"等科目。结转后各费用类科目余额应为零。

6. 期末结转收益类科目

同样，为计算企业的净利润（或发生的净亏损），期末需要将损益类科目中的收益类科目的期（月）末余额全部转入"本年利润"科目，即借记"主营业务收入""其他业务收入""营业外收入"等科目，贷记"本年利润"科目。结转后各收益类科目余额应为零。

企业将费用类科目及收益类科目余额均转入"本年利润"科目后，"本年利润"科目如为贷方余额，则表示本期实现的累计净利润；如为借方余额，则表示累计净亏损。

7. 年终结转本年利润

年度终了，企业应将本年实现的净利润转入"利润分配"科目，即借记"本年利润"科目，贷记"利润分配——未分配利润"科目；如为净亏损，则借记"利润分配——未分配利润"科目，贷记"本年利润"科目，结转后"本年利润"科目应无余额。

8. 年终结转利润分配

年度终了，企业将净利润按法定程序分配后，需要将"利润分配"科目中其他明细账户的余额转入"利润分配——未分配利润"明细科目，结转后"利润分配"科目除了"未分配利润"明细科目外，其他明细科目均无余额。

【**实例 8-7**】某企业执行《小企业会计准则》，其 2020 年度损益类科目余额表如下：

2020 年度损益类科目余额表

单位：元

会计科目	借方余额	贷方余额
主营业务收入		800 000
主营业务成本	560 000	
其他业务收入		80 000
其他业务成本	48 000	
税金及附加	20 000	
投资收益		60 000
销售费用	28 000	
管理费用	65 200	
财务费用	8 000	
营业外收入		44 000
营业外支出	10 000	
所得税费用	6 120	

要求根据上述资料计算该企业的营业利润、利润总额和净利润。

营业利润 = 营业收入 − 营业成本 − 税金及附加 − 销售费用 − 管理费用 − 财务费用 + 投资收益（−投资损失）=（800 000+80 000）−（560 000+48 000）−20 000−28 000−65 200−8 000+60 000=210 800（元）

利润总额 = 营业利润 + 营业外收入 − 营业外支出
　　　　　=210 800+44 000−10 000=244 800（元）

净利润 = 利润总额 − 所得税费用 =244 800−6 120=238 680（元）

8.3 增值税的处理

8.3.1 一般纳税人增值税的处理

一般纳税人于每月初在电子税务局中申报上月的《增值税及附加税费申报表（一般纳税人适用）》。

增值税一般纳税人缴纳的主要税种就是增值税，增值税的计算是用当月销项税额减去当月勾选确认的进项税额和上月留存的未抵扣进项税额。相关程序如下。

1. 积极核对销售业务，控制填开销项发票，确定当月销项税额

销项发票是财务记账、确定业务发生的合法凭据，因此企业在发生销售业务后应尽快给对方开具发票，确定当月销售情况。

2. 认真核对进项发票，对进项发票办理认证，确定当月进项税额

进项发票勾选确认的步骤为：税控盘→登录增值税发票综合服务平台→数字证书登录（输入密码）→抵扣勾选（发票抵扣勾选）（查询→勾选→提交）→抵扣勾选（抵扣勾选统计）（统计查询→确认→打印抵扣发票统计表）。

3. 计提附加税

企业在计算缴纳增值税的同时，还应计算缴纳城市维护建设税和教育费附加。

4. 税控系统专用设备支付费用的抵减

增值税一般纳税人初次购买增值税税控系统专用设备（包括分开票机）支付的费用，可凭购买增值税税控系统专用设备取得的增值税专用发票，在增值税应纳税额中全额抵

减（抵减额为价税合计额），不足抵减的可结转下期继续抵减。

企业需要每年缴纳税控盘系统维护费，一般纳税人可以全额抵减增值税，缴纳手续费时，借记"管理费用"科目，贷记"银行存款"科目；发生抵减的当月，借记"应交税费——应交增值税（减免税款）"科目，贷记"管理费用"科目。

8.3.2 小规模纳税人增值税的处理

小规模纳税人每季度初，于电子税务局中申报上季度的《增值税及附加税费申报表（小规模纳税人适用）》。

小规模纳税人发生应税销售行为，实行按照销售额和征收率计算应纳税额的简易办法，并不得抵扣进项税额。

自2021年4月1日至2022年12月31日，对月销售额15万元以下（含本数）的增值税小规模纳税人，免征增值税（财政部 税务总局公告2021年第11号）。

8.4 企业所得税的处理

根据《小企业会计准则》的规定，对业务简单、核算成本较低的企业允许采用应付税款法进行所得税会计处理。应付税款法是指企业不确认时间性差异对所得税的影响金额，按照当期计算的应交所得税确认为当期所得税费用。

8.4.1 企业所得税纳税调整

企业应根据《企业所得税法》的规定计算当期应缴纳的所得税，同时确认为所得税费用，即：当期应交所得税＝当期所得税费用。

1. 纳税调整的事项

（1）收入类调整项目（纳税调整减少额），包括免税收入、减计收入、减免税项目。

（2）扣除类调整项目（大部分是纳税调整增加额），包括职工福利费支出、职工教育经费支出、工会经费支出、业务招待费支出、广告费和业务宣传费支出、捐赠支出、利息支出、罚金、罚款和被没收财物的损失、税收滞纳金、赞助支出、与取得收入无关的支出和加计扣除（纳税调整减少额）等项目。

2.重要说明

（1）永久性差异：企业税前会计利润与纳税所得之间因计算的口径不同所产生的差异在本期发生，不会在以后各期转回。

（2）纳税调整的方式：调表不调账。

（3）纳税调整的时点：在年度汇算清缴时做纳税调整。

（4）计算公式：

$$应纳税额 = 应纳税所得额 \times 适用税率 - 减免税额 - 抵免税额$$

$$应纳税所得额 = 利润总额 + 纳税调整增加额 - 纳税调整减少额 - 弥补以前年度亏损$$

8.4.2 企业所得税纳税调整增加额

1.职工劳动防护用品支出

劳动防护用品是指由用人单位为劳动者配备的，使其在劳动过程中免遭或者减轻事故伤害及职业病危害的个体防护装备。它包括以下内容：

（1）工作服、手套、洗衣粉等劳保用品；

（2）解毒剂等安全保护用品；

（3）清凉饮料等防暑降温用品；

（4）按照原劳动部等部门规定的范围对接触有毒物质，矽尘作业，放射线作业，潜水、沉箱作业及高温作业等五类工种所享受的由劳动保护费开支的保健食品待遇。

企业发生的合理的劳动保护支出，准予全额税前扣除。

2.职工福利费支出

《企业所得税法实施条例》第四十条规定："企业发生的职工福利费支出，不超过工资薪金总额14%的部分，准予扣除。"超出部分作为纳税调整增加额计入应纳税所得额中。

3.职工教育经费支出

《企业所得税法实施条例》第四十二条规定："除国务院财政、税务主管部门另有规定外，企业发生的职工教育经费支出，不超过工资薪金总额2.5%的部分，准予扣除；超过部分，准予在以后纳税年度结转扣除。"

4. 工会经费支出

《企业所得税法实施条例》第四十一条规定："企业拨缴的工会经费，不超过工资薪金总额2%的部分，准予扣除。"工会经费超出部分不准在以后纳税年度结转扣除。

5. 业务招待费支出

《企业所得税法实施条例》第四十三条规定："企业发生的与生产经营活动有关的业务招待费支出，按照发生额的60%扣除，但最高不得超过当年销售（营业）收入的5‰。"业务招待费超出部分不准在以后纳税年度结转扣除。

6. 广告费和业务宣传费支出

《企业所得税法实施条例》第四十四条规定："企业发生的符合条件的广告费和业务宣传费支出，除国务院财政、税务主管部门另有规定外，不超过当年销售（营业）收入15%的部分，准予扣除；超过部分，准予在以后纳税年度结转扣除。"

7. 捐赠支出

捐赠支出包括公益性捐赠支出和非公益性捐赠支出。

（1）《企业所得税法实施条例》第五十三条规定："企业发生的公益性捐赠支出，不超过年度利润总额12%的部分，准予扣除。年度利润总额，是指企业依照国家统一会计制度的规定计算的年度会计利润。"

（2）根据《企业所得税法》第十条的规定，本法第九条规定以外的捐赠支出，不得在计算纳税所得额时扣除。这类捐赠支出全部需要进行纳税调整，计入纳税调整增加额。

注：根据《企业所得税法》第九条的规定，企业发生的公益性捐赠支出，在年度利润总额12%以内的部分，准予在计算应纳税所得额时扣除。

【**实例8-8**】A公司执行《小企业会计准则》，为增值税一般纳税人。该公司主要生产和销售玩具，2020年实现销售收入600万元，全年会计利润为200万元。2020年3月，公司发生公益性捐赠共计25万元，另外发生非公益性捐赠10万元。

公益性捐赠允许税前扣除限额=200×12%=24（万元）

由于公益性捐赠超过了税法允许税前扣除的限额，因此应调增应纳税所得额1（25-24）万元；而非公益性捐赠，税法规定不得在税前扣除，应调增应纳税所得额10万元。

8. 利息支出

《企业所得税法实施条例》第三十八条规定："企业在生产经营活动中发生的下列利

息支出，准予扣除：（一）非金融企业向金融企业借款的利息支出、金融企业的各项存款利息支出和同业拆借利息支出、企业经批准发行债券的利息支出；（二）非金融企业向非金融企业借款的利息支出，不超过按照金融企业同期同类贷款利率计算的数额的部分。"

9. 罚金、罚款和被没收财物的损失

【实例 8-9】 沿用【实例 8-8】，2020 年，A 公司因对环境造成污染，被环保部门罚款 3 万元。

由于税法规定"罚金、罚款"等不得税前扣除，因此罚款支出应调增应纳税所得额 3 万元。

10. 赞助支出

【实例 8-10】 沿用【实例 8-8】，2020 年 2 月，A 公司将自产的一批玩具用于对外赞助。该批玩具的成本为 15 万元，售价为 18 万元（不含税）。

用自产货物对外赞助，税法上视同销售，应确定收入并补交企业所得税。

调增应纳税所得额 =18–15=3（万元）

11. 其他

企业所得税纳税调整增加额还包括向投资者支付的股息、红利等权益性投资收益款，企业所得税税款，税收滞纳金，未经核定的准备金支出及与取得收入无关的支出等。

8.4.3 企业所得税纳税调整减少额

1. 免税收入

免税收入是指属于企业的应税所得但按照税法规定免予征收企业所得税的收入，包括国债利息收入，符合条件的居民企业之间的股息、红利等权益性投资收益。注意：小企业在二级市场转让国债获得的收入，还需作为转让财产收入计算缴纳企业所得税。

【实例 8-11】 沿用【实例 8-8】，A 公司 2020 年取得国债利息收入 6 万元。

由于国债利息收入免税，因此应调减应纳税所得额 6 万元。

2. 不征税收入

不征税收入是指从性质和根源上不属于企业营利性活动带来的经济利益、不负有纳税义务并且不作为应纳税所得额组成部分的收入，包括财政拨款、依法收取并纳入财政管理的行政事业性收费、政府性基金等。

3. 减计收入

根据《企业所得税法实施条例》第九十九条的规定，《企业所得税法》第三十三条所称减计收入，是指企业以《资源综合利用企业所得税优惠目录》规定的资源作为主要原材料，生产国家非限制和禁止并符合国家和行业相关标准的产品取得的收入，减按90%计入收入总额。

4. 减、免税项目所得

（1）根据《企业所得税法》第二十七条的规定，企业的下列所得可以免征、减征企业所得税：①从事农、林、牧、渔业项目的所得；②从事国家重点扶持的公共基础设施项目投资经营的所得；③从事符合条件的环境保护、节能节水项目的所得；④符合条件的技术转让所得；⑤本法第三条第三款规定的所得。

（2）根据《企业所得税法实施条例》第八十六条的规定，企业从事下列项目的所得减半征收企业所得税：①花卉、茶以及其他饮料作物和香料作物的种植；②海水养殖、内陆养殖。

（3）根据《企业所得税法实施条例》第八十八条的规定，《企业所得税法》第二十七条第（三）项所称符合条件的环境保护、节能节水项目，包括公共污水处理、公共垃圾处理、沼气综合开发利用、节能减排技术改造、海水淡化等。企业从事前款规定的符合条件的环境保护、节能节水项目的所得，自项目取得第一笔生产经营收入所属纳税年度起，第一年至第三年免征企业所得税，第四年至第六年减半征收企业所得税。

（4）根据《企业所得税法实施条例》第九十条的规定，《企业所得税法》第二十七条第（四）项所称符合条件的技术转让所得免征、减征企业所得税，是指一个纳税年度内，居民企业技术转让所得不超过500万元的部分，免征企业所得税；超过500万元的部分，减半征收企业所得税。

该条规定的税收优惠限于居民企业的技术转让所得，享受税收优惠的也限于技术转让所得。

5. 加计扣除

（1）制造业企业开展研发活动中实际发生的研发费用，未形成无形资产计入当期损益的，在按规定据实扣除的基础上，再按照实际发生额的100%于税前加计扣除；形成无形资产的，按照无形资产成本的200%于税前摊销。除制造业外的企业的研发费用在2023年12月31日前，在按规定据实扣除的基础上，再按照实际发生额的75%于税前加计扣除；形成无形资产的，在上述期间按照无形资产成本的175%于税前摊销。

（2）根据《企业所得税法实施条例》第九十六条的规定，《企业所得税法》第三十条第（二）项所称企业安置残疾人员所支付的工资的加计扣除，是指企业安置残疾人员的，在按照支付给残疾职工工资据实扣除的基础上，按照支付给残疾职工工资的100%加计扣除。

8.4.4 应纳税所得额

应纳税所得额等于企业纳税调整后的所得减去弥补以前年度亏损后的数额。

1. 企业纳税年度发生的亏损

根据《企业所得税法》第十八条的规定，企业纳税年度发生的亏损，准予向以后年度结转，用以后年度的所得弥补，但结转年限最长不得超过五年。但是，企业在汇总计算缴纳企业所得税时，其境外营业机构的亏损不得抵减境内营业机构的盈利。

【实例8-12】沿用【实例8-8】，A公司2020年经税务机关核准结转到本年度的待弥补亏损额为78万元。因此，该公司本年度的待弥补亏损额为78万元，应调减应纳税所得额78万元。

2. 其他需要调整的因素

由于受会计处理与税收处理要求的不同以及税收优惠政策的影响，还存在一些其他需要调整的因素，如固定资产、无形资产等的折旧政策，也会导致计入利润表的费用与按照税法规定可予税前抵扣的费用金额存在一定的差额，因此应增加或减少当期应纳税所得额。

（1）2014年1月1日起，对所有行业企业持有的单位价值不超过5 000元的固定资产，允许一次性计入当期成本费用，可在计算应纳税所得额时扣除，不再分年度计算折旧。

（2）所有行业企业2014年1月1日后新购进的专门用于研发的仪器、设备，单位价值不超过100万元的，允许一次性计入当期成本费用，可在计算应纳税所得额时扣除，不再分年度计算折旧；单位价值超过100万元的，可缩短折旧年限或采取加速折旧的方法；不能同时享受企业研究开发费用加计扣除政策。

【实例8-13】沿用【实例8-8】，2020年4月10日，A公司购进一台机械设备，取得的增值税专用发票上注明的价款为60万元（购入成本），当月投入使用。按税法规定，该设备按直线法折旧，期限为10年，残值率5%。然而，企业将设备购入成本一次性计入费用，在税前进行了扣除。相关计算如下：

2020年可税前扣除的折旧额=60×（1–5%）÷10÷12×8=3.8（万元）

外购设备应调增的应纳税所得额=60–3.8=56.2（万元）

3.优惠政策

企业购置用于环境保护、节能节水、安全生产等专用设备的投资额，可以按照一定比例实行税额抵免。

符合条件的小型微利企业，减按20%的税率征收企业所得税。国家需要重点扶持的高新技术企业，减按15%的税率征收企业所得税。

自2021年1月1日至2022年12月31日，对小型微利企业年应纳税所得额不超过100万元的部分，减按12.5%计入应纳税所得额，按20%的税率缴纳企业所得税；自2019年1月1日至2021年12月31日，对年应纳税所得额超过100万元但不超过300万元的部分，减按50%计入应纳税所得额，按20%的税率缴纳企业所得税。

8.4.5 所得税费用的核算程序

所得税费用的核算程序如下：

（1）确定本期会计利润；

（2）针对当期所发生的每一笔交易或事项，依据税法规定，识别存在差异的项目，包括永久性差异和时间性差异；

（3）依据适用税收法规的规定，对会计与税法之间有差异的项目进行纳税调整，计算得到当期应纳税所得额（会计利润+纳税调整增加额–纳税调整减少额）；

（4）根据当期应纳税所得额乘以适用税率计算得到当期应交的企业所得税（当期应交所得税=应纳税所得额×适用所得税税率）；

（5）确定所得税费用，在应付税款法下，所得税费用等于当期应交所得税；

（6）企业计提当期应缴的所得税时，所得税会计处理为借记"所得税费用"科目，贷记"应交税费——应交企业所得税"科目。

【实例8-14】沿用【实例8-8】，A公司2020年实现销售收入600万元，全年会计利润为200万元。2020年2月，公司对外赞助自产的一批玩具，成本为15万元，售价为18万元（不含税）。2020年3月，公司发生公益性捐赠支出25万元，另外发生非公益性捐赠支出10万元。2020年4月10日购进一台机械设备，取得的增值税专用发票上注明的价款为60万元（购入成本），当月投入使用。按税法规定，该设备按直线法折旧，期限为10年，残值率5%。然而，该公司将设备购入成本一次性计入费用，在税前进行了扣除。因对环境造成污染，被环保部门罚款3万元。2020年取得国债利息收入6万元，经税务机关核准结转到本年度的待弥补亏损额为78万元。

（1）该公司所得税纳税调整

① 2020年2月，用自产货物对外赞助，应调增应纳税所得额=18–15=3（万元）。

② 2020年3月发生公益性捐赠，应调增应纳税所得额=25–24=1（万元）。

③ 2020年3月发生非公益性捐赠，应调增应纳税所得额10万元。

④ 2020年4月，外购设备，应调增应纳税所得额=60–3.8=56.2（万元）。

⑤ 被环保部门罚款，应调增应纳税所得额3万元。

⑥ 国债利息收入，应调减应纳税所得额6万元。

⑦ 本年度的待弥补亏损额为78万元，应调减应纳税所得额78万元。

（2）计算应纳税所得额

2020年度，该公司应纳税所得额=200+3+1+10+56.2+3–6–78=189.2（万元）。

根据财税〔2019〕13号通知，该公司应交所得税=189.2×20%×50%=18.92（万元）。

（3）相关账务处理

借：所得税费用　　　　　　　　　　　　　　　　　　　　　　　189 200
　　贷：应交税费——应交所得税　　　　　　　　　　　　　　　189 200

8.5 财务报表的处理

《小企业会计准则——会计科目、主要账务处理和财务报表》中规定：小企业的财务报表包括资产负债表、利润表、现金流量表和附注。实际工作中，执行《小企业会计准则》的企业一般只填报资产负债表、利润表、现金流量表。

8.5.1 资产负债表的填报

资产负债表主要反映企业某一特定日期全部资产、负债和所有者权益的情况。

【实例8-15】文殊商贸公司执行《小企业会计准则》，为一般纳税人。该公司2020年1月1日至2020年12月31日的科目余额表如下。

科目余额表

2020 年 1 月 1 日—2020 年 12 月 31 日

文殊商贸公司　　　　　　　　　　　　　　　　　　　　　　　　　　　　　　　　　　　　　单位：元

科目编码	科目名称	期初余额 借方	期初余额 贷方	本期发生额 借方	本期发生额 贷方	期末余额 借方	期末余额 贷方
1001	库存现金	160.00				160.00	
1002	银行存款	109 153.45		1 746 215.83	1 724 891.50	130 477.78	
1122	应收账款	1 462 600.00		503 580.00	1 726 980.00	239 200.00	
112203	C 铁路公司	1 462 600.00		503 580.00	1 726 980.00	239 200.00	
1123	预付账款			24 400.00	24 400.00		
112319	鸿淼科技有限公司			24 400.00	24 400.00		
1221	其他应收款	12 124.13		568 000.00	380 124.13	200 000.00	
122105	中国神华国际工程有限公司	12 124.13		568 000.00	380 124.13	200 000.00	
1405	库存商品	11 271.14		24 492.88	21 592.92	14 171.10	
140567	海信电视	11 271.14		24 492.88	21 592.92	14 171.10	
	资产合计	1 595 308.72		2 866 688.71	3 877 988.55	584 008.88	
2202	应付账款		695 532.73	652 909.80	3 576.96		46 199.89
220207	智创贸易公司		695 532.73	652 909.80	3 576.96		46 199.89
2211	应付职工薪酬			128 839.00	128 839.00		
221101	职工工资			128 400.00	128 400.00		
221103	职工福利费			439.00	439.00		
2221	应交税费		529.26	95 085.00	94 213.86		341.88
222101	应交增值税			47 698.42	47 698.42		
22210101	进项税额			4 703.13	4 703.13		
22210105	销项税额			42 995.29	42 995.29		
222102	未交增值税			38 189.79	38 189.79		
222103	应交所得税		368.53	368.53			

(续表)

科目编码	科目名称	期初余额		本期发生额		期末余额	
		借方	贷方	借方	贷方	借方	贷方
222104	应交印花税		263.10	414.10	151.00		
222107	应交城市维护建设税			1 927.89	1 927.89		
222109	应交教育费附加			1 085.49	1 085.49		
222110	应交地方教育费附加			723.66	723.66		
222124	待认证进项税额			4 677.12	4 335.24	341.88	
222126	增值税留抵税额	102.37			102.37		
2241	其他应付款		368 497.87	435 189.00	177 654.24		110 963.11
224103	刘××		368 497.87	435 189.00	177 654.24		110 963.11
	负债合计		1 064 559.86	1 312 022.80	404 284.06	341.88	157 163.00
3001	实收资本		500 000.00				500 000.00
300101	赵××		500 000.00				500 000.00
3103	本年利润			516 533.05	516 533.05		
3104	利润分配		30 748.86	103 561.10		72 812.24	
310401	未分配利润		30 748.86	103 561.10		72 812.24	
	权益合计		530 748.86	620 094.15	516 533.05	72 812.24	500 000.00
4002	劳务成本			397 122.38	397 122.38		
	成本合计			397 122.38	397 122.38		
5001	主营业务收入			460 584.71	460 584.71		
5001-00065	工程			422 018.34	422 018.34		
5001-00066	海信电视			38 566.37	38 566.37		
5401	主营业务成本			418 715.30	418 715.30		
5401-00066	海信电视			21 592.92	21 592.92		

（续表）

科目编码	科目名称	期初余额		本期发生额		期末余额	
		借方	贷方	借方	贷方	借方	贷方
5401-00067	劳务成本			397 122.38	397 122.38		
5403	税金及附加			3 888.04	3 888.04		
5602	管理费用			141 922.95	141 922.95		
560203	办公费			1 166.58	1 166.58		
560209	职工薪酬			128 400.00	128 400.00		
560211	职工福利费			439.00	439.00		
560222	投标服务费			11 917.37	11 917.37		
5603	财务费用			−463.63	−463.63		
560301	利息费用			−1 235.83	−1 235.83		
560302	手续费			52.20	52.20		
560305	结算卡年费			120.00	120.00		
560306	企业网银服务费			600.00	600.00		
5711	营业外支出			83.15	83.15		
	损益合计			1 024 730.52	1 024 730.52		
合计		1 595 308.72	1 595 308.72	6 220 658.56	6 220 658.56	657 163.00	657 163.00

依据上述数据，填报该公司2020年年末的资产负债表，具体如下。

资产负债表

纳税人识别号：
核算单位：文殊商贸公司　　　　2020年1月1日—2020年12月31日

会小企01表
单位：元

资产	行次	期末余额	年初余额	负债和所有者权益	行次	期末余额	年初余额
流动资产：				流动负债：			
货币资金	1	130 637.78	109 313.45	短期借款	31	0	0
短期投资	2	0	0	应付票据	32	0	0
应收票据	3	0	0	应付账款	33	46 199.89	695 532.73
应收账款	4	239 200.00	1 462 600.00	预收账款	34	0	0

(续表)

资产	行次	期末余额	年初余额	负债和所有者权益	行次	期末余额	年初余额
预付账款	5	0	0	应付职工薪酬	35	0	0
应收股利	6	0	0	应交税费	36	-341.88	529.26
应收利息	7	0	0	应付利息	37	0	0
其他应收款	8	200 000.00	12 124.13	应付利润	38	0	0
存货	9	14 171.10	11 271.14	其他应付款	39	110 963.11	368 497.87
其中：原材料	10	0	0				
在产品	11	0	0				
库存商品	12	14 171.10	11 271.14				
周转材料	13	0	0				
其他流动资产	14	0	0	其他流动负债	40	0	0
流动资产合计	15	584 008.88	1 595 308.72	流动负债合计	41	156 821.12	1 064 559.86
非流动资产：				非流动负债：			
长期债券投资	16	0	0	长期借款	42	0	0
长期股权投资	17	0	0	长期应付款	43	0	0
固定资产原价	18	0	0	递延收益	44	0	0
减：累计折旧	19	0	0	其他非流动负债	45	0	0
固定资产账面价值	20	0	0	非流动负债合计	46	0	0
在建工程	21	0	0	负债合计	47	156 821.12	1 064 559.86
工程物资	22	0	0				
固定资产清理	23	0	0				
生产性生物资产	24	0	0	所有者权益（或股东权益）			
无形资产	25	0	0	实收资本（或股本）	48	500 000.00	500 000.00
开发支出	26	0	0	资本公积	49	0	0
长期待摊费用	27	0	0	盈余公积	50	0	0
其他非流动资产	28	0	0	未分配利润	51	-72 812.24	30 748.86
非流动资产合计	29	0	0	所有者权益（或股东权益）合计	52	427 187.76	530 748.86
资产总计	30	584 008.88	1 595 308.72	负债和所有者权益（或股东权益）总计	53	584 008.88	1 595 308.72

单位负责人： 财务负责人： 制表人：

1. 归还投资者投资的列示说明

小企业（中外合作经营）根据合同规定在合作期间归还投资者的投资，应在资产负债表"实收资本（或股本）"项目下增加"减：已归还投资"项目单独列示。

2. 资产负债表各栏所列数字的填列

本表"年初余额"栏内各项数字，应根据上年末资产负债表"期末余额"栏内所列数字填列。

本表"期末余额"各项目的内容和填列方法如下：

（1）"货币资金"项目，根据"库存现金""银行存款"和"其他货币资金"科目的期末余额合计填列。

（2）"短期投资"项目，根据"短期投资"科目的期末余额填列。

（3）"应收票据"项目，根据"应收票据"科目的期末余额填列。

（4）"应收账款"项目，根据"应收账款"的期末余额分析填列。如"应收账款"科目期末为贷方余额，应当在"预收账款"项目列示。

（5）"预付账款"项目，根据"预付账款"科目的期末借方余额填列。如"预付账款"科目期末为贷方余额，应当在"应付账款"项目列示。属于超过1年期以上的预付账款的借方余额应当在"其他非流动资产"项目列示。

（6）"应收股利"项目，根据"应收股利"科目的期末余额填列。

（7）"应收利息"项目，根据"应收利息"科目的期末余额填列。小企业购入一次还本付息债券应收的利息，不包括在本项目内。

（8）"其他应收款"项目，根据"其他应收款"科目的期末余额填列。

（9）"存货"项目，根据"材料采购""在途物资""原材料""材料成本差异""生产成本""库存商品""商品进销差价""委托加工物资""周转材料""消耗性生物资产"等科目的期末余额分析填列。

（10）"其他流动资产"项目，反映小企业除以上流动资产项目外的其他流动资产（含1年内到期的非流动资产），根据有关科目的期末余额分析填列。

（11）"长期债券投资"项目，根据"长期债券投资"科目的期末余额分析填列。

（12）"长期股权投资"项目，根据"长期股权投资"科目的期末余额填列。

（13）"固定资产原价"和"累计折旧"项目，根据"固定资产"科目和"累计折旧"科目的期末余额填列。

（14）"固定资产账面价值"项目，根据"固定资产"科目的期末余额减去"累计折旧"科目的期末余额后的金额填列。

（15）"在建工程"项目，根据"在建工程"科目的期末余额填列。

（16）"工程物资"项目，根据"工程物资"科目的期末余额填列。

（17）"固定资产清理"项目，根据"固定资产清理"科目的期末借方余额填列；如"固定资产清理"科目期末为贷方余额，以"–"号填列。

（18）"生产性生物资产"项目，根据"生产性生物资产"科目的期末余额减去"生产性生物资产累计折旧"科目的期末余额后的金额填列。

（19）"无形资产"项目，根据"无形资产"科目的期末余额减去"累计摊销"科目的期末余额后的金额填列。

（20）"开发支出"项目，根据"研发支出"科目的期末余额填列。

（21）"长期待摊费用"项目，根据"长期待摊费用"科目的期末余额分析填列。

（22）"其他非流动资产"项目，根据有关科目的期末余额分析填列。

（23）"短期借款"项目，根据"短期借款"科目的期末余额填列。

（24）"应付票据"项目，根据"应付票据"科目的期末余额填列。

（25）"应付账款"项目，根据"应付账款"科目的期末余额填列。如"应付账款"科目期末为借方余额，应当在"预付账款"项目列示。

（26）"预收账款"项目，根据"预收账款"科目的期末贷方余额填列；如"预收账款"科目期末为借方余额，应当在"应收账款"项目列示。属于超过1年期以上的预收账款的贷方余额应当在"其他非流动负债"项目列示。

（27）"应付职工薪酬"项目，根据"应付职工薪酬"科目期末余额填列。

（28）"应交税费"项目，根据"应交税费"科目的期末贷方余额填列；如"应交税费"科目期末为借方余额，以"–"号填列。

（29）"应付利息"项目，根据"应付利息"科目的期末余额填列。

（30）"应付利润"项目，根据"应付利润"科目的期末余额填列。

（31）"其他应付款"项目，包括应付租入固定资产和包装物的租金、存入保证金等，根据"其他应付款"科目的期末余额填列。

（32）"其他流动负债"项目，反映小企业除以上流动负债以外的其他流动负债（含1年内到期的非流动负债），根据有关科目的期末余额填列。

（33）"长期借款"项目，根据"长期借款"科目的期末余额分析填列。

（34）"长期应付款"项目，包括应付融资租入固定资产的租赁费、以分期付款方式购入固定资产发生的应付款项等,根据"长期应付款"科目的期末余额分析填列。

(35)"递延收益"项目,反映小企业收到的、应在以后期间计入损益的政府补助,根据"递延收益"科目的期末余额分析填列。

(36)"其他非流动负债"项目,反映小企业除以上非流动负债项目以外的其他非流动负债,根据有关科目的期末余额分析填列。

(37)"实收资本(或股本)"项目,根据"实收资本(或股本)"科目的期末余额分析填列。

(38)"资本公积"项目,根据"资本公积"科目的期末余额填列。

(39)"盈余公积"项目,包括小企业(公司制)的法定公积金和任意公积金,小企业(外商投资)的储备基金和企业发展基金。根据"盈余公积"科目的期末余额填列。

(40)"未分配利润"项目,根据"利润分配"科目的期末余额填列。未弥补的亏损,在本项目内以"-"号填列。

8.5.2 利润表的填报

利润表主要反映企业在一定会计期间利润(亏损)的实现情况。

【实例 8-16】沿用【实例 8-15】,该公司 2020 年年末的利润表如下。

利润表

纳税人识别号:　　　　　　　　　　　　　　　　　　　　　　　　　　会小企 02 表
核算单位:文殊商贸公司　　　2020 年 1 月 1 日—2020 年 12 月 31 日　　　单位:元

项目	行次	本年累计金额	上年金额
一、营业收入	1	460 584.71	2 793 420.35
减:营业成本	2	418 715.30	2 580 242.93
税金及附加	3	3 888.04	4 339.04
其中:消费税	4	0	0
城市维护建设税	5	0	0
资源税	6	0	0
土地增值税	7	0	0
城镇土地使用税、房产税、车船税、印花税	8	0	0
教育费附加、矿产资源税、排污费	9	0	0
销售费用	10	0	0
其中:商品维修费	11	0	0
广告费和业务宣传费	12	0	0
管理费用	13	141 922.95	201 567.17

（续表）

项目	行次	本年累计金额	上年金额
其中：开办费	14	0	0
业务招待费	15	0	226.00
研究费用	16	0	0
财务费用	17	−463.63	94.44
其中：利息费用（收入以"−"号填列）	18	−1 235.83	−389.36
加：投资收益（损失以"−"号填列）	19	0	0
二、营业利润（亏损以"−"号填列）	20	−103 477.95	7 176.77
加：营业外收入	21	0	193.91
其中：政府补助	22	0	193.91
减：营业外支出	23	83.15	0.02
其中：坏账损失	24	0	0
无法收回的长期债券投资损失	25	0	0
无法收回的长期股权投资损失	26	0	0
自然灾害等不可抗力因素造成的损失	27	83.15	0.02
税收滞纳金	28	0	0
三、利润总额（亏损总额以"−"号填列）	29	−103 561.10	7 370.66
减：所得税费用	30	0	1 144.05
四、净利润（净亏损以"−"号填列）	31	−103 561.10	6 226.61

单位负责人：　　　　　　财务负责人：　　　　　　制表人：

1. 栏目说明

本表"本年累计金额"栏反映各项目自年初起至报告期末止的累计实际发生额。

本表"本月金额"栏反映各项目的本月实际发生额；在编报年度财务报表时，应将"本月金额"栏改为"上年金额"栏，填列上年全年的实际发生额。

2. 本表各项目的内容及其填列方法

（1）"营业收入"项目，根据"主营业务收入"科目和"其他业务收入"科目的发生额合计填列。

（2）"营业成本"项目，根据"主营业务成本"科目和"其他业务成本"科目的发生额合计填列。

（3）"税金及附加"项目，反映小企业开展日常生产活动应负担的消费税、城市维护建设税、矿产资源税、土地增值税、城镇土地使用税、房产税、车船税、印花税、教育费附加、矿产资源补偿费、排污费等。本项目根据"税金及附加"科目的发生额填列。

（4）"销售费用"项目，根据"销售费用"科目的发生额填列。

（5）"管理费用"项目，根据"管理费用"科目的发生额填列。

（6）"财务费用"项目，根据"财务费用"科目的发生额填列。

（7）"投资收益"项目，反映小企业股权投资取得的现金股利（或利润）、债券投资取得的利息收入和处置股权投资和债券投资取得的处置价款扣除成本或账面余额、相关税费后的净额。本项目根据"投资收益"科目的发生额填列；如为投资损失，以"-"号填列。

（8）"营业利润"项目，根据营业收入扣除营业成本、税金及附加、销售费用、管理费用和财务费用，加上投资收益后的金额填列。如为亏损，以"-"号填列。

（9）"营业外收入"项目，包括非流动资产处置净收益、政府补助、捐赠收益、盘盈收益、汇兑收益、出租包装物和商品的租金收入、逾期未退包装物押金收益、确实无法偿付的应付款项、已作坏账损失处理后又收回的应收款项、违约金收益等。本项目根据"营业外收入"科目的发生额填列。

（10）"营业外支出"项目，包括存货的盘亏、毁损、报废损失，非流动资产处置净损失，坏账损失，无法收回的长期债券投资损失，无法收回的长期股权投资损失，自然灾害等不可抗力因素造成的损失，税收滞纳金，罚金，罚款，被没收财物的损失，捐赠支出，赞助支出等。本项目根据"营业外支出"科目的发生额填列。

（11）"利润总额"项目，根据营业利润加上营业外收入减去营业外支出后的金额填列。如为亏损总额，以"-"号填列。

（12）"所得税费用"项目，根据"所得税费用"科目的发生额填列。

（13）"净利润"项目，根据利润总额扣除所得税费用后的金额填列。如为净亏损，以"-"号填列。

8.5.3 现金流量表的填报

现金流量表主要反映企业一定会计期间有关现金流入和流出的信息。

【实例 8-17】沿用【实例 8-15】，该公司 2020 年年末现金流量表如下。

现金流量表

纳税人识别号：
核算单位：文殊商贸公司
2020年1月1日—2020年12月31日

会小企03表
单位：元

项目	行次	本年累计金额	上年金额
一、经营活动产生的现金流量：			
销售产成品、商品、提供劳务收到的现金	1	1 726 980.00	1 693 965.00
收到其他与经营活动有关的现金	2	369 235.83	693 859.82
购买原材料、商品、接受劳务支付的现金	3	677 309.80	1 658 432.00
支付的职工薪酬	4		
支付的税费	5	43 077.35	33 898.41
支付其他与经营活动有关的现金	6	1 354 504.35	1 061 871.80
经营活动产生的现金流量净额	7	21 324.33	-366 377.39
二、投资活动产生的现金流量：			
收回短期投资、长期债券投资和长期股权投资收到的现金	8		
取得投资收益收到的现金	9		
处置固定资产、无形资产和其他非流动资产收回的现金净额	10		
短期投资、长期债券投资和长期股权投资支付的现金	11		
购建固定资产、无形资产和其他非流动资产支付的现金	12		
投资活动产生的现金流量净额	13		
三、筹资活动产生的现金流量：			
取得借款收到的现金	14		
吸收投资者投资收到的现金	15		250 000.00
偿还借款本金支付的现金	16		
偿还借款利息支付的现金	17		
分配利润支付的现金	18		
筹资活动产生的现金流量净额	19		250 000.00
四、现金净增加额	20	21 324.33	-116 377.39
加：期初现金余额	21	109 313.45	225 690.84
五、期末现金余额	22	130 637.78	109 313.45

1. 栏目说明

本表"本年累计金额"栏反映各项目自年初起至报告期末止的累计实际发生额。

本表"本月金额"栏反映各项目的本月实际发生额；在编报年度财务报表时，应将"本月金额"栏改为"上年金额"栏，填列上年全年实际发生额。

2. 本表各项目的内容及填列方法

（1）经营活动产生的现金流量

①"销售产成品、商品、提供劳务收到的现金"项目，根据"库存现金""银行存款"和"主营业务收入"等科目的本期发生额分析填列。

②"收到其他与经营活动有关的现金"项目，可以根据"库存现金"和"银行存款"等科目的本期发生额分析填列。

③"购买原材料、商品、接受劳务支付的现金"项目，可以根据"库存现金""银行存款""其他货币资金""原材料""库存商品"等科目的本期发生额分析填列。

④"支付的职工薪酬"项目，反映小企业本期向职工支付的薪酬。本项目可以根据"库存现金""银行存款""应付职工薪酬"等科目的本期发生额填列。

⑤"支付的税费"项目，反映小企业本期支付的税费。本项目可以根据"库存现金""银行存款""应交税费"等科目的本期发生额填列。

⑥"支付其他与经营活动有关的现金"项目，反映小企业本期支付的其他与经营活动有关的现金。本项目可以根据"库存现金""银行存款"等科目的本期发生额分析填列。

（2）投资活动产生的现金流量

①"收回短期投资、长期债券投资和长期股权投资收到的现金"项目，反映小企业出售、转让或到期收回短期投资、长期股权投资而收到的现金，以及收回长期债券投资本金而收到的现金，不包括长期债券投资收回的利息。本项目可以根据"库存现金""银行存款""短期投资""长期股权投资""长期债券投资"等科目的本期发生额分析填列。

②"取得投资收益收到的现金"项目，反映小企业因权益性投资和债权性投资取得的现金股利或利润和利息收入。本项目可以根据"库存现金""银行存款""投资收益"等科目的本期发生额分析填列。

③"处置固定资产、无形资产和其他非流动资产收回的现金净额"项目，反映小企业处置固定资产、无形资产和其他非流动资产取得的现金，减去为处置这些资产而支付的有关税费等后的净额。本项目可以根据"库存现金""银行存款""固定资产清理""无形资产""生产性生物资产"等科目的本期发生额分析填列。

④"短期投资、长期债券投资和长期股权投资支付的现金"项目，反映小企业进行权益性投资和债权性投资支付的现金，包括企业取得短期股票投资、短期债券投资、短期基金投资、长期债券投资、长期股权投资支付的现金。本项目可以根据"库存现金""银行存款""短期投资""长期债券投资""长期股权投资"等科目的本期发生额分

析填列。

⑤"购建固定资产、无形资产和其他非流动资产支付的现金"项目，反映小企业购建固定资产、无形资产和其他非流动资产支付的现金，本项目包括购买机器设备、无形资产、生产性生物资产支付的现金及建造工程支付的现金等支出，不包括为购建固定资产、无形资产、其他非流动资产而发生的借款费用资本化部分和支付给在建工程和无形资产开发项目人员的薪酬。为购建固定资产、无形资产、其他非流动资产而发生的借款费用资本化部分，在"偿还借款利息支付的现金"项目反映；支付给在建工程和无形资产开发项目人员的薪酬，在"支付的职工薪酬"项目反映。本项目可以根据"库存现金""银行存款""固定资产""在建工程""无形资产""研发支出""生产性生物资产""应付职工薪酬"等科目的本期发生额分析填列。

（3）筹资活动产生的现金流量

①"取得借款收到的现金"项目，反映小企业举借各种短期、长期借款收到的现金。本项目可以根据"库存现金""银行存款""短期借款""长期借款"等科目的本期发生额分析填列。

②"吸收投资者投资收到的现金"项目，反映小企业收到的投资者作为资本投入的现金。本项目可以根据"库存现金""银行存款""实收资本""资本公积"等科目的本期发生额分析填列。

③"偿还借款本金支付的现金"项目，反映小企业以现金偿还各种短期、长期借款的本金。本项目可以根据"库存现金""银行存款""短期借款""长期借款"等科目的本期发生额分析填列。

④"偿还借款利息支付的现金"项目，反映小企业以现金偿还各种短期、长期借款的利息。本项目可以根据"库存现金""银行存款""应付利息"等科目的本期发生额分析填列。

⑤"分配利润支付的现金"项目，反映小企业向投资者实际支付的利润。本项目可以根据"库存现金""银行存款""应付利润"等科目的本期发生额分析填列。

8.5.4 附注的填报

附注主要包括下列内容：

（1）遵循《小企业会计准则》的声明；

（2）短期投资、应收账款、存货、固定资产项目的说明；

（3）应付职工薪酬、应交税费项目的说明；

（4）利润分配的说明；

（5）用于对外担保的资产名称、账面余额及形成的原因，未决诉讼、未决仲裁及对外提供担保所涉及的金额。